PÈRE JOSEPH
DIE ARMEN SIND DIE KIRCHE

PÈRE JOSEPH

DIE ARMEN SIND DIE KIRCHE

GESPRÄCHE MIT JOSEPH WRESINSKI ÜBER DIE VIERTE WELT

NZN BUCHVERLAG

Dieses Buch beruht auf Interviews, die Gilles Anouil, ehemaliger Chefredaktor von «Preuves» und stellvertretender Chefredaktor von «Réalités», mit Joseph Wresinski geführt hat. Père Joseph hat den Text zusammen mit Alwine de Vos van Steenwijk bereinigt.

Die fünf Holzschnitte sind bei Bildungstreffen der Bewegung ATD Vierte Welt in Treyvaux und Genf entstanden. Frauen und Männer, die Armut aus eigener Erfahrung kennen, und andere, die sich mit ihnen zusammen für die Überwindung der Armut einsetzen, haben gemeinsam daran gearbeitet.

Für Alwine de Vos van Steenwijk,
für die Volontärinnen und Volontäre der Bewegung ATD Vierte Welt,
für all meine Weggefährten,
für die Familien der Vierten Welt,
die mich davon überzeugt haben,
dass die Armen
die Kirche sind.

Die Deutsche Bibliothek - CIP-Einheitsaufnahme

Wresinski, Joseph:
Die Armen sind die Kirche : Gespräche mit Joseph Wresinski über die Vierte Welt / Père Joseph. [Aus dem Franz. übertr. von Marie-Rose Blunschi Ackermann und Annette Rodenberg]. - Zürich : NZN-Buchverl., 1998
Einheitssacht.: Les pauvres sont l'Eglise <dt.>
ISBN 3-85827-119-5

Titel der Originalausgabe: «Le Père Joseph. Les pauvres sont l'Eglise»

Aus dem Französischen übertragen von Marie-Rose Blunschi Ackermann und Annette Rodenberg, Bewegung ATD Vierte Welt.
ISBN 3-85827-119-5

INHALT

VORWORT ZUR DEUTSCHEN AUSGABE

VON HERMANN-JOSEF VENETZ

Nicht um ein Randgebiet geht es, nicht um «die Armen in der Kirche» oder gar «am Rand der Kirche»; es geht um die Mitte: Die Armen sind die Kirche. Nicht um ein Steckenpferd geht es, nicht um einen Luxus, den man sich ja auch noch leisten kann, nachdem alles andere geordnet ist; es geht um das eigentliche Gläubigsein, das leidenschaftliche Auf-der-Suche-Sein nach dem, der hier auf der Erde Zeuge ist für die Wirklichkeit Gottes. Nicht um ein Segment geht es, um eine Sparte, die man strengstenfalls auch übersehen und vernachlässigen könnte; es geht um das Ganze, demgegenüber vieles von dem, was uns so wichtig erscheint, belanglos und klein wird.

Das Buch mit Gesprächen von Père Joseph Wresinski mit Gilles Anouil ist ein not-wendiges Buch, gesellschaftlich, politisch, kulturell, aber auch spirituell und theologisch. Durch seine bereitwilligen Auskünfte über seinen Werdegang, seine jugendlichen Erfahrungen – er selbst ist ein «Kind des Elends» –, über seine Berufungen im Hören auf das Elend und die Leiden der Ärmsten – er selbst hat darin den «Angstschrei Gottes» vernommen –, über sein Ertragen von Enttäuschung und Widerspruch – die Kunst der Menschen, das Problem der Armut so in die Hand zu nehmen, dass die Armen selbst abgeschoben und unsichtbar gemacht werden –, über seine Hoffnungen – sie sind wesentlich genährt vom selbstlosen Einsatz der Volontäre und Volontärinnen – und nicht zuletzt über sein Mitsein mit den Ärmsten selbst – Partner und Lehrmeisterinnen – hat Père Joseph, vielleicht ohne es zu wissen, eine Theologie besonderer Art entworfen. Sie wird heute nicht mehr ignoriert werden können. Alle für eine christliche Theologie und Spiritualität wesentlichen Themen klingen im Laufe der Gespräche mehr oder weniger deutlich an.

Da ist die Rede von der Gnade: «Das ist Gott, der dich packt und dich den andern so sehr lieben lässt, dass du willst, dass er grösser, besser, intelligenter sei als du ...» Da ist die Rede von der Vergebung, in der die wahre Befreiung liegt: «Christus ... ist den Armen niemals begegnet, ohne ihnen, zusätzlich zur Heilung oder zum Brot, Vergebung zuzusprechen.» Da ist des öftern die Rede von der Kirche: «Sie kann nichts anderes sein als das Lied der Armen und ihr Gebet, ihre Gesellschaft und ihre Befreiung.» Da ist in verschiedensten Zusammenhängen die Rede von der *Berufung*: die Berufung der Armen, «die vom Herrn beauftragt sind, (die Kirche) zu lehren und zu erziehen»; die Berufung der Volontärinnen und Volontäre – von einigen von ihnen werden wahre Berufungsgeschichten erzählt: sie haben «für Menschen dazusein, nicht für eine Organisation»; ihre Gesellschaftskritik besteht im Herstellen von Gerechtigkeit, und nicht zuletzt sollen sie sich als Geschichtsschreiber der Ärmsten betätigen. Und damit ist auch noch ein weiteres Thema angedeutet: die *Geschichte*. Zu lange ist die Geschichte der Ärmsten nicht nur unsichtbar gemacht, sondern gar geleugnet worden. Wohl eine der radikalsten Weisen, die Armen abzuschieben: ihre Geschichte zu leugnen.

Im Zentrum der Theologie von Père Joseph steht – wie bei jeder echten Befreiungstheologie – die Praxis. Sie ist nicht die «Anwendung» einiger mehr oder weniger abstrakter Einsichten, sondern der Ausgangspunkt allen Denkens und Redens. Darum werden die Armen und die Ärmsten auch nie romantisiert; Leserinnen und Leser begegnen ihnen in den Gesprächen ganz echt. Père Joseph weiss, wovon er spricht; er macht sich keine Illusionen bezüglich der Abgründe von Ohnmacht und auch von Bosheit gerade der Armen. Und er weiss um ihre Sehnsucht, auch selber anders (nicht einfach reicher) zu werden. Aber sie sind Gottes Volk. Das hat mit moralischer Integrität nichts zu tun, wohl aber damit, dass sie die von Gott Geliebten sind, die Berufenen, die Auserwählten (vgl. 1 Kor 1,2).

«Die Armen – unsere Meister», sagt Vinzenz von Paul, der ebenfalls wusste, wovon er sprach. Den Ärmsten den Vorrang geben hiesse auch, sie als Gutachterinnen und Wegweiser für unsere gesellschaftlichen Entscheidungen anzuerkennen, hiesse auch, ihnen in theologischen Belangen «lehramtliche» Bedeutung einzuräumen.

Man braucht nicht in allen theologischen Beurteilungen mit Père Joseph einig zu gehen – ich denke hier an die Einschätzung der institutionellen Kirche oder der lateinamerikanischen Befreiungstheologie: an der grundsätzlichen und vorrangigen Option für die Ärmsten, wie sie Père Joseph mit seinen Getreuen vorlebte und vorlebt, wird keine Theologie und auch keine Politik mehr vorbeikommen.

Freiburg, Schweiz, August 1997

EINLEITUNG

VON CHARLES EHLINGER[1]

EINE BEGEGNUNG MIT PÈRE JOSEPH

Schon beim ersten Lesen dieser Gespräche von Père Joseph Wresinski mit Gilles Anouil hatten wir hier beim Verlag den Eindruck eines packenden Buches, eines Zeugnisses, das jeden in seinen tiefen Überzeugungen anspricht. Père Joseph – unter diesem Namen ist er bei jenen, die ihm nahestehen, aber heute auch in der Öffentlichkeit bekannt – kam sofort aufs Wesentliche und setzte die autobiographischen Äusserungen und die Chronik der Bewegung ATD Vierte Welt, deren Gründer und Leiter er ist, an den Schluss des Buches. Wer ihm auch nur einmal begegnet ist, weiss, was für ihn das Wesentliche ist: Zeugnis abzulegen von der Kirche der Armen … Nicht einerseits von der Kirche und andererseits von den Armen, sondern untrennbar, im gleichen Atemzug, von der Kirche und von den Armen.

Paradox? Man denkt es zunächst, so voll ist unsere Erinnerung von den bis zum Überdruss wiederholten Einwürfen über das abgekartete Spiel der Kirche mit den Reichen und Mächtigen und ihren Verrat an den Armen. Berechtigte Vorwürfe oder blosse Ausreden? Das spielt hier keine Rolle. Mit Père Joseph drängt sich plötzlich eine andere Sichtweise auf: die Kirche ist die Kirche der Armen, und es gibt keine andere. Sie ist es in ihrem inneren Wesen, in Anspruch und Wirklichkeit, es ist ihre Berufung, ihre Existenzberechtigung und ihre Natur.

Von dieser Kirche spricht Père Joseph aus Erfahrung, einer Erfahrung, die schon in der Kindheit beginnt. Natürlich und einfach, ohne zuviel Nachdruck, spricht er so von der Kirche und im gleichen Gedankengang von den Armen, den Ausgeschlossenen, den Heruntergekommenen, von ihrem erbärmlichen Leben, von ihrer Beschämung –

[1] Charles Ehlinger, Leiter des Verlags le Centurion, war für die französische Ausgabe dieses Interviewbandes verantwortlich (Anm. d. Übers.).

von der Vierten Welt, um es mit dem heute gebräuchlichen Ausdruck zu sagen, den Père Joseph selber geprägt hat. Das ist es, was unsere Bilder, Vorstellungen und Gefühle in bezug auf die Kirche und das Christentum stört und schliesslich erschüttert und umstösst. Vielleicht so, als ob Jesus käme und die Seligpreisungen neu vor uns sagte. Aber haben die Heiligen nicht alle von dieser Kirche Zeugnis abgelegt, der Kirche des Lobgesangs der Maria, des Franz von Assisi, des Vinzenz von Paul, der Jeanne Jugan, des Charles de Foucauld, um nur den einen oder anderen Namen zu nennen ... In Wirklichkeit von der Kirche des Evangeliums, der Kirche Jesu.

Wie kleinlich erschienen uns angesichts der Kraft dieser Botschaft unsere herausgeberischen Sorgen, die uns dazu führten, eine andere Gliederung des Buches vorzuschlagen! Wir wollten die biographischen Elemente und die Chronik der Bewegung ATD Vierte Welt an den Anfang stellen. Entsprechen solche erzählende Seiten nicht besser der Neugier, die wir beim Leser voraussetzen? So wollten wir im Namen unserer verlegerischen Kriterien, die wahrscheinlich kaum überprüfbar sind, Kapitel umstellen und damit gerade die Sicht von Père Joseph verfälschen. Die grossen Einsichten und die Botschaft wären dadurch zu einer Art zweitrangigen Überlegung im Sinne einer nachträglichen Verinnerlichung oder Rationalisierung herabgewürdigt worden. Das Wesentliche wäre unter den zusätzlichen erbaulichen Überlegungen eingeordnet worden. Dabei bilden diese Einsichten und diese Botschaft das Licht, die Kraft, das Anliegen, aus denen das Wirken hervorgeht. Sie müssen an erster Stelle stehen, auch im Buch. Und glücklicherweise sind sie da geblieben.

So mussten wir nur noch eine Einleitung finden, eine kurze Vorstellung der Vierte-Welt-Bewegung. Auch hier hätte eine Aufreihung von Daten die Perspektive verfälscht. Ich habe Père Joseph einfach vorgeschlagen, sein Vorhaben in einem einleitenden Gespräch kurz zu erklären. Eines Morgens ist er in unser Verlagshaus gekommen. Ich hatte wohl einige Fragen vorbereitet. Aber Père Joseph gab mir spontan, ganz einfach und ruhig das nachstehende Zeugnis. Es ist so erhellend und wichtig; ich konnte nicht anders, als es Wort für Wort vom Band abzuschreiben, mit ganz kleinen stilistischen Retouchen an drei oder vier Stellen. Es ist der Text, der auf Seite 22 zu lesen ist. Einige Tage später sandte

mir Père Joseph einen anderen Text: Zeilen, die an seine Kindheit erinnern, an die Gestalt seiner Mutter; er ist in der Kirche der Vierten Welt geboren. Dieser Text ist auf Seite 14 wiedergegeben.
Aber zuvor noch eine Bemerkung: Man wird spüren, dass Père Joseph nicht den geringsten Gefallen daran findet, von sich selber zu sprechen. Er stellt sich nicht selber dar. Ein solcher Grad von Bescheidenheit ist selten und erstaunlich für Äusserungen, in denen Biographie und Autobiographie einen grossen Platz einnehmen. Die gleiche Tatsache fällt einem auf beim Lesen von Abbé Pierre, Sœur Emmanuelle, Mutter Theresa, Père Depierre und einigen andren dieser Frauen und Männer, deren Initiative unserer Zeit als Zeichen und Ruf angeboten wird. Sie sagen, was ihnen zu leben, zu finden und zu tun «gegeben» war, als könnten sie selbst praktisch nichts dafür; als sei ihr prophetisches Auftreten nur die natürliche, zwangsläufige Frucht der Umstände und von Gottes Wirken. Sie versuchen nicht, sich herauszustellen; sie wollen etwas mitteilen: eine Vision, etwas, das ihnen keine Ruhe lässt, ein Wirken, eine Berufung … als gehörten ihnen diese Dinge nicht. Wenn man diese Frauen und Männer hört, haben sie nichts oder so wenig selber getan; sie entschuldigen sich beinahe, dass sie auf jene Wegkreuzung gestellt wurden, wo Licht und Liebe aufbrechen, auf einen Vorposten des Kampfes für die Menschen. Sie befanden sich da, wo man der Wirklichkeit begegnet; und sie haben diese Wirklichkeit und ihre unwiderlegbare Kraft wahrgenommen; sie hat sie gezwungen, zu reagieren, zu erfinden, zu wirken, in einem Wort: ihre Brüder und Schwestern zu lieben, und zwar aufrichtig. Sie wurden unsichtbar, unwiderstehlich getrieben. Es sind «Passive». Glückliche Passivität, die nicht Gleichgültigkeit ist, sondern Zugänglichkeit, Bereitschaft, Verletzlichkeit, Aufnahme der anderen und der wirkenden Gnade Gottes. Das ist die Gnade, getroffen zu sein, innerlich zu tragen, zu «erleiden». Eine «Passivität», die «Passion» im doppelten Sinn des Wortes ist: im Sinne von Leiden als innerem Getroffensein und von Leidenschaft als vorbehaltlosem Einsatz. Aus dieser Passivität und Passion wächst das überraschende und entschlossene Wirken der Gerechten. Hier also, um den Einstieg in das Buch zu erleichtern, zwei einleitende Zeugnisse: über die Kindheit von Père Joseph und über die Leitlinien der Bewegung ATD Vierte Welt.

KLEINER JUNGE IM TEUFELSKREIS DER GEWALT

Eine meiner ersten Kindheitserinnerungen ist ein langer Krankenhaussaal. Meine Mutter ist da und schreit die Ordensschwester an, die uns beaufsichtigt. Ich war ins Krankenhaus gebracht worden, um meine Beine strecken zu lassen, denn ich war ein rachitischer kleiner Junge.

An jenem Tag sagte ich meiner Mutter, dass die Schwestern mir das Paket vom letzten Sonntag weggenommen hatten. Mama hatte sicher viel Mühe gehabt, um die paar Leckereien zusammenzubringen. Voller Wut entriss sie mich den Händen der Schwestern und nahm mich mit nach Hause.

Seither habe ich O-Beine. Während meiner ganzen Jugendzeit hatte ich den Spott einzustecken, den mir diese Missbildung einbrachte. Ich wirkte lächerlich und war, vor allem als Heranwachsender, gehemmt, weil ich ein wenig hinkte.

So bestand die allererste Berührung mit der Aussenwelt, an die ich mich erinnere, in einer Ungerechtigkeit und einer Beeinträchtigung, die meinen Körper fürs ganze Leben zeichnen sollten. Wahrscheinlich ist das der Grund, weshalb mir die triefenden Nasen, die krummen Beine, die jung schon gezeichneten Körper, die mich heute in den Notsiedlungen, Bruchbuden und Slums umgeben, unerträglich geworden sind.

Dass meine Mutter die Schwester anschrie, wunderte mich nicht. Ich war ans Schreien gewöhnt. Daheim schrie Papa die ganze Zeit. Er schlug meinen älteren Bruder und traf ihn zu Mamas Verzweiflung immer am Kopf. Auch Mama beschimpfte er. Wir lebten in ständiger Angst.

Erst viel später, als Erwachsener, begriff ich durch das Zusammenleben mit anderen Männern wie ihm, anderen Familien wie unserer, dass mein Vater ein gedemütigter Mann war. Er litt, weil er sein Leben verfehlt hatte. Er trug die Schande auf sich, den Seinen keine Sicherheit und kein Glück geben zu können.

Das ist das Schlimme am Elend. Kein Mensch kann solche Demütigungen einstecken, ohne zu reagieren. Und der arme Mensch reagiert heute wie gestern mit Gewalt.

Das hiess aber, dass ich als kleiner Junge bereits in den Teufelskreis der Gewalt hineingeriet. Gewalt war die Antwort auf jegliches Hindernis, auf die täglichen Schwierigkeiten aller Art. Und unbewusst wurde sie für mich, wie für meinen Vater, zum Mittel, um mich von den zahllosen Demütigungen, die uns unsere äusserste Armut einbrachte, reinzuwaschen.

Nach all den Jahren erstaunt es mich immer noch, dass meine Eltern von nichts anderem sprachen als vom Geld. Sie hatten keines, und doch lagen sie sich seinetwegen fast ständig in den Haaren. Und wenn einmal etwas Geld ins Haus kam, stritten sie sich darüber, wie sie es ausgeben wollten.

Auch später, als Mama allein war, redete sie hauptsächlich vom Geld mit uns. Wenn sie von Leuten sprach, mit denen wir zu tun hatten, vergass sie nie, deren Reichtum zu erwähnen. Von den Priestern der Pfarrei sagte sie: «Die sind reich.» Selbst die Frau, die den Laden an der Ecke führte, war eine Reiche in ihren Augen. Nicht dass Mama neidisch gewesen wäre. Aber wenn jemand hungert und Not leidet, dann zählt für ihn nur, was den Mangel beheben kann. Das ist heute noch so: in den Grauzonen, die unsere Städte umgeben, laufen die Interessen, die Streitigkeiten und die Gespräche immer auf Geldfragen hinaus.

In diesen Kampf ums Essen wurde ich in zartestem Alter schon eingespannt. Mit vier Jahren war ich dafür zuständig, die Ziege auf die Wiese hinunterzuführen, jene Ziege, die meine neugeborene kleine Schwester und uns andere Kinder ernährte. Der Weg führte mich am grossen Tor des Klosters vom Guten Hirten vorbei, und manchmal sprach mich dort eine Schwester an. Eines Tages fragte sie mich, ob ich morgens bei der Messe ministrieren wolle. So trat ich meine erste Stelle an. Denn für mich ging es hier um eine Anstellung: als Messdiener hatte ich jeden Morgen Anspruch auf eine grosse Tasse Milchkaffee mit Brot und Konfitüre, dazu Butter an Feiertagen. Ausserdem erhielt ich jede Woche zwei Francs. Und diese zwei Francs haben für mich den Ausschlag gegeben.

So begann ich, zum Lebensunterhalt meiner Familie beizutragen, bevor ich fünf Jahre alt war. Fast elf Jahre lang weckte mich Mama jeden Morgen für die Siebenuhrmesse. Mindestens zehn Minuten brauchte ich, um zur Kapelle hinter den grossen Klostermauern zu laufen. Im

Winter fror ich, hatte Angst im Dunkeln. Aber Regen und Wind konnten mich nicht abhalten: verbissen, schlaftrunken, manchmal freilich auch vor Wut heulend, ging ich die Rue Saint-Jacques entlang, dann die verlassene und abweisende Rue Brault hinunter auf die Wiesen zu. Ich ging bei den Schwestern ministrieren, damit Mutter vierzig Centimes bekam. Ich glaube nicht, dass ich diesen morgendlichen Termin je versäumt habe; ja mir scheint, meine ganze Kindheit habe sich um ihn gedreht.

Mama muss sehr gehungert haben für uns. Sonst hätte sie es wohl kaum übers Herz gebracht, mich so klein schon jeden Morgen aus dem Haus zu schicken. Und mir selbst muss ihre verzweifelte Lage schon bewusst gewesen sein, sonst hätte ich wohl kaum in diese Knechtschaft eingewilligt, ohne zu verbittern oder gegen Gott aufzubegehren.

Bald musste ich übrigens auch mittags den gleichen Hin- und Rückweg machen. Wir waren die Ärmsten im Viertel, und so war es ganz natürlich, dass ich nach der Schule erneut zum Kloster lief, diesmal, um in Blechnäpfen und Konservendosen unseren Anteil von dem, was die Schwestern assen, mit heimzunehmen. Trockenerbsen, Linsen, Kartoffeln, manchmal ein paar Stücke Fleisch gaben mir die Magdalenerinnen, und nicht zu vergessen das riesige Brot, den Hauptbestandteil unserer Familienmahlzeiten.

So waren alle Tage meiner Jugend durch das Leben der Guthirt-Schwestern bestimmt: durch ihr Gebet und ihre Nahrung, damit wir daheim nicht Hunger leiden mussten.

Ich denke manchmal daran, wenn ich mit ansehe, wie heute die Kinder auf Müllberge klettern oder dem Schubkarren ihres Vaters folgen, um irgendeinen Keller oder Estrich zu leeren. Sie sammeln Lumpen und Altmetall, ich war Messdiener und holte unser Essen an der Klosterpforte. Heute wie damals hat ein armes Kind keine Kindheit. Pflichten fallen ihm zu, sobald es sich auf den Beinen halten kann.

Und doch habe ich zweifellos auch gespielt und gelacht, genau wie die armen Kinder von heute. Zweifellos schuf ich mir meine Geheimplätze und Verstecke, meine ausgefallenen Wege in jenem alten Viertel von Angers, wo ich mit meinen Kameraden Irrgärten entwarf. Aber der tägliche Weg zum Kloster, dieser Schandpfad meiner

«Père Joseph hätte eines unserer Kinder sein können.
Auch er war ein Kind, das im Elend zur Welt kam.»

Kindheit, hat alles Tröstliche, was es daneben gegeben haben mag, aus meiner Erinnerung gelöscht.

Schandpfade gab es auch noch andere, immer verbunden mit dem dringenden Bedürfnis nach Nahrung. Ich sehe mich noch, wie ich als kleiner Junge mit der Nussölflasche, die ich eben für fünfzig Centimes hatte füllen lassen, in den Laden an der Ecke zurückkehrte. Wenn sie nicht randvoll war, schickte mich Mama nochmals hin, um einige Tropfen nachfüllen zu lassen: ewiger demütigender Kampf der armen Leute, um sich satt zu essen.

Später musste ich die zähen Pferdefleischstücke in die Metzgerei zurückbringen. Mit sieben Jahren hatte ich nämlich noch eine weitere Arbeit gefunden: Ich machte die Einkäufe für Marie-Louise, die Metzgersfrau. Sie gab mir dafür fast täglich für zwei Francs Pferdefleisch. Mutter akzeptierte nur frisches, zartes Fleisch. Ohne Zögern schickte sie mich notfalls nochmals hin, um mit dem Beleg in der Hand bessere Qualität für den Familientisch zu verlangen.

Zum Ausgleich für die Schande waren wir stark. Mit Fäusten forderte ich unbewusst Genugtuung für die erdrückende Knechtschaft, meine Familie ernähren zu müssen. Ich erinnnere mich, dass ich als Sechsjähriger einen kleinen Gegner in der Hecke mit Faustschlägen zu Boden streckte.

Als meine Mutter die Kindergartenschwester aufsuchte, um zu erfahren, ob ich in die grosse Schule eintreten könne, meinte diese: «Aber sicher, schicken Sie ihn nur hin. Hier schlägt er alle.»

So verbanden sich von früher Kindheit an Geldmangel, Schande und Gewalt.

Ich kann mich nicht erinnern, dass Mama einmal guter Laune war, wenn ich aus der Schule heimkam. Nichts konnte sie darüber hinwegtrösten, dass ihr Mann sie verlassen hatte und sie die Last von vier Kindern allein tragen musste. Die Nachrichten von meinem Vater und vor allem das Geld, das er schicken sollte, blieben aus. Das Gas musste bezahlt werden, die Kohle für den Winter, ein neuer Ofen war fällig ...

Es war fast immer kalt bei uns. In der alten Schmiede, wo wir wohnten, herrschte ständig Durchzug. Der Wind drang unter den Türen und durch die Trennwände ein. Eine dieser Trennwände war aus mit

Packpapier überzogenen Kisten gemacht. Wenn das Papier riss, peitschte uns der Wind.
Kalt war es auch, weil alle Wohnungen über uns durch dasselbe Schornsteinrohr miteinander verbunden waren. Dieses Rohr war oft verstopft, und wenn wir Feuer machten, kam Thérèse, die Schneiderstochter, die Treppe herunter und beschimpfte meine Mutter, weil der Rauch bei ihnen eindrang. Um keinen Ärger zu haben, nahm Mama dann die Kohlen, die wir auf dem Gelände der Gasfabrik gesammelt hatten, aus dem Herd: jene Kohlen, die wir so mühsam sortiert hatten und die in ihrer Armseligkeit die Kälte im Haus eher hervorzuheben als zu beheben schienen.
Wie lässt sich diese Passivität meiner Mutter und so vieler anderer armer Mütter, denen ich heute an den Stätten des Elends begegne, erklären? Ihre Befürchtung, es mit den Nachbarn zu verderben, kam sicher von der Abgespanntheit, mehr aber noch von der Angst. Mutter vergass nie, dass sie eine Fremde war. Sie fürchtete ständig, man könnte sie nach Spanien zurückschicken, die Polizei könnte uns, weiss Gott weshalb, holen. Und genauso fürchten die Mütter in den Notsiedlungen immer, jemand könnte ihnen ein Leid zufügen.
Was Thérèse betrifft, die Schneiderstochter, die immer wieder kam und sie beleidigte, so nahm ich eines Tages – ich war noch sehr klein – den Schürhaken und fuchtelte damit vor ihr in der Luft herum. Ich weiss nicht, was ich ihr in meinem kindlichen Zorn sagte, aber von da an durfte unser armseliges Feuer weiterschwelen in diesem alten Herd, dessen Feuerloch entzwei war und dessen Risse wir ständig mit Lehm von den Nachbarwiesen zukitteten.
Meine Mutter beklagte sich oft bei den andern über alles, was sie quälte, auch über mich: Ich bereitete ihr Sorgen, war mit der Schule im Rückstand, nässte das Bett. Dass das ganze Viertel darum wusste, war eine zusätzliche Last auf meinen Schultern. Die Armen verbergen ihre Wunden nicht. Ihre Kraft reicht nicht aus, um die Schwierigkeiten einer aufreibenden Existenz zu verheimlichen.
Und doch habe ich es meiner Mutter zu verdanken, dass ich zur Schulabschlussprüfung zugelassen wurde. Wir waren wenige in der katholischen Privatschule, die für unsere Ausbildung nicht bezahlten, und wir waren die Letzten der Klasse. So wollte der Direktor das

Risiko, mich zu den staatlichen Prüfungen anzumelden, nicht eingehen. Er hatte meinen älteren Bruder nicht angemeldet, und meine Mutter hatte daran keinen Anstoss genommen. Aber als ich an der Reihe war, gab sie nicht so schnell nach. Sie wusste, dass ich nicht dumm war, sie wusste, dass ich zuviel Verantwortung und auch zuviel Leid auf meinen Schultern trug und dass mir Ungerechtigkeiten viel zu nahe gingen. Für uns, die wir Almosen erhielten, aber nie unser Recht, waren Ungerechtigkeiten an der Tagesordnung. Meine Mutter wollte nicht, dass mir noch eine mehr zugefügt wurde. Sie ging mich selber einschreiben und meldete mich für das Abschlusszeugnis an.

Erst heute kann ich ermessen, welchen Vorrat an Empörung und Mut meine Mutter brauchte, um ihre Kinder so zu verteidigen. Sie verteidigte mich auch, den Rücken zur Wand, als die Damen des Wohltätigkeitsvereins der Pfarrei auf die Idee kamen, mich bei den Waisenkindern von Auteuil unterzubringen. Das Vorhaben schien vernünftig, doch welche Demütigung für Kinder, die in Armut geboren sind, und für ihre Mütter, dass man sie abseits der andern aufziehen will! Meine Mutter nahm, wie ich es gut an ihr kannte, ihre ganze Würde zusammen und lehnte ab. Lieber verzichtete sie auf die Gunst der Hilfswerke der Pfarrei.

Abseits der andern standen wir freilich auch so. Wir waren zu arm in dem Arbeiterviertel und gehörten nicht wirklich dazu. Almosen, nicht Freundschaft, verbanden uns mit den andern.

Wir waren nicht die einzigen. Ich erinnere mich an die trunksüchtige Mutter und ihren unehelichen Sohn. Wenn er abends heimkam, lag seine Mutter in der Küche am Boden. Er schleppte sie zum Bett und legte sie schlafen. Manchmal kam er zu uns, dann setzte ihn Mutter an den Tisch und teilte Brot und Suppe mit ihm.

Da war auch die Hexe. Sie wollte nicht, dass die Hunde unter ihrem Fenster markierten. Wir Kinder pflegten gegen ihre Mauer zu pissen, und sie beschimpfte uns. Wir mochten sie, deshalb ärgerten wir sie. Den Metzger Retif oder den Schreiner Cesbron hätten wir nicht geärgert. Sie waren die Grossen im Viertel. Sie gehörten nicht zu unserer Welt.

Eines Tages wurde die Hexe verhungert in ihrer Bruchbude aufgefunden. Vierzehn Tage lang hatte niemand sie vermisst. An jenem

Abend weinte meine Mutter, weil das auch uns hätte geschehen können. «Wer hätte uns denn vermisst?» sagte sie. «Genauso werde ich sterben.»

Habe ich von *ihr* gelernt, zu kämpfen – nun nicht mehr aus Rache für erlittene Demütigung, sondern um ein ganzes Volk von Ausgestossenen zu befreien?

Eines Tages geriet einer der grössten Jungen der Schule – er hiess Siché – in Wut über einen Knaben, der schwächer war als er. Er drängte ihn an der WC-Wand zu Boden und bearbeitete ihn mit Füssen und Fäusten. Was ging in mir vor? Ich warf mich auf ihn und bearbeitete ihn meinerseits mit Füssen und Fäusten. Ich zerkratzte ihm das Gesicht, bis der Lehrer mich mit Gewalt von ihm trennte.

Warum tat ich das? Dieser schmächtige Knabe bedeutete mir nichts, was hatte ich ihn zu verteidigen? Und doch ist er mir in Erinnerung geblieben und nicht die Strafe, die ich einfing. Ich flog von der Schule, aber an alles, was auf diesen Streit folgte, erinnere ich mich kaum. Was wie ein Wendepunkt in meinem Gedächtnis haftet, ist dieser Junge, der von einem Siché, der so viel stärker war als er, Schläge einsteckte. Das war, wie mir scheint, der Anfang eines Kampfes, in dem ich alle Aussichten hatte, zu verlieren, und den ich dennoch stur mein Leben lang weiterführen sollte.

Ein Kämpfer für die Ausgestossenen zu werden ist gar nicht so einfach, denn man wird es nicht wegen ein paar einzelner, einer trunksüchtigen Mutter, einer Hexe, eines schmächtigen Knaben. Ich musste ihnen zuerst als einem Volk begegnen, ich musste entdecken, dass ich zu diesem Volk gehöre, mich als Erwachsener wiedererkennen in jenen Kindern aus den ghettoähnlichen Vierteln rund um unsere Städte, in jenen arbeitslosen Jugendlichen, die vor Wut heulen. Ihr Elend ist das meiner eigenen Kindertage. Sie weisen mich darauf hin, dass es heute wie zu allen Zeiten ein Volk gibt, das in Lumpen geht.

Es liegt in unserer Macht, diesem Dauerzustand ein Ende zu setzen. Das Elend wird morgen nicht mehr sein, wenn wir diesen Jugendlichen helfen, sich ihrer Herkunft und Zugehörigkeit bewusst zu werden, ihre Gewalttätigkeit in einen klaren Kampf zu verwandeln, sich mit Liebe, Hoffnung und Wissen zu wappnen, um den Kampf gegen Unwissenheit, Hunger, Almosen und Ausgrenzung bis zu seinem Ende zu führen.

Das ist nicht nur Sache der Regierung, sondern auch von Menschen, die bereit sind, sich mit den Ausgestossenen auf den Weg zu machen, ihr eigenes Leben mit ihrem Leben zu verbinden, manchmal alles zu verlassen, um ihr Schicksal zu teilen.

WIR HATTEN NICHTS ANDERES ZU BIETEN ALS UNS SELBST

Père Joseph erklärt in einigen Worten die Anliegen der Bewegung ATD Vierte Welt.

Wir sind keine Erfinder, bloss Erben. Andere haben in der zeitgenössischen Kirche hier und in aller Welt den Anstoss zu Bewegungen gegeben, die den Armen, dem Volk der Ausgestossenen begegnen. Männer wie Abbé Godin, Père Depierre, Abbé Pierre haben Türen zu der Welt des Elends aufgestossen. Wir befinden uns innerhalb einer geistig-geistlichen Richtung, die nicht so sehr auf Ideen als vielmehr auf einer Einsicht des Herzens beruht und die den Armen, den Leuten des Elends begegnet ist. Da gibt es Bewegungen, die für den Frieden kämpfen, für das Brot, für die Gerechtigkeit: all diese Anliegen treffen sich irgendwo in der Sorge um den am meisten verachteten Menschen. Wir schaffen nichts Neues, obwohl das Elend uns auch erfinderisch machen kann; vielleicht erneuern wir Bestehendes.
Wo unsere Originalität liegt? Als die Bewegung ATD Hilfe in grösster Not – Vierte Welt begann, war die Gesellschaft selbstbewusst; jedermann dachte, dass der Fortschritt verbunden mit dem Fürsorgewesen das Elend automatisch und unvermeidlich zum Verschwinden bringen würde, man war siegessicher. Wie konnte in diesem Kontext irgend jemand an das glauben, was wir über das Elend sagten? Das war die Hauptschwierigkeit, auf die wir stiessen. In diesem Kontext hat Abbé Pierre die Wirklichkeit der am meisten Leidenden sichtbar gemacht; ATD Vierte Welt hat diese mit der Familie in Verbindung gebracht. Das war kühn in jener Zeit, wo die Gesellschaft ihr Interesse an der Familie zu verlieren begann; die Sozialdienste und die Behörden haben übrigens den Nachdruck, den wir auf die Familie legen, noch immer nicht

verstanden. Weshalb uns soviel daran lag? Wenn alles fehlt, ist die Familie die einzige Zuflucht für den Menschen; nur hier gibt es noch jemand, der ihn aufnimmt, nur hier ist er noch jemand. In der Familie findet er seine Identität. Die Seinen, seine Kinder, seine Ehefrau, seine Lebensgefährtin ... stellen für ihn seinen letzten Freiraum dar. Selbst wenn ihre Kinder ihnen entrissen werden, berufen sich der Mann und die Frau immer auf die Wesen, denen sie das Leben geschenkt haben. Weil wir auf dieser Realität der Familie bestanden, galten wir als rückständig. Darunter haben wir sehr gelitten, ohne uns allerdings beirren zu lassen.

Entscheidend war in unserer Bewegung von Anfang an, dass wir nichts anderes zu bieten hatten als uns selbst. Wir besassen nichts, wir waren keine Organisation für sozialen Wohnungsbau und auch keine Sozialarbeiter mit einer bestimmten Dienststelle oder Einrichtung im Rücken. Wir hatten nichts anderes zu bieten als das Herz, das in unserer Brust schlug. Unsere weitestgehende Mittellosigkeit, unser völliger Mangel an allem Notwendigen ermöglichten es, dass wir von den am meisten benachteiligten Familien akzeptiert wurden. Wir hatten keinerlei Macht, keine politische oder gesellschaftliche Macht, nicht einmal die Unterstützung oder den Rückhalt einer Kirche. Wir kamen mit leeren Händen und blossen Füssen mitten ins Elend. Wir hatten nichts anderes zu bieten als das, was wir waren: Frauen und Männer, die ihr Leben dafür einsetzen wollten, mit diesen Menschen, die von Ablehnung und Elend umgeben waren, zu kämpfen. Der Mensch und seine Förderung waren unser einziges Ziel. Wir haben von Anfang an gewollt, dass diese Familien, die in äusserster Armut lebten, die Verteidiger ihrer Brüder und Schwestern seien. Wir standen am Anfang eines weiten Weges, ohne Beziehungen, in der gleichen Lage wie die Familien, die in völliger Mittellosigkeit lebten. Viele von diesen hatten nichts anderes gekannt als Bedürftigkeit, Unwissenheit, Krankheit, Arbeitslosigkeit und auf jeden Fall Ablehnung und Ausgrenzung. Wir wollten erreichen, dass ihr eigener Einsatz als Bürgschaft diene, damit die Gesellschaft sie wieder als Menschen aufnehme, die für sich selber, für ihre Kinder, für ihr Leben und für ihr Wort verantwortlich sind. Dieser eigene Einsatz sollte ein lebender Beweis sein für die Möglichkeiten jedes Menschen: kein Mensch ist jemals völlig am Ende.

Wenn die Ärmsten, trotz des Elends, das sie von überall her einkreiste, in ihrem Zusammenleben eine gewisse Gastlichkeit und Solidarität entwickeln konnten, wenn die Subproletarier zu bestätigen imstande waren, dass es für das Leben und die Gesellschaft noch andere Triebkräfte geben kann als Konsum und Profit, dann war dies das Angebot einer neuen Welt, das sich an jeden Menschen richtete. Wir schlugen eine radikale Änderung des Blickwinkels vor, andersartige Beziehungen, ein anderes Ziel für unsere Bemühungen.
Welche Schwierigkeiten bei einem solchen Plan! Sie kamen daher, dass die reiche, begüterte Gesellschaft das Elend nicht mehr wahrnehmen wollte oder konnte, da sie behauptete, es ausgemerzt zu haben. Wir waren gezwungen, als Zeugen aufzutreten für das, was wir hörten, sahen und erlebten. Es reichte nicht, sein ganzes Herz in dieses Zeugnis zu legen; dieses musste auch noch dem Begriffsvermögen der Menschen unserer Zeit zugänglich sein. Aus dieser Notwendigkeit heraus ist das Forschungsinstitut der Vierte-Welt-Bewegung gegründet worden. Wir konnten belegen, was wir behaupteten: Die Allerärmsten gibt es immer noch, sie sind da, mitten unter uns; und mit den Lebensbedingungen, die ihr ihnen aufzwingt, sind sie der lebendige Beweis dafür, wie sehr ihr eure eigenen Überzeugungen, Erklärungen und Ideale verdreht. Die Gründung des Forschungsinstituts war ein politischer Akt im Vollsinn des Wortes; es hat mit stichhaltigem Beweismaterial angeklagt, und es hat Vorschläge gemacht. Es hat auch bewiesen, dass die betroffene Bevölkerung gleichzeitig in der Lage ist, Menschen jeglicher Herkunft für eine gerechte Sache um sich zu scharen, um es den am meisten Benachteiligten zu ermöglichen, eigenverantwortlich zu leben. Es hat aufgezeigt, dass es völlig widerrechtlich ist, diesen Familien die Wahrnehmung ihrer familiären, gesellschaftlichen, politischen und religiösen Verantwortung unmöglich zu machen.
Ein anderer Punkt, der hervorgehoben werden muss: Gegenüber dieser reichen Gesellschaft, die das Elend zu ignorieren suchte, hat sich unsere Bewegung von allem Anfang an dafür entschieden, *inter*konfessionell und *inter*politisch zu sein ... nicht *a*konfessionell und *a*politisch; das ist etwas ganz anderes. Ich hatte die Erfahrung gemacht, welches Glück katholische Christen und gläubige Menschen im allge-

meinen haben; die Erziehung, die sie erhalten haben, führt sie dazu, die anderen zu lieben.

Weil ich zahlreiche Institutionen antraf, die trotz ihres guten Willens nicht imstande waren, für die Befreiung der Ärmsten zu kämpfen, dachte ich, dass wir die Chance, die wir als Gläubige haben, allen Menschen bieten müssen. Für mich war es nicht mehr und nicht weniger als rechtens, es jedem Menschen, unabhängig von seinem Glauben, seinen Ideen, seiner Kultur, zu ermöglichen, bis ganz zuunterst an die soziale Leiter hinabzusteigen. Wie schwierig muss das für jemand sein, der nicht das Vorrecht hat, in den Dimensionen zu leben, die uns die Zugehörigkeit zu einer Kirche vermittelt. Jeder Mensch muss aus der ärmsten Familie einen Brennpunkt der Begegnung machen können, eine Befreierin der anderen Menschen, eine Familie, die ihre Geschwister rettet. Es fällt uns schwer zu verstehen, wie sehr die Konfrontation mit dem Elend einem Menschen zusetzt, der nicht von früher Kindheit an gelernt hat, den Blick auf die andern und namentlich auf den Ärmsten zu richten, in dessen Lage sich Christus ganz und ohne Vorbehalt hineinbegeben hat. Auch hierin machen Christen sich nicht immer klar, was sie einer kirchlichen Gemeinschaft verdanken.

Die erste französische Atheistin, die Volontärin wurde, hat angesichts des Elends immer noch keinen anderen Rückhalt als die Gerechtigkeit und ihre tiefe Menschlichkeit. Das Scheitern der Familien frisst sie auf und macht sie kaputt. Sie kann nicht darüber hinwegkommen, sie kann das Scheitern nicht akzeptieren, weil es für sie jenseits des Scheiterns nichts gibt. Wenn ich sage, dass die Interkonfessionalität ein Akt der Gerechtigkeit für jene ist, die nicht das Glück gehabt haben, mit dem Blick auf den andern aufzuwachsen, dann liegt in dieser Aussage keine Selbstgefälligkeit. In allen Menschen gibt es eine weiche, zärtliche Stelle, die darauf wartet, ans Licht zu kommen und wirksam zu werden, und diese Zärtlichkeit muss von frühster Kindheit an gefördert und geübt werden. Die Haltung der Barmherzigkeit, die im Bedürfnis besteht, mit dem andern zu teilen, sich in den andern hineinzuversetzen, mit zu leiden, sein Leiden in sich zu tragen und es in Hoffnung zu verwandeln, ist die Folge einer bestimmten Erziehung oder einer Bekehrung.

In unserer Bewegung sind wir direkt mit dem Menschen verbunden, ohne Vermittlung einer Dienststelle, eines Apparats. Wenn man nicht durch Strukturen eingeschränkt beziehungsweise darin eingesperrt ist, kann man nach einem Gesellschaftsentwurf leben, der vom andern abhängig ist, mit dem man ihn teilen will. Dann kann man die ärmste Familie ins Herz der Welt, ins Zentrum der Welt stellen. Wer den bedürftigsten Menschen zum Mittelpunkt macht, umarmt in einem einzigen Menschen die ganze Menschheit. Er schränkt seinen Blick nicht ein und verengt auch nicht sein Gesichtsfeld, er wirft vielmehr den Blick auf die Grenzen der Liebe. Nun hat aber die Liebe keine Grenzen, sie lässt sich nicht einschliessen und nicht beherrschen, sie ist immer Wahnsinn.
Mit einemmal muss man die kühne Verbindung zwischen den Ärmsten und Jesus Christus ziehen: sie sind schlichtweg eins. Mit einemmal kann man keinen Menschen aufgeben, ob er nun reich sei oder arm, ob er für seine elende Lage verantwortlich sei oder ob er sie nur erleide. In der Liebe gibt es keine Grenzen. Alle gehören zur selben Menschheit, alle haben dieselbe Bestimmung.
Als ich schliesslich im Lager von Noisy-le-Grand ankam, sagte ich mir: Diese Familien des Elends werden allein niemals hochkommen, ich werde dafür sorgen, dass sie die Stufen des Elysées, des Vatikans, der UNO, der grossen internationalen Organisationen emporsteigen. Sie müssen vollkommen gleichwertige Partner werden. Lächerliche Vorstellung, werden manche denken, die da mitten im Sommer 1956 auf dieser dürren Hochebene entstanden ist! Christus auf Golgatha blickte die Welt an und sagte, er habe sie überwunden. Jeder Mensch, der den ärmsten Menschen ins Zentrum seines Gesichtsfelds stellt, wird unvermeidlich alles sehen, alle Menschen einschliessen, er kann keinen Menschen beiseite lassen. In gewisser Weise kann auch er behaupten, er habe die Welt überwunden.

*
* *

Im zurückhaltenden Ton einer vertraulichen Mitteilung, beinahe eines Bekenntnisses gibt Père Joseph preis, was seinen Geist beschäftigt, was ihm am Herzen liegt. Ich war bewegt, ein solches «Bekenntnis» aufgenommen zu haben, eine Sicht der Menschheit, der Erziehung, der Kirche ... Was tun, damit dies nicht eine flüchtige Ergriffenheit bleibt? Wie leben, damit dieser Blick dauerhaft sozusagen der unsere wird? Dieses Buch möchte dazu beitragen. Als er das vollendete Manuskript nach den letzten kleinen Korrekturen an den Verlag sandte, heftete Père Joseph diese einfachen Zeilen daran: «Ich bete dafür, dass dieses Buch sein Ziel erreicht: dass Menschen die Kirche lieben lernen und dass viele sich ihr anschliessen, um gegen das Elend zu kämpfen.» Er lässt uns sehen und hören, was die Frauen und Männer im Herzen der Vierten Welt sehen, hören und erleben. Ohne die Bewegung ATD Vierte Welt könnte die Gesellschaft jene, die sie durch ihr Leben und Funktionieren ausgegrenzt hat, vergessen und von ihrer Solidarität ausnehmen. Aber was für eine Menschheit, was für eine Kirche wäre das! Alle schönen Ideen von Liebe, Brüderlichkeit, Gerechtigkeit, Grosszügigkeit wären nur Lüge, und diese Lüge ist die schlimmste. Die Zivilisation wäre pervertiert, die Kirche verraten. Dieses Buch zeugt von der Weigerung, die menschliche Solidarität zu zerschlagen.

DIE KIRCHE IST DIE KIRCHE DER ARMEN

Gilles Anouil – Ein Buch zu veröffentlichen, und besonders ein Buch wie dieses hier, ist kein unbedeutender Schritt. Père Joseph, weshalb haben Sie sich bereit erklärt, dieses Buch zu machen?

Père Joseph – Erstens fand ich es wichtig, zu berichten, was die Familien der Vierten Welt uns seit fünfundzwanzig Jahren gelehrt haben. Die am meisten benachteiligten Familien haben mich soviel gelehrt, dass ich nicht das Recht habe, es für mich zu behalten. Ich habe die Pflicht, es weiterzugeben: an die Gesellschaft, damit sie daraus Nutzen ziehen kann, und an die Kirche, damit sie vollständig verwirklichen kann, was sie ist. Jedes Wort, das der Rede wert ist, hat übrigens das Recht, aufgeschrieben zu werden und eine Botschaft zu sein für andere Menschen, vor allem, wenn es von den am meisten Benachteiligten ausgeht. Wer zur Schrift Zugang hat, geht auch in die Geschichte ein. Wenn es uns gelingt, die Botschaft der Vierten Welt aufzuschreiben, bringen wir auch ihre Sache voran.

Zudem bin ich Geistlicher, und mein Leben ist der Kirche geweiht. Meine Ideen und Gedanken sind denn auch nicht mein Privatbesitz. Auch meine Tätigkeit bei den Allerärmsten ist nicht mein eigen. Sie gehört der Kirche. Zumindest ist dies mein tiefster Wunsch. Was ich in meinem Priesterleben getan habe, habe ich in der Absicht unternommen, am Aufbau der Kirche mitzuwirken. Ich musste einen Stein auf den anderen setzen. Es ging um mehr, als die Allerärmsten in die Kirche zu bringen, um mehr, als die Kirche an deren Befreiung zu beteiligen. Ich musste diese Familien an die Basis der Kirche, in deren Fundamente setzen.

Das ist einer der Gründe, weshalb ich immer die Geschichte der Allerärmsten schreiben wollte, und zwar Tag für Tag. Ich tue dies seit den sechziger Jahren mit meinen Weggenossen, in der Gewissheit, hier die wesentliche Wirklichkeit der Kirche zu finden. Es hat allerdings Zeit gebraucht, bis ich dabei entdeckte, dass sich im Elend und Leiden der Vierten Welt der Ruf, ja der Angstschrei Gottes ausdrückt.

Sie sagen: die Vierte Welt – wesentliche Wirklichkeit der Kiche. Ist der Ruf nach Gott unter diesen Familien stärker als in der heutigen Welt im allgemeinen?

Das kann ich nicht sagen. Aber ich kann bezeugen, wie sehr die Familien in den subproletarischen Siedlungen jedesmal Anteil nehmen, wenn sie eingeladen werden, ihre Überlegungen zu den grossen Fragen zu äussern, die sie sich über Leben und Tod, über den Menschen und über Gott stellen. Heute kann ich ihr Bedürfnis nach Gott und der Kirche bezeugen.
Die Stärke dieses Bedürfnisses hat mich erstaunt, als ich mich ganz und gar im Obdachlosenlager von Noisy-le-Grand einleben wollte. Die Familien dort hatten oft keine Stühle und keinen Ofen, sie lebten in völliger Mittellosigkeit. Und wenn die Leute von der Kirche sprachen, sprachen sie von ihr wie von sich selbst: unsere Messe, unser Pfarrer, unsere Kirche ... Sie beklagten sich darüber, dass sie von den Priestern nicht besucht wurden, dass sie sich in der Pfarrkirche nicht wohl fühlten – als hätte man ihnen ihr Gut entwendet. Sie erhoben Protest, als hätte man sie aus ihrem eigenen Haus ausgesperrt. Kurzum, so wie sie redeten, war ihnen das Recht, Kirche zu sein, abgesprochen worden. Für sie war die Kirche nicht eine Institution, sie gehörte auch nicht zu ihrer Umgebung. Ganz tief in ihrem Innern fühlten sie sich als Kirche und sagten es unumwunden.
Aber ich habe lange gebraucht, um das zu verstehen. Wenn ich angefangen habe, das tägliche Leben der Allerärmsten aufzuschreiben, um ihnen einen anerkannten Platz in der Geschichte zu verschaffen, dann habe ich es zuerst für die Kirche getan. Meiner Ansicht nach konnte die Kirche so ein konkretes Mittel finden, sich in einer lebenden Bevölkerung wiederzuerkennen. Damals sprach ich darüber mit Domherr Boulard. Dieser überlegte und antwortete mir dann: «Machen Sie sich nicht zu viele Illusionen, in der Kirche werden sehr wenige Ihre Bücher lesen.» Ich war bestürzt, aber nicht entmutigt: Die Kirche ist ja wirklich zuerst ein Ort des Lebens und nicht des Lesens.

Waren aber diese Worte von Domherr Boulard nicht ein Urteilsspruch? Sagten Sie nicht, dass die Kirche das Evangelium verrät, wenn sie sich nicht mehr für die Allerärmsten interessiert?

Die Kirche verliert ihr Interesse an den Allerärmsten nicht. Das kann sie nicht! Sicher wendet sie sich manchmal von ihnen ab, aber das ist verständlich. Das Elend zeigt sich als die Kehrseite der Gnade. Wer den Menschen, der es durchlebt, nicht kennt, dem erscheint er nicht als Schmerzensmann, als Schmerzensfrau, sondern als missachteter, verwerflicher Mensch. Ein solcher Risikomensch, unwissend und hoffnungslos, mit einer Familie, die am Boden liegt, wirkt gleichzeitig auch störend auf unsere sauberen, aber geschwächten und manchmal auch feigen Gewissen. Wie sollen wir ihn ohne weiteres als unseresgleichen ansehen? Das hiesse ja, dass er eine Menge Fragen stellen könnte über uns selber, über die Gesellschaft, der wir angehören, über alles, was wir leben und glauben. Wir würden zugeben, dass er unsere Sünden trägt. Ihn als unseresgleichen anzusehen würde uns gewissermassen dazu verpflichten, den Aussätzigen zu küssen.
Das Christentum müsste natürlich allen, die es ansteckt, einen solchen Heroismus ermöglichen. Es ist indessen nicht so einfach, damit zurechtzukommen, dass wir durch den Ausgeschlossenen ins Unrecht gesetzt werden. Es führt uns dazu, uns von ihm abzuwenden oder ihn anzuklagen. Die Zeiten sind vorbei, wo dem Bettler, dem entstellten Armen eine Bedeutung zukam und wo der Aussätzige als Sohn Gottes verkündet wurde.

An welche Zeit denken Sie?

An alle Zeiten der Kirche, und für die Kirche sind diese Zeiten nicht wirklich vorbei. Sie verkündet noch immer, dass die Ärmsten Fleisch von ihrem Fleisch, ihre tiefste Wirklichkeit sind. Dass die Kirche dies ohne Abschwächung vorleben kann, ist nicht selbstverständlich. Aber ich bin darüber weder beängstigt noch empört. Die Kirche *ist* die Ärmsten. Sie ist es von ihrem Wesen her. Früher oder später, mehr oder weniger konkret und dauerhaft, mehr oder weniger heimlich oder öffent-

lich werden die Ärmsten von ihr denn auch anerkannt und als erste willkommen geheissen.
Im Verlauf ihrer Geschichte ist die Kirche sozusagen dazu verurteilt, sich der Tatsache zu erinnern und immer wieder bewusst zu werden, dass Armut, Verachtetwerden, Ausgeschlossensein wesentlich zu ihr gehören, dass sie die Ungeliebte, die Abgewiesene der Welt ist. So muss sie sich zwangsläufig wieder der von allen am meisten verachteten, am stärksten ausgeschlossenen Bevölkerung anschliessen. Papst Paul VI. sagte: «Für uns Menschen der Kirche ist Jesus Christus der Spiegel.» Das heisst, dass der Spiegel der Kirche der heruntergekommene Mensch ist. Sie steht nicht nur in Gemeinschaft mit den Ärmsten, sie ist die Ärmsten.
Sie ist dies nach Gottes Plan. Was ist dieser Plan? Alle Menschen, ohne Ausnahme, zu retten. Und wenn ich «ohne Ausnahme» sage, heisst das nicht: die Ärmsten inbegriffen, sondern: die Reichsten inbegriffen. Um alle Menschen zu retten, wollte Jesus Christus in ihrem Menschsein zu ihnen kommen. In ihrem authentischen Menschsein, das nicht durch Reichtum, Ehre und Geld verstellt ist. Er musste die Menschlichkeit verkörpern, vollkommen entblösst von allem, was dieser fremd ist, von jeder wirtschaftlichen, politischen und religiösen Macht. Diese Menschlichkeit besitzen die Ärmsten und nicht die Reichen. Bei ihnen ist das Wesentliche nicht angetastet. Darum konnte Christus dort mühelos Mensch werden.

Sie haben doch aber selber gesagt, dass die Ärmsten in ihrem Menschsein beeinträchtigt sind?

Es stimmt, dass die ganz Armen gebrochene, aufgeriebene, verbrauchte Menschen sind. Das Elend hat sie daran gehindert, ihre Intelligenz zu entwickeln, es hat sie manchmal in eine derartige Abhängigkeit gebracht, dass sie sich schämen, Menschen zu sein. Und doch sind sie es im Reinzustand, wenn ich so sagen darf. Und sie leiden schwer darunter, dass sie verachtet werden. Sie wissen, dass sie abgelehnt werden, nehmen es jedoch nicht hin. Und sobald sich irgendeine Hoffnung abzeichnet, sobald ein Prophet auftaucht, umringen, bedrängen, ja erdrücken sie ihn. Das war bei Jesus Christus der

Fall. Sie wollen ihn berühren, um befreit zu werden. Sie nehmen das Leben, das sie führen müssen, nicht hin; sie wollen hoffen. Jesus konnte unmöglich in einer anderen Bevölkerungsschicht Mensch werden, bei denen, deren Menschlichkeit behindert und wirkungslos ist, wegen ihres Besitzstandes, so bescheiden dieser auch sein mag. Denn die zeitlichen Errungenschaften stellen sich den Menschen in die Quere, machen sie stolz und hochmütig. Sie sind dann nicht mehr bereit, das Erreichte herzugeben, um den Ärmsten ähnlich zu werden und offen zu sein für die Geringsten. Um die Menschheit ganz zu umfangen und zu retten, musste Jesus zum Letzten der Letzten werden. Sonst wäre er wohl von den Besitzenden anerkannt worden, nicht aber von den am meisten Gedemütigten.

Man wird Ihnen Masochismus vorwerfen und sagen, Sie fänden Geschmack am Elend.

Jesus, der ärmste Mensch, das ist das Gegenteil von Masochismus. Er hat die Stellung des Sklaven angenommen und sich ins vollständigste Elend begeben, um zu bekräftigen, dass der Mensch niemals angetastet werden kann. Dass der Mensch immer frei bleibt, seinen Bruder zu befreien. Wir sagen vielleicht nicht deutlich genug, dass Jesus nicht gekommen ist, um die Menschen einfach zu befreien. Er ist gekommen und hat sich mit Armen umgeben, damit sie zusammen mit ihm die Menschen befreien. Er wollte, dass sie mit ihm den Willen teilten, alle zu befreien, die Reichen ebenso wie die Armen.
Doch müssen wir uns zuerst einmal klarmachen, dass der Herr sich ganz in die Lage des am meisten verachteten Menschen – beinahe hätte ich gesagt: des Subproletariers – hineinbegeben wollte. Er tat es nicht nur im Augenblick seiner Geburt und seines Todes, sondern sein ganzes Leben lang. Er hat als verkannter und unerwünschter Mensch gelebt und hatte auch die entsprechende Art, auf Menschen und Ereignisse zu reagieren. Seine Worte, seine Antworten, seine Taten, alles an ihm verrät einen Menschen, der ständig missachtet wird. Die Evangelien schildern uns Jesus Christus als jemand, der sich in der Welt wirklich unbehaglich fühlt, genau wie die Subproletarier heute. Er leidet wie sie, denn er verhält sich seiner Umgebung gegenüber wie sie

und zieht die gleichen Blicke und Bemerkungen auf sich. In all dem verstellte sich Christus nicht, er war sie.
Die Kirche ist deswegen noch lange nicht ein Ghetto, keine Gemeinschaft, die sich um sich selber dreht. Sie ist genau, was ihr Herr ist, der, selber arm, wollte, dass die Ärmsten als Sachwalter für die Gottesrechte und folglich auch für die Menschenrechte eintreten, dass sie genügend liebten, um ihr Leben für alle Menschen hinzugeben. Jesus hat nicht nur daran erinnert, dass alle Menschen Rechte haben, weil sie Söhne und Töchter Gottes sind. Er wollte mit Hilfe der Armen dafür sorgen, dass die Liebe sich wie eine Seuche ausbreite. Denn die Liebe geht über alles hinweg, was das Wesentliche hemmt, blockiert und verhindert. Die Kirche ist der Herr, der aus Liebe ein Elender, Verspotteter, Verfolgter und Ausgeschlossener wird. Für ihn beruhen die Menschenrechte auf Liebe, sonst sind sie Betrug und verkappte Unterdrückung. Damit die Armen sich treu bleiben und Retter sein konnten, hat er ständig, sein ganzes Erdenleben lang, Liebe gelehrt und Liebe geschenkt. Damit kein Mensch verlorengehe, hat er sie dazu bewogen, ihr Leben hinzugeben, wie er das seine hingab. Aber nur die Armen konnten sich ohne weiteres zumuten, einen solchen Preis zu bezahlen. «Ich danke dir, Vater, dass du diese Dinge den Weisen und Mächtigen verborgen und den Geringen offenbart hast.»

Im Grunde bringen Sie einen doppelten Gedanken ein. Einerseits müssen die Familien der Vierten Welt, die vom Elend erdrückt werden, der Eckstein der Kirche sein. Sie verkörpern ihre Botschaft. Anderseits gehört das Ausgeschlossensein, das Verworfensein zur Wesensart der Kirche.

Ja. Die Kirche ist etwas, über das die Welt sich lustig macht, mit dem sie nichts zu tun haben will. Ich habe das entdeckt, als ich noch ein kleines Kind war und bei meiner Mutter, der ärmsten Frau des Saint-Jacques-Viertels in Angers, aufwuchs. Ich habe die Kirche lieben gelernt, denn meine Mutter war eine Frau des Gebets. Jeden Morgen schickte sie mich zum Kloster vom Guten Hirten. Ich war dort Messdiener, seit ich viereinhalb Jahre alt war. Ich liebte die Schönheit der Kirche, die Heiterkeit der Ordensfrauen. Dennoch fühlte ich

auch als Kind die Zerbrechlichkeit dieser Gemeinschaft, die Kluft zwischen ihr und dem Viertel. Ich sagte mir: Sie sind schon früher vertrieben worden, das kann ihnen nochmals geschehen. Sie müssen wissen, dass viele in jener Zeit keinen Hehl aus ihrer Feindseligkeit gegenüber der Kirche machten. Dass ich in der Messe immer dieselben Leute sah, dass kaum Männer daran teilnahmen und dass der Direktor der öffentlichen Schule in einer andern Pfarrei zur Kirche ging, aus Angst, in ein schlechtes Licht zu geraten ... all dies beschäftigte mich sehr. Auf der Strasse, überall, machten Plakate die Ordensleute lächerlich. Manchmal wurde in den Geschäften über die «geweihten Ärsche» gespottet. Die Kluft war gross zwischen dem Viertel und der Kirche, die in dessen Mitte stand. Sicher wurde der Herr Pfarrer auf der Strasse gegrüsst, aber ich spürte, dass das alles nicht sehr aufrichtig war. Ich sagte mir: «All diese Leute kümmern sich keinen Deut um die Kirche.»
Als ich grösser wurde, erschien mir die Schwäche der Kirche noch viel deutlicher: was wurde sie nicht kritisiert und verunglimpft! Ich sah, wie Priester und Ordensfrauen öffentlich verspottet und manchmal sogar auf der Strasse beleidigt wurden. Als ich im Umfeld des Zweiten Vatikanischen Konzils erneut die Beschuldigung hörte, die Kirche sei anmassend, sie besitze Geld und Macht, wusste ich, dass dies nicht stimmt. Ich hatte selber zu viele Beschimpfungen einstecken müssen, zu viele Beleidigungen angesichts meiner Priesterkleidung, um mir über die Macht der Kirche Illusionen zu machen. Wenn die Christen ein wenig Erinnerungsvermögen an den Tag legten, wüssten sie, dass die Kirche, wie Jesus und die Armen, allen finanziellen, politischen und ideologischen Mächten ausgeliefert ist.

Störte Sie das nicht als Kind?

Es schreckte mich nicht ab, denn für mich war die Kirche das Gebet meiner Mutter, ihr Schweigen, ihre stille Andacht. Kirche war auch der Kaplan des Klosters vom Guten Hirten, der Hunderte Male am Tag wiederholte: «Mein Gott, ich liebe dich; mein Gott, ich liebe dich ...» Oder der Pfarrer der Gemeinde, der meine Mutter achtete, wie es die Nachbarn nicht taten. So arm sie war, kam er doch jedes Jahr vorbei,

um das Kirchgeld von ihr zu erbitten, und nahm die Münze, die meine Mutter ihm zusteckte, mit grosser Achtung entgegen.
Wenn ich zurückschaue, sehe ich, dass die Persönlichkeit der Kirche in meinen Kinderaugen so demütig und verletzlich war wie meine Mutter, dass ihre Wirklichkeit die Verachtung war, mit der man sie umgab. Vielleicht habe ich deshalb keine Schwierigkeiten, wenn ich heute die Welt des Elends betrachte, mir zu sagen: Das ist die Kirche. Dieser armen und dienstbaren Kirche kann niemand etwas anhaben; denn gerade in ihrer Verletzlichkeit liegt ihre Kraft. Solange sie wie Christus verleumdet und geschlagen wird, solange man ihr ins Gesicht spuckt, so lange bleibt sie Liebestat, und die Allerärmsten finden sich in ihr wieder. Je heruntergekommener (und ich betone dieses Wort) sie ist, desto mehr wissen die Ärmsten, dass sie ihnen gehört, und desto mehr sind sie bereit, sich in ihr zu erkennen, sich ihr anzuschliessen, um die Reichen und jene, die ihnen ähnlich sind, zu retten.
Ist das nicht das Gegenteil von Masochismus? Jesus hat die Lahmen, die Krüppel, die Blinden, die Kranken nicht ihrem Schicksal überlassen. Er hat ihre Not überwunden, er hat den Stummen die Sprache gegeben und den Tauben das Gehör. Er hat ihnen ein echtes Gesellschaftsprojekt vorgeschlagen: Legt das neue Feuer auf der Erde, damit die Besitzenden ihre Masken und Scheuklappen ablegen, ihre Güter und Vorrechte und all ihre Abwehrmechanismen aufgeben, alles, was sie daran hindert, ganz Mensch zu sein, das heisst ganz auf das Wohl der anderen Menschen ausgerichtet.
Wenn Jesus Christus sagt: «Um meinet- und ihretwillen werdet ihr euere Felder und euer Haus, euere Frau und euere Kinder verlassen, ihr werdet alles verkaufen, was ihr habt» – und wenn die Kirche dies ihm nachspricht –, dann ist das weder allegorisch noch symbolisch gemeint. Es heisst: Ihr werdet weniger Profit entfalten und weniger Vorrechte in Anspruch nehmen. So ist die Kirche eine Versammlung von Gläubigen, die wissen, dass die Befreiung in ihren Händen liegt. Sie ist eine Gemeinschaft von Hoffenden, die wissen, dass die Freiheit schon verwirklicht ist: «Stumme sprechen, Aussätzige werden geheilt.» Es handelte sich hier nicht um Ratschläge oder Prophezeiungen ohne unmittelbare konkrete Auswirkungen. Zu Lebzeiten Jesu konnte der Lahme gehen und der Taube hören. Und die Allerärmsten waren die

ersten, die den Herrn erkannten. Denn Jesus dachte und wollte das gleiche wie sie. Er antwortete auf ihre Hoffnung.

Hat ihn die grosse Masse bei der Kreuzigung nicht aufgegeben?

Hat sie ihn aufgegeben? Oder hat sie sich vor dem System, vor der Macht in Sicherheit gebracht? Soviel ich weiss, haben die Armen jedenfalls Heimweh nach der Kirche. Je ärmer sie sind, desto mehr verlangen sie nach ihr. Sie wird so sehr verleumdet, so viele Lügen werden über sie erzählt; sie können gar nicht anders, als sich in ihr heimisch zu fühlen, dafür bin ich Zeuge. Jedesmal, wenn sie ihre Anwesenheit ahnen, fühlen sie sich wie bestärkt und beruhigt. Ihre Anwesenheit unter ihnen macht sie grösser. Die Kirche bleibt ihre Basisgemeinschaft, wo sie nicht einmal zu sprechen brauchen, um willkommen geheissen und verstanden zu werden. Welche Enttäuschung denn auch, wenn sie ihnen untreu ist!
Ich sage mir auch, dass alles, was in der Theologie und der Spiritualität der Kirche, in ihrem Verwaltungsapparat und ihren Gebäuden nicht das Elend ausdrückt, früher oder später weggefegt werden wird. Aber was niemals verschwinden wird, ist das Gebet meiner Mutter, die reglos auf ihrem Stuhl sitzt. Was niemals weggefegt werden kann, ist das Gebet jenes Mannes aus dem Lager von Noisy-le-Grand. Es war zwei Uhr früh, ich hatte in einer Familie den Frieden wiederhergestellt und war auf dem Heimweg in meine Baracke. Da ich in einem Iglu (das Lager bestand aus sogenannten Nissenhütten[2]) Licht gesehen hatte, hatte ich angeklopft und war eingetreten. Der Mann sass da, den Kopf in die Hände vergraben. Schweigend blickte er zu mir hin, dann sagte er: «Nanu! Ich bin froh, dass Sie da sind. Ich war gerade am Beten.» Sein Schwiegersohn war soeben ertrunken. Ich habe mich neben ihn gesetzt, und wir haben kein Wort mehr gewechselt. Wir haben einfach zusammen gebetet in der Nacht dieses Elendslagers. Nichts kann dieses Gebet zerstören, und so werden Sie verstehen, warum ich mir niemals Sorgen mache, ob die Kirche die Armen aufnimmt oder nicht. Sie kann sie gar nicht abweisen. Sie ist die Armen.

[2] Halbrunde Wellblechbaracken aus dem Zweiten Weltkrieg, deren Form an Iglus erinnert (Anm. d. Übers.).

Sie waren also niemals empört über den ganzen Verwaltungsapparat der Kirche, ganz zu schweigen von ihrer Rolle in der Politik?

Nicht ich sage, dass keine Veranlassung zur Empörung gegen die Kirche besteht; Gott selbst sagt es. Die Kirche ist nicht da, wo man sie sucht, und Gott täuscht sich da nicht. Sie ist weder ein Apparat noch eine Macht. Ich selber habe lange gebraucht, um dies zu verstehen, trotz allem, was ich als Kind intuitiv erfasst hatte.
Die Kirche ist mitten unter den Armen. Zweifellos ist das der Grund, weshalb ich mich überall, wo ich gelebt habe, intensiv mit dem Zustand der lokalen Kirche als Gebäude befasste. Wo es kein solches Gebäude gab, habe ich eine Kapelle errichtet, eine Gebetsstätte, damit ihre Anwesenheit verkündigt werde. In Noisy-le-Grand wurde eine Kapelle gebaut, von Männern aus dem Lager und Freiwilligen aus vier Religionen. Angesichts der Männer und Frauen, die am Weihnachtstag, am Karfreitag oder für eine Beerdigung hinkamen, sagte ich mir manchmal: «Sie kommen, aber im Grunde haben sie dabei nichts zu gewinnen. Sie erwarten nichts von der Kirche.» Das war falsch. Sie kamen, weil sie wussten, dass sie die Kirche nötig hatten. In ihrem täglichen Leben kümmerte sich niemand auch nur einen Deut um sie, oder schlimmer noch: Sie fielen immer zur Last und standen im Weg, überflüssige Menschen, die besser gar nicht existieren würden. Folglich war die Kirche, die durch die Geschichte hindurch die Existenz Gottes verkündigt und die behauptet, dass das Heil des Menschen im gekreuzigten und auferstandenen Jesus Christus liegt, für diese Männer, diese Frauen und diese Kinder die einzige Chance, jemand zu sein. Sie allein, weil sie an sie glaubte und ihnen auftrug, ihre Geschwister zu retten.
Man sagt gern, dass jeder Mensch die Möglichkeit haben muss, in den Augen anderer zu existieren. Ich glaube, dass jeder Mensch die Möglichkeit haben muss, seinen Glauben auszudrücken im Wissen, dass er ernst genommen wird. Das Schlimmste an der grossen Armut ist das Schweigen – wenn das, was du glaubst, stillschweigend übergangen wird. Nun lädt aber die Kirche dich ein, es laut zu verkünden. Die Familien von Noisy-le-Grand wussten das wohl; deshalb kamen sie hin. Die Kirche als Apparat, die Kirche als Institution ist kein wirk-

liches Problem für die Ärmsten. Eine der ärmsten Mütter aus dem Lager von Noisy sagte mir: «Schauen Sie, Herr Pfarrer, ich gehe nicht in die Kapelle, aber allein schon durch ihre Existenz bin ich beruhigt.»

Ist es nicht hart, zu fühlen, dass die Kirche ihrer Botschaft nicht mehr treu ist?

Ich komme immer auf denselben Punkt zurück: Ich mache mir keine Sorgen, denn ich weiss, dass sie auf die Dauer nicht umhinkönnen wird, sich in dieser Bevölkerungsgruppe wiederzuerkennen. Sie erkennt sich bereits durch zahlreiche Christen, Priester, Ordensfrauen in ihr wieder. Der Tag wird kommen, an dem sie das so laut und deutlich sagen wird, dass die Welt sich dadurch verwandelt. Das gehört zu ihrem prophetischen Auftrag, und eines Tages wird sie wohl oder übel erneut bestätigen müssen, dass sie der Abschaum der Welt ist. An jenem Tag wird sie Weigerung und Protest sein gegen die Sünde der Welt, die Elend hervorbringt.

Sehen Sie ein Fortschreiten in diese Richtung?

Ich weiss nicht, ob es angebracht ist, von Fortschreiten zu sprechen. Es ist wie eine Bestimmung, ein unabänderliches Schicksal. Ich sehe wirklich nicht, wie es anders kommen könnte. Immer wieder sagt es das Evangelium und drängt es in der Person von Jesus Christus auf. Wir müssen ständig darauf zurückkommen: was sehen wir im Evangelium anderes als einen Mann, der in die Mühlen einer Gesellschaft gerät, die ihn ablehnt? Seine ganze Göttlichkeit drückt er aus, indem er gegen das Los protestiert, das diesem Volk von Armen, dem er angehört, bereitet wird. Er tritt nicht für die Gelehrten und Priester oder für die Politiker ein, lässt sich von diesen auch nicht für ihre Zwecke einspannen. Sein Reden und sein Handeln, der Umgang, den er pflegt, bestätigen nicht nur die Würde der Armen. Sie weisen auf den bevorzugten Platz der am meisten Ausgeschlossenen hin. Sein Leben und seine Wunder haben kein anderes Ziel, als zu bekräftigen, dass sie die ersten sind. Es waren die aus dem Tempel Verstossenen, die seinem Ruf soviel Abbruch taten. Wenn wir sie näher betrachten, finden wir

bei diesen verachteten Menschen die Zeichen des Elends wieder – ein heruntergekommener Haufen.
Ich sage wohlgemerkt: wenn wir sie aufmerksam betrachten. Jene, die ihm ständig auf den Fersen sind, die ihn berühren wollen, die vergessen, einen Imbiss mitzunehmen, wenn sie ihm nachgehen, das sind nicht einfach «Arme». Wir erkennen unter ihnen oft Männer, Frauen und Kinder, die vom Elend geprägt sind. Der Herr schart jene um sich, denen die Pharisäer und die Gelehrten misstrauen oder die sie missbilligen. Rechtschaffene Leute, die arm lebten, haben die Machthaber damals nicht verstossen und verachtet. Sie hüteten sich aber vor allen, die als Asoziale, Randständige, Unangepasste erschienen, vor jenen, die sich nicht in die Strukturen eines armen Bauernvolkes integrierten. Doch gerade in diesen hat Jesus Christus sich sehr oft wiedererkannt. Abgesehen davon ist, wenn es von seiten der Kirche Untreue gibt, auch das noch eine Chance für die Menschen. Denn wann immer die Kirche gegenüber der Welt des Elends schiefliegt, spürt sie es. Das zwingt sie, sich ihre Enttäuschung über sich selbst, manchmal ihr Scheitern, bewusstzumachen; sie muss damit fertig werden. Wenn sie ihr Scheitern eingesteht – und wer kann sagen, dass er noch nie gescheitert ist –, ist sie gezwungen, sich zu bessern, sich zu erneuern. Aber gleichzeitig dient sie auch als Spiegel für das Scheitern der Welt. In ihrem Unbehagen ist die Kirche eine Mahnung an den Protest der Ärmsten gegenüber der Welt. War es früher übrigens anders? Ich denke, dass selbst im Mittelalter die Allerärmsten nie völlig mit der Kirche oder mit der Gesellschaft im Einklang waren. Aber dieses Scheitern an sich ist ein Wort für die Welt. Wenn schon die Kirche scheitert, die doch weiss, dass sie Kirche der Armen ist, wie steht es dann erst mit der Welt? Wie steht es mit der irdischen Gesellschaft, die nicht so recht weiss, was sie mit ihnen anfangen soll? Durch ihr Scheitern erinnert die Kirche sie an ihr eigenes Scheitern.

Könnte man da nicht eine Parallele zum Marxismus ziehen? Auch er hat eine Befreiungsbotschaft, und auch er scheitert in seiner täglichen Realität. Ist das nicht die fundamentale Anfrage, die ihm entgegengehalten wird, dass er jedesmal vom Weg abkommt, wenn er eine konkrete geschichtliche Gestalt annimmt? Heisst das, dass der

Marxismus, genau wie die Kirche, ein Protest und eine Chance für die Welt ist?

Ich bin mir nicht sicher über die Analogie. Manche Marxisten sind aussergewöhnliche Männer und Frauen. Sie glauben an das, was sie sagen, und sind bereit, dem ihr Leben zu weihen, es dafür hinzugeben. Aber es gibt trotz allem fundamentale Unterschiede zur Kirche. Zunächst einmal richtet sich die Botschaft des Marxismus nicht an die Allerärmsten. Ich habe zumindest keine Ähnlichkeit gefunden mit der Guten Nachricht, die den Ärmsten verkündet wird. Aber es stimmt, dass man manchmal leichtfertig über den Marxismus spricht. So interpretiert man seine Geschichte als die einer Untreue gegenüber dem Menschen, eines Scheiterns an sich, anstatt als Mahnung an das Scheitern der Welt. Wenn es ein Scheitern des Marxismus gibt, dann ist es doch ein gemeinsames Scheitern, zumindest gegenüber den Armen, denn gegenüber dem Elend ist der ganze Westen gescheitert. Auch der Kapitalismus hat den am meisten Verrufenen und den am meisten Unterdrückten keine Befreiung gebracht. Es wird manchmal gesagt, dass der Westen jene, die seinen Werten nicht entsprechen, aus seiner Mitte verstossen hat. Die Wirklichkeit ist schlimmer und abgründiger: Er hat jene verstossen, die seinen Schwächen nicht entsprachen, seiner krankhaften Suche nach Glück, nach Profit, nach persönlichem Erfolg. In diesem Sinne ist auch das Scheitern des Marxismus ein Wort für alle, ein Wort für den Westen: wir sind gemeinsam gescheitert. Genauso wie, wenn es denn ein Scheitern seitens der Kirche gibt, dieses mein Scheitern, unser Scheitern ist. Denn wir alle sind auf halbem Weg stehengeblieben. Aber der tiefe Unterschied zwischen Marxismus und Kirche ist Jesus Christus selbst, der uns in seiner Entäusserung auffordert, auch uns zu entäussern, schutz- und mittellos zu werden, um den Ärmsten nahe zu sein und bei ihnen in die Lehre zu gehen.

Die Marxisten glauben, dass das Heil in Systemen, Strukturen liegt. Sie glauben nicht, dass die vom Glück am wenigsten begünstigten Menschen eines Tages beschliessen können, für die Veränderung aktiv zu werden. Sie glauben auch nicht, dass wohlhabende Menschen, dank der am meisten Benachteiligten, alles verlassen können. Sind die

Marxisten wirklich konsequent in ihrem Glauben an den Menschen? Diese Frage bleibt offen. Für die Christen kann ein Sklave ohne Freiheit nicht leben. Um sie zu erlangen, ersinnt er ständig neue Mittel; er liebt sie, er will sie, sie ist ein lebenswichtiges Bedürfnis für ihn. Aber er kann auch noch viel weiter gehen: genauso, wie er die Freiheit für sich will, kann er sie für alle wollen. Die totale Freiheit: frei zu sein vor Gott, frei zu lieben, zu teilen, zu gehorchen, nein zu sagen. Darin bekennen sich die Christen zur Liebe, sie glauben, dass diese auf alle Menschen ansteckend wirken kann. Für sie sind es die Strukturen, die Systeme, die in Skaverei halten, die auf die Dauer keine Befreiung bringen.

Kann man sagen, dass die Menschheit mit ihrem Ideal immer auf halbem Wege stehenbleibt?

Man könnte eher sagen, dass sie nicht aufhört, der prophetischen Vision nachzustreben, deren Verwirklichung Gott ihr versprochen hat. Wenn die Menschen sich für ein grosses Ziel einsetzen, glauben sie aufrichtig, dass sie es erreichen werden. Die Kommunisten, die ich kenne, glauben fest, dass die Menschen sich durch sie von Unterdrückung und Ausbeutung befreien werden. Sie verkörpern so einen Teil der Hoffnung der Welt, sie leben so eine prophetische Vision: Es wird kommen, es wird sein ..., es ist.
Die Schwierigkeit für den Marxismus ist, dass er kein Jenseits hat, das sich dem heutigen Leben eröffnet. Er ist dazu verurteilt, jetzt, sofort Erfolg zu haben. Die Situation der Kirche ist ganz anders. Sie hat bereits gewonnen, und ihr Erfolg kann nicht bestritten werden. Trotz all ihrer Schwächen sind die Armen bereits befreit. Ihre Befreiung ist vollbracht, nicht nur in Jesus Christus, sondern in allen Gläubigen. Jeder beliebige Gläubige, der einen Glaubensakt vollzieht, der betet oder der gegen Unrecht protestiert, ist darin bereits ein Befreier. Warum? Weil er sich dem Glauben, dem Gebet, dem Protest der Armen anschliesst. Er ist Armut und Elend. Nicht alle sind sich bewusst, welche Chance ihnen damit gegeben wird. Und doch ist schon allein ihr Dasein als Gläubige inmitten der Welt Wirklichkeit und Zeugnis des Elends in Person, das sich diesen Menschen offenbart hat.

Die Erklärung von Papst Johannes XXIII. zu Beginn des Konzils: «Die Kirche ist die Kirche der Armen» war eine Wiederaufnahme des Prophetenwortes: «Den Armen wird das Evangelium verkündet.» Das scheint mir das Wesentliche des 2.Vatikanischen Konzils zu sein, die Erklärung, der nichts hinzuzufügen ist, die das ganze Konzil zusammenfasst. Nicht dass ich glaubte, sie sei hier auf Erden schon verwirklicht, aber es ist die Prophezeiung, die in Gott schon verwirklicht ist, die einzige, welche die Kirche zu erfüllen hat, wenn sie alle Menschen retten will. An dieses prophetische Wort wird ständig erinnert: Die Armen, die Verstossenen, das sind wir; die vom Elend Gezeichneten, die Ausgeschlossenen, das sind wir. Wer dies nicht anerkennt, begeht mehr als eine Untreue, er macht sich zum Helfershelfer der Sünde.

Sie sagen, dass die Gläubigen Armut sind. In welchem Sinn verstehen Sie das? Sind sie arm in dem Sinn, dass sie keine dauernde Bleibe haben auf dieser Erde, dass sie immer als Nomaden leben sollen, im Zelt, bloss auf der Durchreise? Ist der Gläubige einfach deswegen arm, weil er weiss, dass nichts Materielles oder Geistiges ihm gehört?

Sicher, aber das ist noch nicht alles. Gläubig sein, das heisst: leidenschaftlich auf der Suche sein nach dem, der hier auf Erden Zeuge ist für die Wirklichkeit des Herrn. Denn immerhin hat das Evangelium eine Weisung gegeben. Nicht nur: «Lass, was du hast», sondern auch: «Geh hin ...» Nicht nur: «Verlasse deine Familie», sondern: «Geh zu jenen, die in ihrem Dasein bereits verwirklichen, was du werden sollst: ein Schutz-, Rat- und Mittelloser, ein Verachteter, ein Untreuer gegenüber der Welt und, folglich, ein Ausgeschlossener.»
Der Herr sagt übrigens nicht: «Geh zu dem, den andere verachten», sondern: «Geh zu jenen, die niemand haben, sie zu verachten, die gänzlich verlassen sind, von denen weder du noch sonst jemand weiss. Geh zum verlorenen Schaf aus der Herde, zu jenem, der dein Kummer sein wird, weil er so lange allein geblieben ist, dass er wahrscheinlich nicht einmal seinen eigenen Zustand begreifen wird und folglich auch nicht, was du von ihm willst. Geh und offenbare ihm, dass er der Ruf des Herrn ist, dass er die eigentliche Wirklichkeit der Kirche ist.»

Man sagt vielleicht zu Unrecht vom Marxismus, dass er die Gleichheit von unten her anstrebt, dass er alle Menschen auf ein niedrigeres Niveau zurechtstutzt. Man vergisst zu sagen, dass Christus uns zu einer Liebe von unten her zwingt, die alles andere als von niedrigem Niveau ist. Die Liebe zum Ärmsten ist die schwierigste. Sind Gleichheit und irdische Gerechtigkeit von unten her vielleicht entwürdigend? Ich glaube es nicht. Auf jeden Fall gibt es für den Christen, der aus dem Glauben und der Meditation lebt, kein anderes Heil, als in seinem Herzen und in seinem Leben jenen aufzufinden, der in der Welt zuunterst steht. Und es genügt nicht, schutzlos, ratlos, mittellos zu werden, sich in ihm wiederzuerkennen, ihn als seinesgleichen zu betrachten. Man muss ihn zu seinem bevorzugten Partner im Alltag machen. Deshalb ist es für die Christen so schwierig, die Kirche der Armen anzuerkennen. Sie ist der Welt wirklich fremd. Wie kann die Welt sie gelten lassen? Für sie wird also das blosse Dasein der Kirche zum gefährlichen Protest. Wer sich mit ihr einlässt, verliert alles, was ihm Halt verliehen hat. Wie soll er da nicht zurückschauen, nicht Angst haben angesichts des Ansehens, der Sicherheiten, die er preisgibt? Die Welt hat Angst und tut, was sie kann, um die Kirche daran zu hindern, diese Botschaft weiterzutragen.

Steht nicht die Kirche selber dieser Botschaft von Jesus Christus im Weg?

Nein. Es ist die Welt, die sich gestört fühlt und nichts davon hören will. Um die christliche Ethik kümmert sich die Welt kaum; über die Dogmen kann sie immer diskutieren. Was sie nicht leugnen kann, ist die Tatsache, dass die Allerärmsten in der Kirche und in ihrer Botschaft allen Menschen ebenbürtig sind. Ich sprach vorhin vom Aussätzigen, den man an sein Herz drücken muss, als sei er der einzige, auf den es ankommt. Der Aussätzige nicht nur als Bruder, sondern als Lebensgefährte: die Kirche trägt das in sich. Sie verkündigt es, ob sie will oder nicht. Und genau diese Wirklichkeit wird der Kirche nicht zugestanden.

Sie sagten aber, das Elend sei die Kehrseite der Gnade. Jetzt soll es im Gegenteil die Gnade selber sein?

Ich sagte, das Elend sei die Kehrseite der Gnade, weil es das Produkt der Sünde ist. Ein Mensch, der ins Wasser fällt, wird zum Ertrinkenden, und der Ertrinkende ist das Gegenteil des Menschen an der Uferböschung. Sein Bild macht diesem angst und stösst ihn ab. Und doch muss der Ertrinkende gerettet werden, und Jesus sagt, dass er zuerst gerettet werden muss. Er erklärt, dass von seinem Heil das unsere abhängt. Er sagt, dass dieser Mensch das Mass unserer Verbundenheit mit Gott und seinem Plan für die Welt ist. Nun, in der Realität handelt es sich um einen Menschen, der durch das Elend so herabgemindert ist, dass er für unsere Augen unkenntlich geworden ist. In den Augen der Welt ist er ein materiell Unterentwickelter, ein gesellschaftlich und geistig Unterentwickelter, wenn ich so sagen darf. Das Elend ist wie eine absolute Unterentwicklung. Aber seine Opfer sind die ersten, die der Herr gerettet hat, und für die Kirche fliesst die Gnade über sie.
Um ein Bild zu gebrauchen: Die Ärmsten sind die Schlagader, durch die das Blut fliessen muss, um den ganzen Körper zu durchströmen. Wenn die Schlagader verstopft ist, stirbt der ganze Körper. Für die Kirche sind die ganz Armen die Schlagader, und es ist eine Frage von Leben und Tod, diese durchlässig zu erhalten. Wenn die Gnade durch sie fliesst, wird der ganze Körper durchströmt.
Ich habe Ihnen von jenem ganz armen Mann gesprochen, den ich in einem Iglu mitten in einem Obdachlosenlager beim Beten angetroffen habe. Als ich ihn da mitten in der Nacht antraf und mich neben ihn setzte, der die Gnade durch sich fliessen liess, da war ich die Kirche, die diese Gnade Gottes für alle Menschen in Empfang nahm. Christus sagt uns wohlgemerkt, dass es ohne diesen Mann, ohne die Ärmsten, keine Kirche gibt. Die Kirche existiert nicht, wenn die Vierte Welt nicht in ihr ist. Ohne sie ist kein Festmahl möglich. Ohne sie, die es der Gnade ermöglicht, in Strömen zu fliessen, ist der Tisch leer und wird es auch bleiben.
Das Evangelium ist Ausdruck dieser Gewissheit, und die Persönlichkeit Christi unter den Menschen zeugt von nichts anderem. Wir sprechen gern von seinem Auftrag, das Evangelium zu verkünden und zu tau-

fen. Wir vergessen, dass der Herr gesagt hat: Geht hin und tauft jene, die zuhinterst in den engen Gassen sind, jene, die wegen ihrer elenden Lebenslage, die sie zu erniedrigten Menschen macht, nicht zum Festmahl geladen worden sind. Sucht die Langzeitarbeitslosen auf, jene, deren Väter schon keine anerkannte und ehrbare Arbeit hatten; sucht die Kinder auf, die in der Schule nichts lernen, die Mütter, die keinen Pfennig haben, die Familien, die in baufälligen, verrufenen Siedlungen untergebracht sind. Diese Menschen zu sammeln, vergessen wir gern. Dabei wurde der Auftrag gerade um ihretwillen gegeben.

Jesus Christus hat durch seine Geburt und seinen Tod gezeigt, wer er ist, und wahrscheinlich zeigt sich dies bei jedem Menschen so. Auch seine Botschaft und sein Leben werden dadurch bestimmt. Bei der Geburt des Herrn waren die ersten Zeugen der Liebe Gottes die Hirten. Verachtete Menschen, Asoziale, deren Lebensweise rückständig und bei der sesshaft gewordenen Bauernbevölkerung Israels schlecht angeschrieben war. Die Hirten pflegten an den religiösen Riten und Festen nicht teilzunehmen, denn bei der Organisation des religiösen Lebens war ihre Lage nicht berücksichtigt worden. Diese machte es ihnen unmöglich, zur vorgeschriebenen Zeit an den Riten teilzunehmen. Sie waren so verachtet, dass es ihnen verboten war, bei Gericht als Zeugen aufzutreten. Ihr Wort galt nichts, denn sie wurden als Gotteslästerer angesehen, das Gegenteil der Gnade, so wie sie das Volk Israel sah. Doch gerade durch sie hat Jesus Christus die Gnade strömen lassen.

Es gab doch auch die drei Könige ...

Die Weisen aus dem Morgenland auf der Suche nach einer Wahrheit. Wir werden sicher darauf zurückkommen. Aber zuerst waren die Hirten da, die nicht suchten und die empfingen, ohne zu bitten. Sie stehen ganz am Anfang der Frohen Botschaft, in der Zeit, wo Christus noch nicht sprechen konnte. Es war ja gerade der Anfang seiner Botschaft, die am meisten Ausgeschlossenen, die «Randständigen», wie man heute sagt, um sich zu sammeln. Und ich habe schon darauf hingewiesen: Sein ganzes Leben lang finden wir sie in seiner Nähe, und

er selber wird nicht nur das bewegte, verfolgte Leben eines Ausgeschlossenen führen, er wird ein Ausgeschlossener sein und als Ausgeschlossener sterben: verfemt, verhöhnt und erniedrigt. Das ist Golgota, die Tat, die alles zusammenfasst: Christus mit den Randständigen, ausserhalb der Stadt, unter jenen, die offiziell beiseite geschoben wurden. Für ihn ging es nicht darum, den Armen, dem einfachen Volk ähnlich zu sein. Es ging darum, der vom Elend Gezeichnete schlechthin zu sein und so aus den vom Elend Gezeichneten die bevorzugten Zeugen Gottes in der Welt zu machen, die ersten Vorkämpfer der Menschenrechte, würden wir heute sagen. Er war der Eckstein und machte aus den Ärmsten das Leben, das Gebet, den Glauben der Kirche durch die Jahrhunderte hindurch.
Dies ist der Grund, weshalb die Kirche gezwungen ist, immer wieder die Verstossenen, die Menschen der Vierten Welt, in sich aufzunehmen. Wenn sie diese nicht ständig in das Gebäude einfügt, wird dieses einstürzen. Das ist aber nach den Worten Christi nicht möglich. Was tut es also, dass die Kirche manchmal durch gewisse ihrer Mitglieder untreu ist? Das stört mich nicht. Bei allen Auseinandersetzungen, die ich geführt habe, in der Arbeitswelt, zuerst als Konditor, dann in der Fabrik und schliesslich in der Vierten Welt, habe ich mich in ihr immer vollständig wohl gefühlt. Sie ermutigte mich, sie war Gnade.

Sehen Sie die Kirche nicht eher so, wie sie sein sollte oder wie sie eines Tages sein wird?

Nein, ich sehe sie so, wie sie von Grund auf ist, wie sie zu sein gezwungen ist. Sie kann nichts anderes sein als das Lied der Armen und ihr Gebet, ihre Gesellschaft und ihre Befreiung. Ich sagte Ihnen, dass ich es als Kind gespürt habe: Irgendwie, in irgendeinem Teil der Welt, in irgendeinem Teil des Volkes Gottes ist sie zum Schweigen gezwungen, völlig schutz- und mittellos. Irgendwo auf der Welt ist das prophetische Wort immer vollkommen Wirklichkeit. Es ist es in den Priestern, denen es verboten ist, die Messe zu feiern; aber auch in jenen Christen, die ausgestossen werden, nicht weil sie sich für irgendwelche menschlichen Interessen einsetzen, sondern weil sie die Wirklichkeit der armen und heruntergekommenen Kirche verkünden.

Diese werden wirklich ausgestossen. Ein Beispiel hat mich sehr getroffen: das Verbot für die Kleinen Brüder von Charles de Foucauld, barfuss in den Hafen von Kairo zu gehen. Das war vor etwa fünfzehn Jahren, glaube ich, als sie unter den Schwerarbeitern im Hafen arbeiten wollten, einem bettelarmen Volk. Die Regierung hat sie nicht daran gehindert, mit ihnen zu arbeiten, aber sie hat nicht zugelassen, dass sie barfuss gingen wie sie und so die äusseren Zeichen einer Kirche trugen, die sich buchstäblich mit den Armen identifiziert. Dieses Bild von der Kirche hat man nicht zugelassen.

Kommen wir auf jenes andere Bild zurück von der Schlagader, die nicht verstopft sein darf. Denken Sie dabei an den mystischen Leib, die Gemeinschaft der Heiligen?

Wenn irgendwo auf der Welt ein vom Elend gezeichnetes Volk ausgegrenzt wird, ist damit die ganze Kirche ausgegrenzt, das glaube ich in der Tat. Wenn irgendwo eine Familie versteckt in einer Bruchbude oder einem Slum unter der drohenden Ausweisung leidet, dann leidet die ganze Kirche und kämpft gegen die Ausweisung, und die Kirche ist im Zustand der Sünde, wenn sie nicht protestiert. Ich sage nicht, dass die Kirche dazu da ist, immer und überall das fehlende Brot zu bringen und Geld, ein Dach, Arbeit zu verschaffen. Ihre Grundberufung ist es, Gott zu geben. Aber wenn sie sich im Hungrigen, im Nichtsesshaften, im Bedürftigen und im Unwissenden nicht wiedererkennt, dann ist sie keine Kirche, und die Kirche besitzt in der Welt keine Realität. Denn dann zirkuliert die Gnade nicht frei und kann nicht belebend sein; sie kann die Kirche und die Menschheit nicht am Leben erhalten.
Der Mann, von dem ich sprach, der in seinem bitteren Elend betete, war die Verbindung, der Kanal, er verband die gesamte Kirche mit Gott. Gerade wegen ihres Zustands der Verlassenheit und der Schande sind die Ärmsten ein wesentlicher Teil des mystischen Leibes. Sie haben eine absolut einmalige Botschaft von grösster Bedeutung, gerade aufgrund ihrer Lage, aufgrund des Leides, das ihnen zugefügt wird. Wir können in der Kirche keine gesunde Theologie treiben, ohne Gebrauch zu machen von dem, was die Ärmsten uns über den ernied-

rigten Menschen, über den gekreuzigten Christus gesagt haben. Dass ihre Worte oft nur ein Gestammel sind, ändert daran nichts; dass es nur ein Schrei, ein Hilferuf ist, ändert daran nichts. Ich würde sogar sagen: Je weniger ausgearbeitet der Schrei ist, desto nüchterner ist das Wort, und desto mehr ist es Wahrheit, ist es Reichtum für alle Menschen. Je elementarer die Botschaft ist, desto mehr ist sie mit Lebenserfahrung befrachtet, und desto unentbehrlicher ist sie auch für die Kirche. Die Kirche kann ohne diese Botschaft keine Theologie, keine Spiritualität und auch keine Liturgie entwickeln.

Laufen wir da nicht Gefahr, uns mit dem Tatbestand abzufinden: Zum Glück gibt es die Armen, was würde sonst aus uns werden?

Es geht nicht darum, uns mit der Lage der Armen zufriedenzugeben, sondern diese zu verändern, indem wir die Armen als Partner und Wegweiser wählen. Jesus Christus hat sich mit den Ärmsten seiner Zeit identifiziert und identifiziert sich weiterhin zu allen Zeiten mit den Ärmsten. Ihr Leben, das auch das seine ist, bildet also die Quelle unserer Spiritualität. Können wir ein theologisches Menschenbild ausarbeiten, ohne von jenem Menschen auszugehen, der am meisten durch das Elend verbraucht ist? Was wäre das für eine Liturgie, die ohne das Gebet und den Schrei der Armen erarbeitet würde? Wenn die Kirche den Reichtum, den die Welt der Ausgegrenzten bietet, nicht hätte, wäre sie nicht nur verstümmelt, unvollständig, unvollendet in ihrem Ausdruck; sie wäre auch nicht der mystische Leib.

Aber diese Analyse, die Sie im Sinne des Evangeliums vornehmen, gilt nicht nur für die Kirche. Man könnte das gleiche auch für die Gesellschaft und für die verschiedenen Formen des Humanismus sagen.

Das glaube ich nicht. Der Humanismus schaut den Menschen als Gegenüber an; es ist ein Blick auf den Menschen. Der grundlegende Unterschied zur Kirche ist, dass diese die Menschen nicht an und für sich betrachtet. Sie betrachtet sie und sieht sich selbst in ihrer eigenen Realität. Sie selbst steht auf dem Spiel und nicht eine Idee über den Menschen oder eine Solidarität mit ihm.

Gilt aber das gleiche nicht auch für den Humanismus, zumindest insofern, als er Solidarität mit den Menschen ist?

Die Kirche ist eben gerade keine Solidarität. Sie *ist* das Leiden der Menschen. Überall, wo es Elend und Leiden gibt – verzeihen Sie, dass ich mich wiederhole –, ist es die Kirche, die leidet, denn Jesus Christus leidet. Die Menschen, die verschiedenen Formen des Humanismus, können andern Menschen zwar Hilfe bringen. Sie werden den Familien der Vierten Welt materielle oder erzieherische Unterstützung, einen Beruf, eine Wohnung bringen. Sie werden die Hilfsmittel geben, über die eine Gesellschaft verfügt. Sie verteidigen die Menschenrechte, und das ist nötig; gewisse Leute würden ihnen Vorwürfe machen, wenn sie diese solidarischen Handlungen unterliessen. Aber für die Kirche ist es ganz anders. Sie liebt, sie bringt das Heil, die Offenbarung, dass der andere genauso erlöst ist wie ich, ja sogar noch vor mir, würde ich sagen.

Die Kirche ist dann nicht mehr ein Dienst, der geleistet wird, oder ein Recht, das zugestanden wird; sie ist eine Wirklichkeit, die unter Geschwistern und Weggefährten gelebt wird. Man darf der Kirche nicht vorwerfen, dass sie sich nicht auf die Verteidigung der Menschenrechte versteift. Ihre Rolle geht viel weiter. Für sie lautet die Frage, ob sie sich in den am meisten vom Elend Gezeichneten wiedererkennt, ob diese durch sie das Heil finden. Was zählt, ist nicht zuerst, was sie bringt, sondern was sie ist, für was sie sich hält. Und was in ihr auf dem Spiel steht, ist nicht zuerst unsere Rolle als Staatsbürger, sondern unser eigentliches Wesen, unsere Wirklichkeit als Söhne und Töchter Gottes.

Petrus erinnert uns daran, dass wir alle Kinder Gottes und Priester sind. Die verschiedenen Interpretationen, die man dazu geben kann, tun wenig zur Sache; fest steht, dass wir alle vom selben Blut sind und dieselbe Sendung haben. Der Herr verlangt von uns, das anzuerkennen, und das geht viel weiter, als seinem Nächsten Rechte zuzuerkennen. Es ist auch viel schwieriger, wenn man die Dinge wörtlich nimmt. Das Zweite Vatikanische Konzil hat es getan. Es fügte sich nahtlos in die prophetische Geschichte der Kirche ein, indem es erklärte, dass diese die Kirche der Armen sei.

Diese prophetische Aussage war aber nicht sehr neu.

Ich bitte Sie! Ihre Verkündigung war neu in der Art und Weise, wie Papst Johannes XXIII. daraus eine Voraussetzung, eine Bedingung machte, sozusagen einen Prüfstein für die Glaubwürdigkeit der Kirche. Er verkündete, dass der Erfolg des Konzils wie auch der Kirche von morgen daran zu messen sei, inwieweit diese Realität Beachtung finde. Diese prophetische Aussage war so neu, dass manche trotz allem ein wenig verwirrt waren. Vielleicht haben sich die Konzilsväter auch nicht immer bemüht, den Platz der am meisten Benachteiligten zu erfahren. Ein Weg wurde uns aufgezeigt, um wieder bei ihrem Leiden, ihrem Gebet, ihrem Protest anzuknüpfen. Haben wir ihn wirklich benutzt? Das Grundproblem war folgendes: Wird sich die Kirche nach dem Konzil in einen Zustand des Gebets, der Reflexion, der Meditation über ihre eigene Wirklichkeit begeben, dass sie nämlich die Gemeinschaft der Ärmsten ist? Die Frage war nicht: Wird sie den Ärmsten ihre Solidarität bringen? Sondern: Wird sie der authentische Ort des Gebetes und des Gesangs der Armen und ihrer Forderungen sein? Würde sie in ihrer Anbetung und ihrer Liturgie die Hoffnung der Armen sein, die zu Gott steigt? Die Gemeinschaft der Armen ist keine Gemeinschaft, die ausserhalb steht, und die Kirche muss nicht ausdrücken, was andere sind. Wenn sie sich dessen voll bewusst wird, was sie ist, dann wird ihr Gebet jenes der Gescheiterten, der am Elend zerbrochenen Familien sein.

Seit ich Sie kenne, habe ich mich manchmal gefragt, ob Sie wegen Jesus Christus oder aus Liebe zu den Ärmsten Priester sind.

Das ist gar keine Frage. In meiner Jugend gab es eine Zeit, wo ich zur Kirche auf Distanz ging. Ich lernte einen Beruf, Konditor, ich trat in die Welt ein. Mit achtzehn Jahren begann ich durch den Kampf in der christlichen Arbeiterjugend wieder zu beten und an die Befreiung meiner Brüder zu denken. Damals ist mir der Gedanke gekommen, Priester zu werden. In der Kirche zu beten, die Eucharistie darzubringen hiess für mich, meinen Brüdern und allen, die das gleiche Leben wie meine Mutter hinter sich hatten, das Evangelium zu bringen. Und für sie zu kämpfen, damit niemals mehr eine Familie das gleiche durchmachen musste wie meine – das hiess, Priester des gekreuzigten und auferstandenen Jesus Christus zu werden. Sie können sich nicht vorstellen, wie wunderbar diese Zeit war. Ich wusste nämlich, dass mein Leben sich in einen ewigen Plan einfügte, dass den Armen das Evangelium verkündet werden würde und dass ich dazu beitragen würde, die Herzen der Menschen zu ändern. Denn für mich hing alles zusammen. Zum Glauben zurückzufinden bedeutete nicht nur, das Bewusstsein für die Sache, um die es ging, zu finden – das besass ich bereits –, sondern es hiess, mein Leben Jesus Christus zu weihen.

Also nicht aus Solidarität mit den Armen ...?

Absolut nicht. Man kann der Frage nicht ausweichen: Bist du Priester aus Liebe zu Jesus Christus oder für ein gesellschaftliches oder politisches Anliegen? Die Antwort darauf lautet im Augenblick, wo ich zu Ihnen spreche: Meine ganze Erfahrung als Kind hat mich gelehrt, dass die Kirche und die Armen unter einer Decke stecken, dass sie in Jesus Christus eine Schicksalsgemeinschaft bilden.
Diese Gemeinschaft kannte ich durch meine Mutter: wenn wir nichts zu essen hatten, setzte sie sich hin und betete. Ich kannte sie durch die Schwestern vom Guten Hirten, die uns jeden Tag Suppe gaben, und durch die Priester meiner Kindheit, die meiner Mutter mit Achtung und Wohlwollen begegneten. Die Erfahrungen, die ich anderswo gemacht hatte, zeigten mir, dass die Menschen viel eher dazu geneigt sind, die Armen zu verachten, sie zu übergehen, sie lächerlich zu machen, als sie in ihr Leben einzubeziehen. Mit der Kirche war das anders. Sie machte die Armen nicht lächerlich. Aber der Pfarrer, der Kaplan, die Schwestern schienen mir selber auch wehrlos und bettelarm. Ich habe immer das Gefühl gehabt, die Kirche stecke mit den Armen unter einer Decke. Ich dachte, indem ich Priester würde, käme ich nach Hause, zu den Meinen. Ich dachte auch, dass ich mich mit Jesus verband, der als einziger eine wesentliche und umfassende Antwort auf die Welt des Elends geben kann. Jesus Christus war die Antwort, welche die am meisten Entrechteten erwarteten.
Vielleicht müsste ich, auf die Gefahr hin, Sie zu erstaunen, hinzufügen, dass ich als Kind und auch später in der Kirche nie jemanden ange-

troffen habe, der sich nicht für die Not eines andern empfänglich gezeigt hätte. Nicht weil sie Mitleid hatten oder sich ein gutes Gewissen verschaffen wollten, sondern weil sie erkannten, dass sie mit dem Leidenden irgendwie verwandt waren. Eine Verwandtschaft, deren Quelle in der Erbsünde liegt: weiss doch der Christ, dass auch er ein armer Mensch ist, schwach und feige gegenüber Gott und auch gegenüber den andern und sich selbst.

Die Schwäche der Vierten Welt wäre also eine Art Gleichnis unserer eigenen Schwäche?

Genau. Die Vierte Welt ist zugleich unser Spiegel und Zeichen für das, wozu wir imstande sind. Die Ärmsten wissen das auch, und sie sind unsere Chance; sie durchschauen uns und hindern uns daran, manche Dummheiten zu machen, vollkommen böse zu sein. Ich war immer erstaunt über ihre Fähigkeit, uns nicht nach dem äusseren Schein zu beurteilen, nach dem, was wir sagen oder tun, sondern das Schwache, Kleinliche, Verbogene an uns zu erraten. Aber ebenso haben sie eine Art sechsten Sinn, um unsere Liebesfähigkeit zu erfassen.
Im Grunde war es so: Ich kämpfte unter den Ärmsten und liess mich von ihrer Sichtweise leiten, und eines Tages wachte ich auf und merkte, dass ich zur Kirche gehörte, und zwar so sehr, dass ich fand, ich müsse Priester werden. Niemand ist Priester ohne eine Art eingefleischte Verbundenheit mit Jesus Christus. Mit ihm nicht als Symbol, sondern als lebendiger Wirklichkeit dessen, was in der Welt geschieht und was die Ärmsten in unserer Umgebung ausdrücken und hoffen. Der Priester ist gezwungen, sein Leben auf die eine oder andere Weise nach jenem von Jesus Christus zu formen. Sonst bleibt er nicht Priester. Und das Leben des Herrn in der Welt ist das Kind, das an einem Ort zur Welt kommt, wo nur die Kinder solcher Randständiger, wie es die Hirten waren, zur Welt kommen konnten. Sein Leben ist das einer Familie ohne Geld, ohne Wohnung, auf die Strasse gesetzt; das eines Mannes ohne Arbeit, eines Mannes, der selbst in seinem Leiden noch lächerlich gemacht wird und von dem man sagt, dass er an seinem Schmerz selber schuld sei. Was war die Schuld, die Jesus nach Golgota führte? Dass er die Menschen zu sehr liebte.

DAS LEBEN DER ÄRMSTEN IST QUELLE VON GNADE

Gilles Anouil – *Sie haben von der Gnade gesprochen, die strömen kann oder auch nicht. Aber was ist das, Gnade?*

Père Joseph – Gnade, das ist Gott, der dich packt und dich den andern so sehr lieben lässt, dass du willst, dass er grösser, besser, intelligenter sei als du. Gnade, das ist die Liebe, die den andern als gleich ansieht und will, dass er glücklicher sei als man selbst; die um jeden Preis will, dass auch er in der Lage sei, ganz, mit all seinen Kräften zu lieben. Das ist Gott, der dich dazu treibt, zu wollen, dass der andere fähig sei, an der Befreiung der Welt vom Elend und folglich von Ungerechtigkeit, Krieg und Hass zu arbeiten. Gott führt dich, wohin du nicht gehen wolltest. Die Gnade ist ein «mehr»: zu wissen, dass wir nicht nur ein ferner Abglanz des Vaters sind, sondern dass der Herr in uns ist, ständig gegenwärtig, lebendig in uns.
Bezüglich der Ärmsten heisst das für uns, dass wir uns ganz mit ihnen verbunden wissen, gleicher Abstammung, vom gleichen priesterlichen Geschlecht. Dann heisst es auch, dass wir die Überfülle, die wir erhalten haben, weiterströmen lassen wollen, damit auch sie sie empfangen. Die Überfülle Gottes, meine ich. Damit auch sie es uns gönnen können, dieses «mehr», das fortan in ihnen lebt.
Wie Sie sehen, mache ich mir auf meine Weise zu eigen, was die Kirche über die Gnade sagt. Das hat mir im Leben viel geholfen. Ich bin ein Mann der Tat, ein Mann ohne Geduld. Der Wille, im andern nicht nur einen Bruder zu finden, sondern jemand, der mir gleich ist oder gar grösser ist als ich, hat mich trotz allem daran gehindert, zu weit zu gehen und ein Extremist zu werden. Es hat mich auch davon abgehalten, Marxist zu werden. In meinen Augen konnte nur die Kirche diese wirkliche Gleichheit in Geburt und Tod geben. Und nach mehr als fünfzig Jahren Lebens- und Welterfahrung sehe ich immer noch nur

die Kirche, die diese Gleichheit ohne Vorbedingung gibt, nicht als ein Recht, das erst zugebilligt oder erworben werden müsste, sondern als einen Zustand von Geburt an. Aus diesem Grund machen mir gewisse Regelungen, die heute in bezug auf die Sakramente getroffen werden, Kummer.

Sie meinen, dass die Priester Bedingungen stellen?

Sie verlangen Garantien, um Sakramente zu spenden, die in sich Nahrung der Gnade sind. Kann man sich vorstellen, von den Armen Garantien zu verlangen, damit sie die Taufe, die Erstkommunion, die Krankensalbung erhalten ..., damit sie ihre Heirat feiern und von Gott segnen lassen können? Wenn du deine Kinder taufen lassen willst, kommt es heute vor, dass man von dir verlangt, deine Zuverlässigkeit zu beweisen. Wenn du darum bittest, dass deine Kinder zur Erstkommunion gehen können, kümmert man sich nicht nur um deinen gegenwärtigen Wunsch, sondern auch darum, welche Garantien du für die Zukunft geben kannst. Als ob der Sohn Gottes, dessen Tod und Auferstehung die einzigen wirklichen Garantien sind, von dir einen Geburtsschein und einen Ausweis für deine Verlässlichkeit verlangte.

Sie erkennen nicht an, dass von den Gläubigen ein gewisses Engagement verlangt wird? Früher gab es nach der Erstkommunion die «Unterweisung der Beharrlichkeit». Schockiert es Sie, dass die Kirche den Einsatz von Kräften der Beharrlichkeit verlangt?

Ich verstehe, dass ein Engagement verlangt wird, aber ist das Leben der Ärmsten an sich nicht das verlässlichste Engagement? Die Verpflichtung ist schon geschehen, sie sind tatsächlich dazu bestimmt, das Leben des Herrn zu leben. Übrigens müssten wir, um von ihnen Garantien verlangen zu können, erst einmal die gleiche Sprache sprechen wie sie. Und das ist bei weitem nicht der Fall. Wir kennen ihre Sprache nicht. Also müssten wir ohne Worte genau verstehen, was sie verlangen. Ein sicherer Sinn für die Welt des Elends, eine extreme Feinfühligkeit wäre nötig, um zu begreifen, was es heisst, dass diese Mutter für ihr Kind um die Taufe bittet und dass der Vater seine Frau

gewähren lässt und einfach mitgeht. Wir wissen nicht, wie eine Garantie für ihre Beharrlichkeit überhaupt aussehen müsste. Auf welcher Grundlage können wir ihnen das Recht auf Gnade streitig machen? Wir sind unfähig, die Bitte zu verstehen, wir haben nicht die nötigen Voraussetzungen, um sie zu beurteilen. Wie sollen wir darüber urteilen, was die Leute in Zukunft tun werden? Ja, haben wir überhaupt darüber zu urteilen?
Den Armen die Sakramente und damit einen Teil Gottes vorzuenthalten scheint mir eine Ungerechtigkeit. Gott gibt sie umsonst, damit jeder von ihm erhält, was er braucht, um die Liebe zu leben, um von der Liebe, durch und für die Liebe zu leben. Weshalb sollten wir sie den Ärmsten, die am meisten nach Liebe dürsten, vorenthalten? Gott ist kein Besitz der Kirche. Man kann nicht über ihn verfügen. Die Kirche ist hier auf Erden nur die Verbindung zu Jesus Christus, der beim Vater in Ewigkeit der Arme ist und alle Menschen zu ihm hinzieht. An ihm ist es, nach seinem Gutdünken den Weizen vom Unkraut zu trennen.

Sind diese Forderungen nach Garantien vielleicht eher auf die Mittelschicht zugeschnitten?

Ich weiss nicht, ob sie auf irgend jemanden zugeschnitten sind. Gewiss scheinen sie den Möglichkeiten der Besitzenden zu entsprechen: an Zusammenkünften oder Gesprächsgruppen teilzunehmen, mit gläubigen Ehepaaren der gleichen Bildungsschicht zu verkehren. All dies scheint denkbar für Menschen, die eine einigermassen anständige Wohnung haben, die in ihrem Beruf geachtet und auf akzeptable Weise in den Arbeitsmarkt integriert sind. Aber das hat mit den Ärmsten nichts zu tun; diese verstehen nicht einmal, was wir von ihnen verlangen.
Meinerseits stelle ich fest, dass die Ärmsten in unseren Städten nicht mehr mit dem Evangelium vertraut gemacht und getauft werden. Ihre Kinder werden nicht mehr einbezogen. Dies im Gegensatz zu dem, was ich noch in den fünfziger und sechziger Jahren in den ärmsten Wohngebieten gesehen habe. Das ist viel schlimmer, als man denkt, denn die Armen empfinden diese Art Vorsicht, diesen Argwohn der Priester als Ablehnung. Als Ablehnung nicht nur ihrer Bitte, sondern

ihrer selbst, ihrer Person. Das ist der Gipfel: eine Kirche, die sich selber ablehnt.

Wenn eine besondere Vorgehensweise nötig wäre, dann sicher nicht die, dass wir diese Eltern, die für ihre Kinder um die Taufe oder um die Kommunion bitten, auf ihre Verpflichtung festnageln. Das angemessene Vorgehen wäre vielmehr, uns zu fragen, welche Verpflichtung die Kirche ihnen gegenüber eingeht. Da haben wir die Chance gehabt, eine arme Familie aufzunehmen und ihr von Gott zu erzählen, und nun wollen wir von den Eltern eine Sicherheit verlangen! Dabei müssten doch wir ihnen die Sicherheit geben, dass wir sie nie mehr im Stich lassen werden. Es bedeutet immer eine Chance und eine Verantwortung zugleich, jemanden aufzunehmen, der ärmer ist als man selbst.

Die Kirche müsste sich also selbst zur Beharrlichkeit verpflichten?

Natürlich. Man verlangt nicht vom Krüppel, dass er geht, sondern von seiner Umgebung, dass sie ihm beim Gehen hilft. Man bittet sie, dies mit soviel Achtung zu tun, dass der Mensch ohne Beine sich als Mensch wahrnehmen kann und nicht als Verstümmelter. Das Engagement ist von der Kirche zu erwarten, die das Werkzeug «von Gottes gutem Willen» zu sein wünscht – so würde ich es ausdrücken. Gott allein gibt die Garantie, durch seine Gnade. Selbst die eifrigsten Eltern können nicht garantieren, dass ihre Kinder auch in Zukunft die andern Menschen lieben werden. Wir können nichts vorhersagen, und in den Angelegenheiten des himmlischen Vaters sollen wir nicht Wahrsager spielen.

Bei all Ihrem Respekt für die Kirche, nehmen Sie sich gegenüber dieser Art Regeln Ihre Freiheit?

Nein, es geht nicht darum, meine Freiheit zu bewahren. Ehrlich gesagt wage ich es nicht, die Regel anzuwenden. Selbst als ich Vikar war, habe ich es nie gewagt, meinesgleichen zu verweigern, was ihm von Geburt her zusteht. Es gibt Dinge, die man nicht verweigern kann. Aber wenn ich darauf eingehe, einer Bitte zu entsprechen, binde ich mich. Allein schon das Eingehen auf die Bitte verpflichtet mich, alles neu zu überdenken, mich selbst zu verändern, damit die Gabe nicht verloren sei. Die Frage ist, ob ich mich im Kontakt mit diesem Menschen bekehrt habe. Habe ich mich in ihm wiedererkannt, habe ich Jesus Christus durch diese Begegnung besser verstanden? Bin ich die notwendige Verpflichtung zu Armut und Gebet eingegangen? Dieser Mensch stand Christus näher als ich. Er wusste besser Bescheid über den Herrn, weil er in allem das Leben führt, das Jesus geführt hat. Habe ich die Gelegenheit genutzt, um ihn besser kennenzulernen und zu lieben, habe ich ihm ermöglicht, mir Jesus Christus zu offenbaren?

Ich denke an jenen Mann, der in einem eheähnlichen Verhältnis lebte. Er hatte sieben Kinder, und nach einer gewissen Zeit wollten beide Eltern, dass diese alle getauft würden. Sie gingen zum Priester der Gemeinde, einem bemerkenswerten Mann. Aber dieser richtete eine Reihe Ansprüche an sie. Die Familie sollte an Zusammenkünften teilnehmen, die älteren Kinder einer Jugendgruppe beitreten ... Alle gingen einmal hin. Dann kam der Vater zu mir, entmutigt, weil in der Zusammenkunft nicht nur von Gott, sondern sehr schnell auch von politischem und gewerkschaftlichem Engagement gesprochen wurde. «Wissen Sie, ich kann da nicht hingehen», sagte er mir. «Ich komme mir wie ein Idiot vor; sie reden, und ich verstehe nicht, was sie sagen.» Dann fügte dieser Familienvater hinzu: «Was ich da zu hören bekomme, ist dasselbe, was ich jeden Tag in der Kneipe höre.»

Ja, was lernen denn die Eltern von Täuflingen wirklich Neues und Revolutionäres, wenn sie in ihren Zusammenkünften das gleiche zu hören bekommen wie bei den Gewerkschaften oder politischen Gruppierungen? Wo war hier die versprochene Erneuerung, die das Leben dieses Mannes vollständig verändern sollte? Er ging nie wieder zu einer Zusammenkunft in der Pfarrei. Schliesslich erhielt ich eine Sondergenehmigung, um seine Heirat mit der Mutter seiner sieben Kinder zu feiern und diese alle zu taufen.

Trotz Ihrer Liebe zur Kirche haben Sie soeben deren Regeln in Frage gestellt. Sie lehnen ihre abweisende Haltung gegenüber den Ärmsten ab und fragen sich, wie sie sich einsetzt, um deren Beharrlichkeit zu fördern. Denken Sie, dass die Kirche dadurch, dass sie sich vermehrt im irdischen Leben engagiert, zuviel von den Menschen und der Gesellschaft und zuwenig von Gott spricht?

Ich denke, dass sie sich ein wenig elitär gibt. In ihrem Fall heisst das vor allem, dass sie sich das Recht herausnimmt, bei einem Volk, von dem sie weder die Sprache noch die Mentalität kennt, über die Fähigkeit zu Liebe, Gebet und Bindung zu urteilen. Gegenüber Muslimen würde sie nicht so handeln, sondern ihre Art zu beten und ihre besondere Mentalität respektieren. Aber ihrer eigenen Armutsbevölkerung im Westen gesteht sie überhaupt keine Besonderheit zu – diesem Volk, das sich keinem Bekenntnis zuordnen lässt, aber glauben und lieben will. Dabei ist es ein unbekanntes Land und zudem ein Land, das auf das Samenkorn wartet und wo alles keimen und wachsen kann. Mit welchem Recht kann sie ihm Verpflichtungen auferlegen, die übrigens oft auf der irdischen Ebene und nicht auf der Ebene des Glaubens liegen?
Ich verurteile die Kirche nicht, wenn es das ist, was Sie von mir hören wollen. Ein Mensch – und auch ein Priester – kann durch gewerkschaftliche oder politische Arbeit seinen Glauben ausdrücken. Aber wie wissen wir, ob das gewerkschaftliche oder politische Engagement der reine Widerschein der Liebe zum Herrn ist? Alles hängt von der Ausbildung und von den Lebensumständen der Menschen ab. Es hängt übrigens auch von den Interessen ab, die wir jeweils durch eine gewerkschaftliche oder politische Aktion vertreten. Wenn wir für die Armen einstehen, ob sie nun einer Gewerkschaft angehören oder nicht, dann lieben wir in der Tat wie Christus, der am Kreuz gestorben ist. Sonst ist es nicht so klar, und auf jeden Fall hat ein solches irdisches Engagement nicht den gleichen Stellenwert.

Nach dem so oft in allen möglichen und unmöglichen Zusammenhängen zitierten Wort des Evangeliums sagen Sie, dass es im Hause des Vaters viele Wohnungen gibt …

Glauben Sie denn nicht, dass es ein Ausdruck von Liebe und Verbindlichkeit ist, wenn Leute, die in einer Notsiedlung leben, trotz des höllischen Lärms der Nachbarschaft und der ständigen Streitigkeiten ein Stück Toleranz bewahren? Ist es nicht ein Zeichen von Solidarität und wirklicher Nächstenliebe, wenn Leute, die gezwungen sind, ständig auf viel zu engem Raum zusammenzuleben, offen und gastlich bleiben? Ich kenne Menschen, die ihren Nachbarn nicht ohne eine Suppe oder ein Stück Brot lassen, auch wenn sie praktisch nichts mehr zu essen im Haus haben. Solange bei ihnen noch etwas da ist, wird der Nachbar seinen Anteil bekommen. Ich denke an eine Familie, die ständig den Sohn ihrer Nachbarin zu sich nimmt. Sie hat selbst nicht genug zu essen, und doch wird sie nicht zulassen, dass der kleine Junge von nebenan mit leerem Magen ins Bett geht. Wohnt in dieser Familie, die im Dreck und im Streit lebt, nicht die Gnade?

Ich glaube fest, dass das Leben der Ärmsten gnadenbringend ist. Es ist unvorstellbar, dass wir ihnen vorenthalten, was diese Gnade noch vermehren kann. Wir sollten niemals aufhören, die Hilfe und die Zärtlichkeit, die sie einander trotz aller erlittenen Entbehrungen schenken, zu würdigen. Wir sollten nicht aufhören, die bescheidenen Gesten zu entdecken, die Gnade erzeugen, die bescheidenen Gebete, die sie ununterbrochen im stillen wiederholen. Die Garantien haben sie im voraus gegeben, indem sie ihre Enttäuschungen und ihr nur allzu berechtigtes Misstrauen überwunden haben, um zu uns zu kommen. Dem Elend zum Trotz tun sie einen entscheidenden Schritt, sie wagen es, zu kommen und zu sagen: «Ich liebe, ich glaube ..., trotz aller Verachtung, die auf mir lastet, bezeuge ich Ihnen meine Würde als Kind Gottes.» Welch eine Chance für einen Priester, für eine Gemeinde. Statt den Mund zu verziehen, uns wählerisch zu geben, sollten wir für ihre Taufen, ihre Erstkommunionfeiern und Hochzeiten grossartige Feste veranstalten. Sie waren verirrt und finden den Weg wieder! Und vor allem haben sie uns soviel zu lehren über das Elend und unsere Pflicht, es zu zerstören.

Die Kirche scheint die gewerkschaftlichen und politischen Gegebenheiten lange vernachlässigt zu haben. Es wird ihr immer noch vorgeworfen, in diesen Bereichen nicht weit genug zu gehen. Hat sie vielleicht ein schlechtes Gewissen und lässt nun das Pendel etwas zu weit in die andere Richtung ausschlagen?

Ich weiss nicht, ob sie wirklich so nachlässig war, wie man sagt, und werde sie jedenfalls meinerseits nicht auch noch kritisieren. Sie hat sich in jeder Epoche neu an die Formen und Kanäle ihrer Zeit anpassen müssen. Sie hat sich aneignen müssen, was die Gesellschaft ihr anbot, um ihre Botschaft zu übermitteln. Das verlangt von ihr jedesmal Zeit und Anstrengung. Aber davon wollte ich nicht sprechen. Jenseits von allen Anpassungen an die Realitäten der Welt bleibt diese wesentliche Verantwortung, die sich niemals ändert: die Ärmsten zu suchen und in ihrer Mitte willkommen zu heissen. Die Kirche braucht ihnen kein «Plazet» zu geben und hat ihnen nichts vorzuschreiben; sie muss sie suchen und sie in sich tragen. Sie muss auf sie hören und sich von ihnen verändern lassen. Warum sollte sie eher auf die Welt hören als auf die Armen, die vom Herrn beauftragt sind, sie zu lehren und zu erziehen?

Muss sie das daran hindern, von Gewerkschaftswesen und Politik zu sprechen?

Überhaupt nicht. Aber die Kirche kann absolut nicht so darüber sprechen, wie andere es tun. Der Christ muss in der Begegnung mit den Menschen konsequent sein. Er kann sich niemals mit Zusammenkünften zufriedengeben, die nicht alle Menschen erreichen, die Ärmsten ebenso wie die Reichsten. Er kann sich nicht damit begnügen, ein Problem aufzuwerfen, er muss den Menschen dahinter sehen, muss untersuchen, inwiefern es die Ärmsten in Mitleidenschaft zieht. Der Christ kann Politik und Gewerkschaft nicht denken ohne Bezugnahme auf diesen verborgenen Teil der Kirche, ihren schmerzlichsten Teil, diesen unter Wasser liegenden Teil des Eisbergs, den die Welt nicht sieht. Auf den Ruf nach mehr Gerechtigkeit muss er immer antworten: Gerechtigkeit für wen? Die eigentliche Frage für ihn ist immer: «Mehr Gerechtigkeit für wen?»

Vor kurzem hat sich eine Ordensfrau dem Volontariat ATD Vierte Welt angeschlossen, das sich ganz den am meisten Verstossenen auf allen Kontinenten widmet. Ihre Gemeinschaft hat ihren Wunsch nicht ohne Zögern akzeptiert. Als Krankenschwester war sie sehr aktiv in der Gewerkschaft und gehörte dem Betriebsrat ihres Krankenhauses an. Als sie ihren Mitschwestern und ihren Gewerkschaftskollegen sagte, dass sie sich der Vierten Welt anschliessen werde, entgegnete man ihr: «Du wirst dein Leben verpfuschen. Du verrätst unsern Kampf, du willst dich der Welt der Leistungsschwachen anschliessen.»

Ob sie es wollen oder nicht, die Eigentümlichkeit eines christlichen Gewerkschafters oder Politikers wird immer sein, sich den Leistungsschwachen anzuschliessen. Nicht so sehr, um ihr Wortführer zu sein, sondern, um sich mit ihnen zu identifizieren. Die Ordensfrau hat sich uns angeschlossen, weil ihr in ihrem grossen Krankenhaus, bei ihrem Einsatz für gewerkschaftliche Anliegen, die Identifikation mit den Ärmsten, die Anbetung Jesu Christi in ihnen fehlte. Sie war sich darüber im klaren, dass das Interesse ihrer Mitschwestern und ihrer Kollegen sich im allgemeinen auf jene Männer und Frauen konzentrierte, die bereits aufrecht standen und sprechen konnten. So begünstigten die gewerkschaftlichen Forderungen immer gewisse Kategorien des Personals, während die Stationshelferinnen, die Putzfrauen, die Hilfsarbeiter übergangen wurden. All diese Leute um sie herum, ihre Gemeinschaft und die Gewerkschaft, begegneten dem sichtbaren Teil der Welt, jenem Teil, wo man sich heimisch fühlen kann, dessen Probleme einem verständlich und übrigens auch klar umschrieben und vertretbar sind. Um auf das Beispiel des Mannes mit seinen sieben Kindern, die getauft werden sollten, zurückzukommen: Für ihn wäre es unangenehm gewesen, diesen Ordensfrauen und diesen Gewerkschaftern zu begegnen. Denn der Kampf, den er dort zu sehen bekommen hätte, hätte ihn nicht betroffen. Er musste einer Gruppe von Leuten wie dieser Ordensfrau, die sich soeben unseren Teams angeschlossen hat, begegnen, Leuten, die vor nichts zurückschrecken, um ihm und seiner Familie die Teilnahme zu ermöglichen. Ich sollte sagen: um über ihn die Gnade in Empfang zu nehmen.

Setzt das nicht voraus, dass wir die Leistungsschwachen, den unsichtbaren Teil, erkennen können? Ich selber habe lange nichts davon gewusst, obwohl ich sonst gut informiert bin. Sie werden mir sagen, dass ich nichts davon wissen wollte. Aber die Christen wissen sehr oft nichts davon. Ich stelle mir vor, dass 99% der Franzosen nicht wissen, dass in ihrem Land zwei Millionen Menschen zum Subproletariat gehören. Für sie ist Armut ein symbolischer und ziemlich unscharfer Begriff: eventuell denken sie noch an den Bettler, der nach dem Gottesdienst an der Kirchentür steht, oder an die Arbeitslosen in Lothringen ...

So wie die Welt von der dienenden und armen Kirche nichts wissen will, genauso will sie auch nicht, dass die Ärmsten, die vom Elend am meisten aufgeriebenen Familien, sichtbar werden. Sie findet immer Wege, um sie nicht Arme zu nennen. Sie zwingt sie zur Maskerade, zum Possenspiel, staffiert sie mit falschen Namen aus und lässt sie als unangepasste, hartgesottene Fälle erscheinen. Sie versucht ihnen Attribute zu geben, die sie als verantwortlich für ihre Lage hinstellen. Genau wie es mit Jesus Christus gemacht wurde. Er musste schuldig sein, nicht Opfer.
Von seiten der Welt scheint mir das normal. Die Menschen brauchen eine Menschheit, die schön ist, und Arme, die im besten Licht dastehen. Hingegen ist es überhaupt nicht normal für Christen, die in der Politik oder im sozialen Bereich engagiert sind. Sie können gar nicht anders, als ihre eigene Logik zu Ende zu denken, mit allen praktischen Konsequenzen. Sie werden unvermeidlich in einem bestimmten Moment Christus gegenüberstehen. Nicht dem auferstandenen Christus, sondern dem verdammten und verstossenen Gekreuzigten. Jenem Christus, der ständig verdächtigt wird, wegen seiner Botschaft, aber auch wegen seiner Lebensweise und wegen der Leute, mit denen er lebt.
Von daher mein tiefes Vertrauen in die Kirche. Im Laufe ihrer Geschichte gab es immer wieder Zeiten, wo sie sich in einer Sackgasse befand, wo sie gezwungen war, das Antlitz Jesu Christi in Leib und Leben der Ärmsten zu erkennen, dies aber nicht tun konnte, ohne in einen offenkundigen Widerspruch zur Gesellschaft ihrer Zeit zu tre-

ten. Wir werden zweifellos noch auf diese Zeiten offener Verfolgung zurückkommen müssen, die regelmässig wiederkehren, da die Kirche die Menschen, die von der Welt verstossen werden, nie lange übergehen kann.
Dass sie ständig die Liebe zu den Ausgeschlossenen aufleben lassen müssen, macht übrigens die Christen zu jener Gemeinheit unfähig, die oft im politischen Leben herrscht. Wie Michel Rocard mir einmal sagte: Angesichts der Bissigkeit, die für die politische Szene kennzeichnend ist, kommen die Christen früher oder später nicht mehr mit. Ihre Liebe kommt nicht mehr mit, und das gereicht der Kirche zum Ruhm, auch wenn es ihr mehr Verachtung als Respekt einbringt.

Die Christen scheinen in der Tat nicht fähig zu sein, längere Zeit im Konflikt zu leben.

Die Liebe kommt zu einem bestimmten Zeitpunkt nicht mehr mit, in der Politik wie gegenüber der Gerechtigkeit, von der viel gesprochen wird. Der Christ kann sich früher oder später nicht mehr mit der Gerechtigkeit zufriedengeben. Ob er es will oder nicht, ist er genötigt, selbst den Begriff der Gerechtigkeit zu hinterfragen, wenn diese darin besteht, im Bereich der Löhne, Zulagen, Renten und auch des Ansehens Hierarchien zu erstellen, entsprechend den Qualifikationen der Menschen. Gegenüber denjenigen, die es gerecht finden, den, der eine wichtigere und speziellere Rolle spielt, besser zu entschädigen, kann der Christ gar nicht anders, als für die mehr zu wollen, deren Rolle unbedeutend ist. Er sieht sich genötigt, das meiste und das Beste für das Kind mit der schlechtesten Schulbildung zu verlangen. Er muss gewissermassen das Gesetz der Gleichheit verletzen zugunsten von demjenigen Menschen, der nichts hat, ja nicht einmal als Rechtssubjekt anerkannt wird. Der Christ ist gehalten, der Gerechtigkeit, die in der Welt gepredigt wird, Gewalt anzutun. Er schlägt nicht ein bisschen mehr Gerechtigkeit vor, einen weiteren Schritt auf die Gerechtigkeit hin. Er schlägt eine andere Gerechtigkeit vor, eine wirkliche Umkehrung der Prioritäten.
Das gibt mir Vertrauen in die Kirche: der Christ ist in einem bestimmten Moment genötigt, sich die wesentlichen Fragen über Gerechtigkeit,

Gleichheit, Freiheit, Wahrheit zu stellen. Er wird unvermeidlich, die konkrete Gestalt dieser Werte in Frage stellen, selbst wenn er sie in den Organisationen, denen er angehört, mit aufgebaut hat. Er muss zwangsläufig den Wurm im Apfel entdecken und dann, wie Christus und die Kirche, ständiger Protest sein, auf die Gefahr hin, verstossen zu werden. Er wird der Ausdruck des verkappten Widerspruchs der Opfer sein. Denn die Ärmsten, die von unseren Systemen, unseren Strukturen, unserer Gerechtigkeit vernachlässigt werden, sind gleichzeitig auch deren Opfer, da unsere Gerechtigkeit für sie Ungerechtigkeit ist.

Allein die Kirche – ich wiederhole es – kann in diesem wesentlichen, umfassenden und endgültigen Protest bis zum Äussersten gehen. Ich sehe sonst niemanden, der die Welt damit konfrontieren könnte, und ich komme auf unseren Ausgangspunkt zurück: Es geht dabei um ihr eigenes Leben. In diesen abgeschriebenen Menschen, in diesen misshandelten Familien, in diesen Kindern, die in der Schule ständig beschämt werden, ist die Kirche unvermeidlich in ihrem eigenen Fleisch, in ihrem eigenen Herzen getroffen. Denn sie sind die Kirche.

Um auf Ihre Frage zur Unwissenheit der Christen zurückzukommen: Ihr Problem ist nicht, ob sie informiert werden, sondern, ob sie sich informieren. Können sie abwarten, dass jemand sie aufklärt, oder werden sie sich selbst auf die Suche machen nach ihrer Identität und nach ihrem Herrn?

AUFGEHEN IN EINEM VOLK

Gilles Anouil – Ihnen geht es nicht darum, die Kirche zu kritisieren, denn diese ist immer zu den Ärmsten unterwegs. Aber sehen Sie einen Fortschritt? Wird die Frage nach den Armen heute vermehrt gestellt?

Père Joseph – Die Frage wird immer irgendwo in der Kirche gestellt. Um nur von unserer Zeit zu sprechen, da richtete ihre Suche sich auf das, was man während des Krieges und unmittelbar danach «sich vergraben» nannte.

Im Seminar, aber auch fast überall in der Kirche, sprachen Priester davon, in der Masse aufzugehen. Das Ideal war, ganz zur leidenden Menschheit zu gehören, auf die Gefahr hin, sich zu verlieren. Das hat mich sehr begeistert; wir lebten in der Hoffnung, «uns zu inkarnieren», wie Christus ganz Mensch zu werden. Das war für mich eine der stärksten Zeiten meines Lebens in der Kirche.

Sie sprechen von der harten Kriegs- und Nachkriegszeit. Das war also lange vor der Zeit der Arbeiterpriester?

Ja. Wir kennen die Kirchengeschichte schlecht. In jenen Jahren habe ich Priester ihr Pfarrhaus verlassen sehen, um in den benachteiligten Vierteln zu leben, um als Nachbar so nahe wie möglich bei ihrem Bruder zu sein.

Wählten sie Arbeiterviertel aus?

Sie gingen in arme Viertel. In ganz Frankreich habe ich Priester alles verlassen sehen: in der Aisne, in der Region von Paris, im Süden. So hat mein Priesterdasein in einer aussergewöhnlichen Atmosphäre begonnen.

Wir wollten einfach da sein beim Volk der Leidenden. Als ich meinen Bischof um die Erlaubnis bat, in die Mission de France einzutreten, ging es mir nicht darum, mich politisch zu engagieren, sondern in Gemeinschaft mit einer armen Bevölkerung zu leben. Die meisten von uns hatten den Wunsch, in dieser Bevölkerung aufzugehen, um die eigentliche Wirklichkeit der Kirche wiederzufinden und um auch zu entdecken, wer wir selber waren. Wir wollten den Armen das Evangelium verkünden, wie Christus es uns aufträgt, und gleichzeitig zur Geltung bringen, was Christus bereits vollbracht hat: «Den Armen wird das Evangelium verkündet.» Wir glaubten, und ich glaube immer noch, dass die Evangelisierung der Armen bereits verwirklicht ist. Wir wollten auf die Suche nach dem verirrten Schaf gehen, auf die Gefahr hin, die andern zu verlieren. Wir wollten immer tiefer in die leidende Menschheit hinabsteigen, im Bewusstsein, dass wir so die Kirche in ihrer ganzen Wahrheit und Herrlichkeit wiederfinden würden. Wir wollten unser Priestertum wirklich im Herzen der Kirche der Armen leben.

War dies das Vorzeichen der Arbeiterpriester?

Es war das ursprüngliche Anliegen der Arbeiterpriester, ihr Priestertum im Herzen des Elends zu leben und eine Eucharistie darzubringen, die wirklich vom Leben der Leidenden und Bedrückten genährt ist. Wir sprachen noch nicht von der Arbeitswelt, wie wir es heute tun. Wir wollten nicht nur in die Welt der Arbeiter gehen, sondern Gemeinschaft haben mit der Welt des Elends.

In jener Zeit wurde ich krank, und nach meiner Genesung bat ich meinen Bischof um eine Pfarrei, in der die Zeichen des Elends sichtbar wären. Ich äusserte ihm mein Verlangen, zu Familien, Jugendlichen und Kindern zu gehen, die besonders stark zu leiden hätten. Viele von uns haben damals ihrem Bischof das gleiche Anliegen unterbreitet.

Das Bistum Soissons, zu dem ich gehörte, war eher ländlich, und Bischof Douillard antwortete mir: «Das, was du von mir willst, habe ich nicht, aber ich kann dir eine Pfarrei anbieten, die ohne dich keinen Priester mehr haben wird.» Es war Dhuizel, ein prächtiges Dörfchen mit etwa vierzig Haushalten in der Gegend von Braine. Ich

kannte die bäuerliche Welt nicht. Aber ich nahm die Pfarrei an, damit sie noch einen Priester habe. Ich nahm sie auch an, um mich darin «zu vergraben». Ich wusste, dass ich in dieser mir unbekannten Welt grosse Schwierigkeiten haben würde. Aber nach Dhuizel zu gehen war für mich auch ein Weg, zu den Landarbeitern zu gehen mit der Bereitschaft, die Härte ihres Lebens und ihrer Arbeit zu teilen. Wir kennen die Kirche nicht genug, sonst wüssten wir, dass im Herzen der Priester immer die Sehnsucht schwelt, zu den Verachteten und Verstossenen zu gehen, um mit ihnen den Schmerz und die Schmach zu teilen.
Ich selber hatte keinen anderen Wunsch, als mich mein Bischof später ins Lager von Noisy-le-Grand schickte. Ich hatte den Willen, «an Ort und Stelle zu sterben», wie die Priester von Montreuil und Ivry, die ich kannte. In ihren Arbeiterpfarreien bemühten sie sich, mit einem Volk zu leben, das Christus nicht kannte und das nach ihm rief, nach ihm suchte, nach ihm verlangte. Im Grunde haben wir Christen kein Gedächtnis; wir haben diese besonderen Zeiten, die ich zu Beginn meines Priesterdaseins erleben durfte, bereits vergessen.

Erinnern sich die Arbeiterpriester daran? Sie sind Ihrer Meinung nach von diesem Bedürfnis nach «Inkarnation» ausgegangen.

Ich denke wohl, und meiner Meinung nach sind sie noch immer unterwegs. Ich kann mich irren, aber ich glaube, dass sie weiterhin immer tiefer hinabsteigen wollen, bis dahin, wo der ganze Glaube, die ganze Hoffnung, die ganze Liebe der Kirche wohnen. So tief wie möglich zu tauchen, um die Kirche nicht *mittels* der Ärmsten, sondern *in* ihnen zu lieben, ist sicher die Berufung dieser Priester. Von daher ihre quälende Unruhe, die angelernten Arbeiter, die Wanderarbeiter, die Opfer der schlimmsten Formen von Ausbeutung zu erreichen. Nicht um bei ihnen stehenzubleiben, sondern immer auf dem Weg, ständig unterwegs.
Es gehört zur Rolle der Kirche, Ungerechtigkeit bewusstzumachen, aber es ist ihre Aufgabe, dabei ständig auf dem Sprung zu sein, um zu noch Ärmeren zu gehen, mit denen sie noch nicht in Berührung gekommen ist, die so gut wie unzugänglich sind wegen ihres allzu grossen Elends. Die Kirche weiss, dass es immer noch Ärmere gibt, in

denen Jesus Christus wohnt, dass sie keine Ruhe hat, bevor sie zu diesen gelangt ist, weil sie gezwungen ist, immer weiter, immer tiefer zu gehen.
Die Kirche sagt uns auch heute, dass am Arbeitsplatz Ausbeutung stattfindet. Aber sie erinnert uns daran, dass das Elend sich auch anderswo verkriecht, noch weiter unten in der Gesellschaft, dort wo die Familien ohne Wohnung, ohne Einkommen, ohne anerkannte Würde sind. Die Kirche erinnert uns übrigens daran, dass die Familie die einzige Institution ist, welche die Erschütterungen von 1968 und die nachkonziliare Krise überlebt hat. Der Arbeiter erwartet uns auch bei sich daheim (die Arbeiterpriester wissen das gut). Sein Zuhause ist ein sakramentaler Ort im wahrsten Sinne des Wortes, wo Gott seine Liebe schenkt und wachsen lässt.
Das ist unsere Chance, denn an seinem Wohnort, der manchmal weit von seinem Arbeitsort entfernt ist, lebt der Arbeiter vielleicht in der Nähe eines Arbeiters ohne Stelle. Wenn der Arbeiterpriester mit ihm nach Hause geht in seine Siedlung, wird er eine zusätzliche Chance haben, Familien anzutreffen, denen die Teilnahme am Arbeitsleben verwehrt ist.
Vielleicht besteht unser Leiden, unsere Unruhe als Priester in Wirklichkeit darin, dass der Herr uns am Ende unseres Lebens sagen könnte: «Ich war bei denen da, ich war in dieser Bruchbude, in dieser Notsiedlung. Diese von Angst gelähmte Familie, diese Kinder, die in der Schule nicht lernen können, das war ich. Du bist an mir vorbeigegangen und hast mich nicht erkannt, hast dich von mir nicht aufhalten lassen.»

Ich stelle fest, dass Sie soeben Ihre eigene Geschichte in der Vergangenheitsform erzählt haben: «Ich wollte ...» Ist das vorbei?

Es ist nicht wirklich vorbei. Aber ich wage nicht recht, in der Gegenwartsform davon zu sprechen, denn die Ärmsten haben mich dazu getrieben, dass ich heute ein bekannter Mann bin. Ich wollte das nicht, denn ich war ein Mann, der sich leicht in Verlegenheit bringen liess, schüchtern, wenig selbstsicher. Ich wollte ein Gottesmann sein, so namenlos und verborgen wie möglich, Hefe im Teig, wie der Herr es von mir verlangte. Ich bin ein bekannter Mann geworden, entgegen meinem ursprünglichen Willen. Für mich ist ein Priester ein Mann seines Volkes, er gibt sich so sehr hinein, dass er mit ihm verschmilzt. Während der ersten Jahre als Priester habe ich diese Osmose mit den Familien meiner Pfarreien verwirklichen können. Es waren die glücklichsten Jahre meines Lebens.

Seither haben Sie also andere Wege einschlagen müssen. Aber ist die Kirche mit der «Inkarnation» in den Elendsgebieten vorangekommen?

Ich habe die Frage bereits bejaht, was die Arbeiterpriester betrifft, die sich ganz den am meisten ausgebeuteten Arbeitern, denen sie begegnen, widmen. Sie wirken und beten für deren Befreiung, und wenn gewisse Leute sich über die Mittel, die sie einsetzen, wundern, so muss man doch daran erinnern, das dies eben die Mittel sind, über die die Arbeiterklasse verfügt; sie haben keine andere Wahl.
Aber im allgemeinen wissen diese Priester, dass sie sich nicht zu lange aufhalten dürfen, da sich das Leben der Arbeiter nicht auf den Arbeitsplatz beschränkt. Sie wissen, dass sie nicht an der Familie vorbeikommen, weil diese für den verletzten, verstümmelten, ins Abseits gestossenen Menschen die letzte Zuflucht ist. Die Arbeiter bringen sie auch dazu, mehr und mehr mit bestimmten Verbänden und Vereinigungen zusammenzuarbeiten. Sie locken sie in die Wohnviertel, wo sie sich heute verstärkt bemühen, andere Lebens- und Ausdrucksformen zu finden.
Die Priester in der Arbeitswelt können noch aus einem andren Grund nicht stehenbleiben. Sie entdecken, dass die Welt der Arbeiter kein homogenes Gefüge ist. Sie besitzt jene verborgene Seite, die unsere Bewegung ans Licht gebracht hat: die Vierte Welt, ein Glied ihres verstümmelten Körpers. Dort hält sich Jesus Christus verborgen und wartet auf seine Priester. Es wird gesagt, dass wir in der Arbeitswelt sein müssen, weil sie die Welt der Hoffnung ist. Darin sind wir uns alle einig. Aber jenseits davon gibt es eine Welt der Hoffnungslosigkeit, das Subproletariat, das uns die völlige Entsagung abverlangt. Wir können uns ihr nicht nähern, ohne unser «Gepäck» zurückzulassen, wir können sie nicht verteidigen, ohne unseren Ruf aufs Spiel zu setzen, wir

können ihr Leben nicht teilen, ohne ihr das unsere zu geben. Ist das Subproletariat nicht die Welt der Liebe, wo Christus vollkommen heimisch ist, weil sie in erster Linie seine Welt ist? Von dieser Welt kann die Kirche alles erhoffen, denn genau wie sie selbst ist sie nicht von dieser Welt und muss vom Bösen erlöst werden.
Die Arbeiterpriester sind in Bewegung, davon bin ich überzeugt, sie haben ihre erste Intuition nicht aufgegeben, sie kommen vorwärts, und mit ihnen kommt die Kirche vorwärts. Man kann sich heute die Kirche ohne Priester, die einer profanen Erwerbsarbeit nachgehen, nicht mehr vorstellen; bald werden diese Priester auch da ihren Platz einnehmen, wo Menschen überhaupt keine Aussicht auf eine Anstellung mehr haben und somit auch ihrer Würde als Erwerbstätige beraubt sind.

Abgesehen von den Arbeiterpriestern – geht auch anderswo etwas vorwärts?

Ehrlich gesagt bin ich nicht der richtige Mann, um darauf eine Antwort zu geben, denn die Bewegung ATD Vierte Welt ist keine kirchliche Bewegung, sondern ein multikonfessioneller Zusammenschluss von Männern und Frauen. Ich sehe aber in der Kirche untrügliche Zeichen. Ich denke an die vielen Priester, Ordensfrauen und Laien, die zu ATD kommen auf der Suche nach einem Dialog, nach der Stimme der Ärmsten oder auch nach einem Weg, um zu ihnen zu gelangen. Zweifellos ist ihre Zahl in den letzten Jahren zurückgegangen, vielleicht, weil wir vermehrt in der Öffentlichkeit auftreten. Aber vielleicht sind sie auch weniger auf diese Bewegung angewiesen, weil sie den am meisten Benachteiligten mehr und mehr im Rahmen der Tätigkeiten ihrer eigenen Gemeinschaft oder in der Gruppe, der sie angehören, begegnen. Die Kirche kann auf verschiedene Weise vorwärtsgehen, und vielleicht tut sie es nicht immer so, wie gewisse Leute es erwarten. Für die Verantwortlichen ihrer offiziellen Strukturen ist die Annäherung nicht immer leicht, und daran habe ich manchmal gelitten. Denn die Kirche hat sich auf eine bestimmte Weise strukturiert, jedenfalls in Frankreich, mit ihrer Gesamtpastoral für alle Diözesen, ihren Kanälen, um die Arbeiterschaft zu erreichen, und ihren Hilfswerken für die Armen. Die Vierte-Welt-Bewegung siedelt sich gewissermassen vor diesen

Strukturen an, wie eine Art Vor-Evangelium, tief eingegraben in einem Volk des Elends, mit dem wir an die Oberfläche gelangen möchten, damit sich die Kirche in ihm wiedererkennt. Aber wenn ich sage: die Vierte-Welt-Bewegung, dann denke ich an unzählige Christen, die mit ihr oder unabhängig von ihr in die Welt des Elends eintauchen. Sie sind das Weizenkorn, das stirbt. Die Kirche hat manchmal Mühe, diese Christen und uns Priester und Ordensfrauen als vollwertigen Teil ihrer selbst anzusehen. Sie trägt die Risiken, die sie eingehen, nicht immer mit. Hat sie recht oder unrecht? Auf jeden Fall hat sie Mühe, und das ist verständlich, wenn man die Strukturen ansieht, die sie sich gegeben hat, um zur Welt zu gehören und sich gleichzeitig gegen diese zu verteidigen.

Ein Beispiel dieser Schwierigkeiten habe ich vor zwanzig Jahren bei einer Begegnung mit Mgr. Rodhain im Zusammenhang mit dem Hilfswerk «Secours Catholique» erlebt. Ich wies auf die zahllosen Schwierigkeiten hin, mit denen ich mich herumschlug, um die Familien kennenzulernen, um an ihrer Seite zu kämpfen, manchmal um mich ganz einfach satt zu essen.

Ich fügte hinzu, dass es für die Familien sicher sein Gutes habe, mich so ihre Leiden teilen zu sehen, aber dass nicht alle Menschen guten Willens, die wie ich im Elend «eingegraben» lebten, dies zu erdulden haben sollten. Manche der erlittenen Entbehrungen waren nutzlos. Ich äusserte meine Hoffnung, dass «Secours Catholique» denjenigen zu Hilfe kommen könnte, die in Notsiedlungen, Slums, in grauen und schmutzigen Vierteln ihre Gesundheit und ihr Leben hingaben. Ganz abgesehen von den finanziellen Mitteln brauchten diese Männer und Frauen auch solide Kenntnisse. Konnte «Secours Catholique» für sie nicht zur Informationsquelle werden, ihnen weitergeben, was es von den Ärmsten wusste? Konnte dieses Hilfswerk ihnen nicht wenigstens die materiellen Mittel bieten, die ihnen so grausam fehlten und die sie durch Spendenaufrufe zusammenbrachten? So hätte es die Aufgabe übernehmen können, denen, die auf den Ruf der am meisten Leidenden antworteten, Rückhalt und neue Impulse zu geben. Die Idee hat sich nicht verwirklicht, und es gab viele, die weiter dahinvegetierten und sich aufrieben, um die Ärmsten aus ihrer Lage herauszureissen. Es war für mich schmerzlich zu sehen, dass sie wie ich

gezwungen waren, ständig um die Mittel für ihre Bemühungen zu betteln. Das hat uns übrigens dazu gebracht, die Klubs «Wissen und Dienen» zu gründen, um ihnen beizustehen.
Aber wenn die Kirche uns durch ihre Strukturen nicht unterstützt hat, so hat sie uns auch nicht zu vereinnahmen versucht. Sie hatte zuviel Achtung für uns. Kardinal Marty hat mich eines Tages daran erinnert: «Sie wollten eine Bewegung gründen, in der Menschen aller Bekenntnisse einander rund um die Ärmsten begegnen. Die beste Art, Ihnen zu helfen, war, das vorbehaltlos zu akzeptieren und Sie Ihren Weg verfolgen zu lassen.» Es stimmt, dass die Kirche niemals an unserer Aufrichtigkeit gezweifelt hat und immer Vertrauen gehabt hat zu uns.

Hat die Kirche Sie als jungen Priester also niemals gebremst? War sie nicht beunruhigt, weil Sie sich mit den Behörden anlegten?

Sie hat den Priestern und Laien, die in den Elendsgebieten verstreut waren, Vorsicht und Geduld gepredigt. Ich habe Ihnen schon gesagt, dass diese zahlreicher sind, als man denkt, ist doch das Elend immer ein Sammelpunkt für die Menschen. Sie nähern sich, suchen zu verstehen, zu befreien. Sie tun vielleicht nicht immer das Erforderliche, aber wer der grossen Armut begegnet ist, bleibt fürs Leben gezeichnet. Wenige gibt es, die nicht einen ausgeprägten Sinn für die Gerechtigkeit oder für den Frieden entwickeln. Sie müssen wissen, dass die Kirche all diese Menschen nicht nur hat gewähren lassen. Sie hat ihnen die Freiheit gelassen, ihr Leben mit den Ärmsten zu teilen, mit allen Konsequenzen. Natürlich möchten wir gerne, dass sie aktiver wäre, näher bei denen, die die Familien im Herzen des Elends zu erreichen suchen. Diese verzweifeln manchmal an der scheinbaren Nutzlosigkeit ihrer Bemühungen ...

Sind sie wirklich so zahlreich ausserhalb Ihrer Bewegung? Wieso wird von ihnen so wenig gesprochen?

Ich kenne keine Stätte des Elends, in der nicht ein paar Menschen ihre ganze Kraft einsetzen. Leider sind diese nicht bekannt. Und doch sind sie Zeugen und Triebkräfte der Brüderlichkeit. Die öffentliche Meinung in Frankreich ist mangels besserer Information zum Schluss gekommen, dass einzig die Bewegung ATD Vierte Welt sich gegen die grosse Armut engagiert. Sie hat unrecht. Sicher hat diese Bewegung eine besondere Sichtweise, eine eigene Art, über die Ärmsten zu sprechen. Sicher hat sie ihnen ihre Geschichte zurückgegeben, und dank der Vierte-Welt-Bewegung kann ihre Würde nicht mehr angetastet werden. Aber zahlreiche Menschen ausserhalb dieser Bewegung greifen Anregungen von ihr auf.

So wäre ATD Vierte Welt Ihrer Meinung nach Trägerin einer eigenen Botschaft in diesem breiteren Bemühen um Aufgehen in den leidenden Massen?

Die Vierte-Welt-Bewegung ist aus einer sehr starken Intuition heraus entstanden, seit ihren Anfängen im Lager von Noisy-le-Grand. Ich wurde mir damals klar darüber, dass die dort versammelten Familien sich nicht aus Individuen zusammensetzten – ein zusammengewürfelter Haufen von Einzelfällen, von «Sozialfällen», wie die Behörden und die Hilfswerke glaubten und immer noch allzu oft glauben. Die Bewegung wusste auf Anhieb, dass es sich um ein Volk handelte. Für ein Volk hat sie sich denn auch aufgebaut, hat sie ihr Denken, ihre Art zu sein und zu wirken ausgeformt. Ein Volk zu entdecken, wo jedermann «Sozialfälle» sah, eine historische Identität zu sehen, wo andere die gesellschaftliche Realität leugneten, das hiess auf das Volk Israel und seinen langen Marsch in der Wüste Bezug nehmen. Unterwegs mit einem vom Elend gezeichneten Volk, wollten wir diesem unbedingt einen Platz in der Zeitgeschichte verschaffen. Wir konnten nicht hinnehmen, dass die Geschichte es totschwieg, wir konnten nicht hinnehmen, dass es wie eine Reihe von Einzelfällen behandelt wurde. Wir hielten daran fest, dass im Schatten der modernen Gesellschaft ein Volk existierte. Wir riefen die Vierte Welt als geschichtliche Wirklichkeit aus, um ihre Befreiung zu wagen, und das hiess für uns notwendigerweise, eine eigene Art des Denkens und des Handelns zu entwickeln.

Sie sagen «wir», oder «die Bewegung»; aber Sie sind es doch, der diese Bewegung gegründet hat?

Andere haben das zusammen mit mir getan. Sicher ging der Antrieb von mir aus, denn es war mir eine verblüffende Einsicht gekommen, als ich in Noisy-le-Grand ankam. Dabei war ich in Armut aufgewachsen und hatte seither viele Elendsviertel gesehen. In Noisy-le-Grand war es wie eine Offenbarung.
Mein Bischof hatte mir vorgeschlagen, einige Zeit bei diesen sehr armen Familien zu verbringen und dann zu entscheiden, ob ich bei ihnen bleiben wollte. Ich bin also zunächst für sechs Monate hingegangen, und während der ersten anderthalb Monate habe ich mich den Freunden von Emmaus angeschlossen. Ich arbeitete mit ihnen, ich lebte wie sie, und weil sie im Lager Arbeiten verrichteten, konnte ich mich den Familien, die dort untergebracht waren, nähern.
Ich bin am 14. Juli 1956 angekommen. Die Sonne verbreitete eine glühende Hitze auf dieser Hochebene, die «Château de France» genannt wird, die Wege waren verlassen, niemand war draussen. Angesichts dieser Leere sagte ich mir: Früher haben die Wasserquellen, die Wegkreuzungen, ein Kirchturm, eine Industrie die Menschen versammelt. Hier werden die Familien durchs Elend zusammengeführt. Das war wie eine Eingebung. Ich wusste, dass ich nicht mehr einer alltäglichen Situation von relativer Armut (wie man damals sagte) oder von persönlichen Schwierigkeiten gegenüberstand. Ich hatte es mit einem kollektiven Elend zu tun. Auf Anhieb habe ich gespürt, dass ich vor meinem Volk stand. Das lässt sich nicht erklären, das war so.
Von diesem Augenblick an hat mein eigenes Leben eine Wende genommen. Denn an jenem Tag habe ich mir fest vorgenommen, dass ich, wenn ich bliebe, dafür sorgen würde, dass diese Familien die Stufen des Vatikans, des Elysées, der UNO ... emporsteigen können ... Dieses blendende Elend, das sich in stickiger Hitze und völliger Stille vor meinen Augen ausbreitete, hat mich gepackt. Seither war ich besessen von der Idee, dass dieses Volk niemals aus seinem Elend herauskommen würde, solange es nicht in seiner Gesamtheit, als Volk, empfangen würde, wo die übrigen Menschen diskutieren und sich mühen. Es musste auf gleicher Ebene dabeisein, wo immer die

Menschen über die Gegenwart, aber auch über das Los des Menschen, die Zukunft der Menschheit sprechen und entscheiden.
Am 14. Juli 1956 habe ich mein Schicksal besiegelt, auch wenn ich bis zum 11. November warten konnte, bevor ich mich definitiv in Noisy-le-Grand niederliess. Auch nach diesem 11. November behielt ich übrigens meine alte Pfarrei. Ich ging jeden Samstag und Sonntag hin. Ich war als Kind des Elends geboren und in meinem Innersten ein Mann des Elends geblieben. Von diesem hatte ich gelernt, alles zu glauben, alles zu wagen, aber doch irgendwo einen Notvorrat zu behalten, eine Birne für den Durst, ein Stück hartes Brot in der Tasche. Es gibt keinen Armen, der nicht so handelt. Meine eigene Mutter machte es so: Sie behielt immer ein Paar Schuhe auf Vorrat für ihre Kinder, eine Hose zuviel. Und wenn jemand uns noch ein Paar alte Schuhe vorbeibrachte – denn man gab uns oft Almosen –, sagte meine Mutter zur Spenderin: «Zum Glück sind Sie gekommen, wir hatten das gerade nötig.» Wenn wir allein waren, fragte ich sie: «Mama, warum führst du eine solche Komödie auf?» Sie sagte: «Joseph, du verstehst das nicht; wenn du ablehnst, was sie dir heute bringen, werden sie am Tag, wo du es wirklich brauchst, schon alles weggegeben haben.» Ich habe mehrere Monate lang meine alte Pfarrei behalten, wie meine Mutter immer ein Paar Schuhe behielt, als Vorsichtsmassnahme.

Sie haben viel Kühnheit bewiesen, sind manche Risiken eingegangen, und doch haben Sie sich diesen Reflex bewahrt: «Ich verschiesse nicht alle meine Patronen ...»

Das ist ein Reflex der Armen, eine Angst, eine fixe Idee, man könnte einmal zu wenig haben. Man wird das nicht los. Es ist eine Weisheit, die einen das ganze Leben lang leitet. Ich habe nie einen Pfennig ausgegeben, den ich nicht hatte. Alles, was wir in der Vierte-Welt-Bewegung aufgebaut haben, wurde so gemacht, von Tag zu Tag, auch wenn wir manchmal einen angefangenen Bau drei Jahre lang ruhen lassen mussten. Ich konnte nie investieren, was wir nicht in der Tasche hatten. Bei uns Armen muss man dem Unglück immer um eine Nasenlänge voraus sein. Mangel zu leiden ist typisch für unsere Situation, und wenn wir zufällig einmal das Nötige haben, dann bleibt uns die Angst, es nicht mehr zu haben, auf den Leib geschrieben.

Aber am Ende haben Sie dennoch die Anker gehoben und waren nur noch in der Vierten Welt?

Das stimmt. Aber die Bewegung, die entstanden ist, hat von den Ärmsten die Vorsicht gelernt. Indem sie sich die Situation eines Volkes zu eigen machte, machte sie sich auch eine Art, sich zu benehmen, eine gewisse Weisheit zu eigen.

VIERTE WELT – VOLK GOTTES

Gilles Anouil – Wir kommen jetzt auf dieses Volk zu sprechen. Sie selbst haben es «die Vierte Welt» genannt. In Frankreich sind es mehr als zwei Millionen, und sie bilden ein Volk, sagen Sie. Für viele Menschen in unserem Land ist das nicht ohne weiteres glaubhaft.

Père Joseph – Für viele ist es sicher schwierig, die ärmste Bevölkerung als ein Ganzes zu verstehen, sie mit ihrer Geschichte und ihrer Lebenserfahrung, die oft über Generationen zurückreicht, anzuerkennen. Die Schwierigkeit kommt vielleicht in erster Linie daher, dass wir eine Bevölkerungsgruppe, die allem Anschein nach Bestandteil unserer eigenen Gesellschaft ist, nur dann anerkennen können, wenn wir in ihr vertraute Züge, eine Art Verwandtschaft entdecken. Diese lässt uns brüderliche Beziehungen anknüpfen und einen Austausch pflegen. Nun hat aber bei den Familien am Fusse der sozialen Stufenleiter die Unterentwicklung ein solches Ausmass angenommen, dass ihre Mitbürger sie nicht mehr als ihresgleichen ansehen können. Unter diesen Umständen haben sie Mühe, sich für die Lage dieser Familien verantwortlich zu fühlen. Sie kommen nicht einmal auf den Gedanken, dass sie irgend etwas mit ihnen zu tun haben. Das ist der Grund, weshalb das Subproletariat unserer Gesellschaft, bzw. unseren Gesellschaften, so fremd bleibt.

Sie sagen «unsere Gesellschaften». Sprechen Sie von den europäischen Staaten?

Ich spreche für den Westen im allgemeinen, sicher für alle industrialisierten Länder, alle Länder, die die Erinnerung an das Elend innerhalb ihrer eigenen Grenzen verloren haben.
Die Verantwortungslosigkeit der Begüterten zieht übrigens jene der

Ärmsten nach sich. Die Subproletarier selber sind sich nicht bewusst, dass sie an der Geschichte der andern teilhaben. Und das ist begreiflich. Sie fühlen sich heute also nicht mit verantwortlich für diese Geschichte. Sie handeln, als wären sie eine Republik für sich. Wer sich ihnen nähert, nähert sich wirklich einer eigenen Welt, die überraschend und unverständlich ist. Das ist eine Sache der Einfühlung: Aussenstehende sehen nicht, inwiefern es sie etwas angehen könnte, was diese Familien erleben, und vor allem, wie sie damit umgehen. Sie sehen es um so weniger, als die Familien alles, was sie mit ihnen tun möchten, zunichte zu machen scheinen.

Vergessen wir nicht, dass das Subproletariat durch seine Geschichte, durch seine Lebensumstände nicht dieselbe Logik hat wie wir. Es hat eine andere Lebensweisheit, sie führt zu andern Verhaltensweisen. Auch wenn seine Kultur die gleichen Grundelemente hat wie die unsere – ihr innerer Zusammenhang ist ein anderer. Die Handlungen der Subproletarier lassen sich nur auf dem Hintergrund ihrer eigenen gemeinsamen Geschichte analysieren. Nehmen Sie das Beispiel einer Familie, deren Wohnsituation absolut unbeschreiblich ist: eine Hütte, eine Garage, ein Lastwagen ... Jemand will sie da herausholen, etwas unternehmen, um für sie eine Wohnung zu finden. Er geht so weit, sich dem verständnislosen Kopfschütteln seiner Freunde auszusetzen, er leistet persönlich Bürgschaft. Und dann, wenn das Ziel erreicht ist, weigert sich die Familie umzuziehen. Sie beteuert, sie habe um nichts gebeten, und man muss froh sein, wenn sie einen nicht gerade beschimpft. Oder dann flieht sie, ohne einen auch nur zu benachrichtigen. Da steht nun dieser Mensch guten Willens, eine Wohnung am Hals und gründlich blamiert, und jedermann sagt ihm: «Wir haben Sie doch gewarnt ...» Aber die Familie hatte ihre Gründe. Sie hatte nie eine solche Wohnung gehabt; vage sah sie neue Schwierigkeiten auf sich zukommen: die Bezahlung der Miete, die neue Umgebung, deren Augen auf sie gerichtet sein würden, die unvermeidlichen Auseinandersetzungen mit dem Hauswart, den Verlust einiger alter Freundschaften, das Ausbleiben gewohnter Hilfeleistungen. Für eine Gesellschaft, die eine gewisse Kultur des Wohnens und der nachbarschaftlichen Beziehungen besitzt, ist es schwer zu verstehen, was es bedeutet, davon nichts mitbekommen zu haben. Wir überlegen uns

nicht, dass wir durch die Umsiedelung einer so armen Familie deren Beziehungsnetz zerreissen, das sowieso schon äusserst schwach und gerade deshalb um so kostbarer ist. Wir laufen auch Gefahr, die familiären Bande zu zerreissen. Ich habe gesehen, dass Väter nach einer solchen Entwurzelung ihre Arbeit aufgaben, die sie mit soviel Mühe gefunden hatten, oder dass Mütter einen anderen Partner nahmen.
Für jemand, der das Milieu nicht kennt, ist all das unverständlich: war diese Familie nicht schon oft umgezogen? Das stimmt, sie war von einem möblierten Zimmer in einen Keller gezogen, vom Keller auf den Dachboden, vom Wohnwagen ins Zelt, von der Elendswohnung ins Abbruchhaus. Aber bei all diesen Ortswechseln (es ist schwer, sich das klarzumachen) hatte sie nie ihr Milieu verlassen. Ihr Milieu selber hat ihr die Adressen gegeben und die Mittel, von einem Ort zum andern zu gelangen. Durch den Eingriff von aussen hat man sie von ihrer eigenen Welt abgeschnitten und in eine andere verpflanzt, wo die Beziehungen auf andern Konventionen beruhen.
Ich habe es erlebt, dass solcherart umgesiedelte Familien die Person, die ihnen die neue Wohnung besorgt hatte, als Geisel benutzten. Sie riefen ständig ihre Vermittlung an, um immer neue Hilfeleistungen zu fordern, und bei der kleinsten Weigerung redeten sie in der Umgebung schlecht über sie. Das ist nur eines von vielen Beispielen für die verwirrenden Beziehungen zwischen zwei Welten, die jedem guten Willen, jeder selbstlosen Annäherung im Wege stehen. Man dachte, man hätte es mit einem Teil seiner eigenen Welt zu tun, mit einer Familie, die einfach in Schwierigkeiten geraten ist. Aber während wir glauben, ihre Sicherheiten allmählich zu festigen, zerstören wir sie gerade. Da wir uns dessen nicht bewusst sind, werden wir sie schliesslich früher oder später anklagen: «Mit diesen Leuten kann man nichts machen.» Das ist kein leichtfertig hingeworfener Satz. Er steht für die Erfahrung einer ganzen Gesellschaft, die es zugelassen hat, dass ein Teil ihrer Angehörigen ins Abseits geriet. Sie weiss nicht mehr, wie sie wieder mit ihnen in Kontakt kommen soll, sie stellt sich dabei ungeschickt an. Leider ist nicht sie es, die den Preis für ihr unbeholfenes Vorgehen bezahlt. Die Menschen guten Willens haben nach einer Enttäuschung tausend Möglichkeiten, sich wieder zu fangen; ihr Ruf und ihre Sicherheiten stehen nicht wirklich auf dem Spiel. Die Familien

aber haben keinen Rückhalt. Sie sind noch etwas mehr geächtet, etwas mehr zerstört als vorher.

Es bleibt schwierig, diese Familien als Angehörige eines besonderen Milieus zu sehen. Ich habe vom Elend gezeichnete Familien gekannt, die ganz isoliert waren und keine Kontakte hatten. Bilden sie wirklich ein Volk?

Unser Blick trügt uns. Im Laufe der Entwicklung unserer Städte und Dörfer wurden die Familien so oft hin- und hergeschoben, umgesiedelt, in alle Winde zerstreut, zusammengeführt und wieder zerstreut, je nach den Bedürfnissen unserer Raumplanung. Sie würden sich wundern, die Beziehungen zu entdecken, die sie trotz allem untereinander bewahren und die unserem Blick meist entgehen. Verwandtschaftsbeziehungen zuallererst: die Subproletarier heiraten im gleichen Milieu, die Nachbarstochter, die Schwester des Arbeitskollegen ... Dann gibt es die Nachbarschaftsbeziehungen, die Kindheit, die man zusammen im selben Viertel verbracht hat. Ganz abgesehen von der gemeinsamen Geschichte: die gleichen Erfahrungen von Unterbeschäftigung, von Fürsorgeabhängigkeit, von Fremdplazierung der Kinder, von Vertreibung; die gleiche Art, dem Mangel, der Krankheit oder dem Hunger die Stirn zu bieten. Die Familien der Vierten Welt mögen sich streiten, sie tun es vielleicht oft. Aber sie brechen niemals mit der Vergangenheit, sie brechen nie ein für allemal die Brücken hinter sich ab. Ich kenne keine sehr armen Familien, die vollständig isoliert wären. Sie halten immer einige Beziehungen in Reserve: mit ihren Angehörigen, mit Familien in der gleichen Lage wie sie und auch mit Vertretern der sogenannten «Hilfsorganisationen», mit «besseren Leuten», wie sie sagen.
Wir täuschen uns, wenn wir sie von ferne betrachten, aber auch die Familien täuschen uns. Wenn sie zu Dutzenden oder gar zu Hunderten in einer Siedlung leben, neigen sie selber dazu, ihr Milieu zu verunglimpfen. Die Nachbarschaft dient gegenüber der Aussenwelt als Vorwand und Ausrede. «Wenn meine Kinder in der Schule nicht lernen, dann ist das, weil die Lehrer etwas gegen die Siedlung haben. Es liegt nicht an meinen Kindern, alle Kinder aus der Siedlung lernen

nichts. Der Lehrer ist schuld, er mag uns nicht, aber das ist nicht verwunderlich. Sehen Sie nur, was für Leute hier leben, Nichtsnutze ...» Gibt es in der Siedlung eine Schlägerei oder eine Straftat, so dienen die Nachbarn als Sündenbock: «Es gibt hier Gute und Schlechte, wie überall ...» «Sie sehen doch, dass die da zu nichts taugen.» Die Familien sind übrigens praktisch gezwungen, zur verrufenen Siedlung auf Distanz zu gehen, um vor der Sozialarbeiterin oder bei der Gemeinde gut dazustehen: «Ich gehöre nicht zu diesen da, ich bin hier, weil ich kein Glück gehabt habe.» Abzustreiten, dass man «zu diesen da» gehört, bedeutet, dass man dazugehören kann, dass das Milieu existiert. Aber der Verrat ist notwendig, unvermeidlich und fortwährend. Darin ist die Vierte Welt Petrus im Dauerzustand: «Ich kenne diesen Mann nicht.» Genau wie sie auch der Sohn Gottes ist, der ständig von den Seinen verraten wird – der sich nicht einmal auf sie verlassen konnte, die einzigen Wesen, von denen er dies mit Fug und Recht hätte erwarten dürfen.

Aber hinter dem Verrat verbirgt sich ein geheimes, dunkles, unsichtbares Leben, ein ungeahntes Leben. Denn selbst wenn wir ihnen sehr nahe stehen, sagen uns die Familien nie alles. Als Fremde in ihrem eigenen Land, die nach gängiger Meinung durch mehr oder weniger zufällige, auf jeden Fall aber unglückliche Umstände Gruppen gebildet haben, sagen sie uns einzig, was sie uns wirklich preisgeben wollen. Es muss ihren Interessen dienen. Sie teilen uns nur mit, was nötig ist, um allen Widrigkeiten zum Trotz zu überleben. Die Beziehungen untereinander sind ein Gut, das sie möglichst für sich behalten. Sie geben sie nicht zu, denn sie wissen, dass wir uns bemühen würden, sie zu zerschlagen. Sie sind es gewohnt, zu hören zu bekommen: «Natürlich, wenn Sie immer mit diesen Leuten zusammen sind, die Sie zum Trinken und zum Geldausgeben beim Lotto verleiten ...» Kurz: «Sage mir, mit wem du gehst, und ich sage dir, wer du bist.» Die Familien kennen diese Kommentare nur zu gut, und sie tun ihr Möglichstes, um sich davor zu schützen.

Ich habe Ihnen schon gesagt: Wir kennen die Wirklichkeit des Subproletariats kaum, denn das Gesicht, das es uns zeigt, ist allzu entstellt, und es ist für uns schwer, mit ihm Beziehungen aufzubauen, die von Brüderlichkeit und Verständnis geprägt sind. Je weiter wir gehen,

desto mehr verstricken wir uns übrigens in der Weigerung, es als Volk zu betrachten. Seine Existenz anzuerkennen würde darauf hinauslaufen, uns schuldig zu bekennen. So tun wir alles, um es daran zu hindern, sich als ein Milieu zu zeigen. Ja, weil wir es nicht verstehen können, darum wollen wir es nicht verstehen; wir negieren es. Anstatt das Milieu aufzuwerten und zur Startrampe für eine Befreiung zu machen, anstatt seine Werte anzuerkennen und sie so zu akzeptieren, wie sie gelebt werden, behaupten wir, die Familien vor ihresgleichen zu schützen, und teilen sie deshalb in Einzelfälle auf. Die Familien wissen das, sie machen das Spiel mit und halten einen Teil ihres Lebens geheim: gewisse Formen von nachbarschaftlichen Beziehungen, gegenseitiger Hilfe und stillschweigendem Einverständnis. Passen wir auf, wenn wohlmeinende, aber schlecht beratene Menschen uns sagen: «Von dieser Familie weiss ich alles, sie sagt mir alles. Wir sind Freunde.» Das ist nie ganz wahr; die Familie, von der man alles zu wissen glaubt, hat zuviel Ehrgefühl und zuviel Menschenkenntnis, um ihr ganzes Privatleben auszubreiten.
Das gilt auch für uns, die wir ihr Leben in den Siedlungen und Wohnvierteln teilen. Ich habe Familien gekannt, die mir jahrelang unrichtige Dinge weismachten. Jene Frau zum Beispiel, die uns fünfzehn Jahre lang im Glauben liess, sie habe keine Familie, sie sei in Heimen aufgewachsen, wo die Schwestern sie schlugen. Sie nannte uns Einzelheiten, die Namen der Institutionen – die subproletarischen Familien kennen sie, denn die öffentliche Fürsorge gehört zu ihrer Heimat. Diese Mutter schuf sich eine Figur, ein fiktives Ich, um in einer Gesellschaft überleben zu können, die ihr die eigenen Kinder weggenommen hatte.

Wie haben Sie erfahren, dass es nicht stimmte; wie haben Sie entdeckt, was andere nicht sehen?

Durch das Zusammenleben. Die Mutter, von der ich sprach, bat mich, ihre Kinder zurückzuholen. Wir haben mit ihr ihre Geschichte rekonstruiert, um ihre Forderung zu begründen. Dabei gab ein Wort das andere, und wir entdeckten, dass sie ihre ganze Kindheit mit ihren Eltern verbracht hatte. Ihr Vater verdingte sich als Tagelöhner von Hof

«Die Einsamkeit dieser alten Frau erinnert mich
an die Einsamkeit meiner Mutter.»

zu Hof. Die Familie war kinderreich und sehr arm; sie lebte ausgegrenzt. Im Dorf wurde sie gemieden, die Kinder wurden von der Schule vergrault, auch zur Kirche bestand keine Verbindung. Um diesem unerträglichen Leben zu entkommen, hatte die Frau ganz jung schon geheiratet: einen Mann aus der Gegend, den Sohn eines Schreiners. Eine unmögliche Verbindung: die Eheleute konnten einander nicht verstehen, und das ganze Dorf wandte sich gegen diese Tochter einer verrufenen Familie, die es gewagt hatte, einen achtbaren jungen Mann zu heiraten.

Diese Mutter war schliesslich mit einem andern Mann aus ihrem eigenen Milieu davongelaufen, und sie strandeten in einer subproletarischen Siedlung. Fünfzehn Jahre lang lebten sie dort, mit Höhen und Tiefen, mit Schlägen, Beschimpfungen, Hunger und der Fremdplazierung der Kinder. Und doch liebte sie ihren zweiten Mann bis zu seinem Tod, sie pflegte ihn monatelang mit mütterlicher Fürsorge. Sie beklagte sich niemals über ihn, denn er verstand sie. Aber für die Sozialdienste musste sie eine Rolle vorspielen: das ehemalige Heimkind, das in seiner Kindheit misshandelt worden ist. Allzu schwer war das nicht, denn die Vierte Welt wimmelt von solchen Figuren.

Ich habe übrigens verschiedene Mädchen gekannt, die etwa siebzehnjährig mit einem jungen Arbeiter zusammenzogen: nicht ihrer Familie wollten sie so entkommen, sondern ihrem Milieu. Diese Verbindungen scheitern fast immer, ausser wenn der junge Mann sich in das Milieu eingliedert, dem seine Frau entfliehen wollte. Kommt es zur Trennung, werden die Kinder meist fremdplaziert, und die Frau beginnt ein neues Leben mit jemandem, der ihre Interessen und Lebensgewohnheiten teilt. Deshalb sind die Verwandtschaftsbeziehungen unter den Armen auch so vielschichtig und verworren. Aber sie sind – genau wie das Schicksal dieser Frauen – auch ein Beweis dafür, dass es ein Milieu und ein Volk gibt. Ein Volk, in dem eine geheime Übereinstimmung es den Männern und Frauen ermöglicht, einander ohne viele Worte zu kennen, einfach zusammen weiterzumachen, für sich und für die Kinder.

Offen gestanden ist es in der heutigen Situation unmöglich, ins Arbeitermilieu hinüberzuwechseln, es sei denn, jemand findet die Kraft, vollständig mit den Seinen zu brechen. Dazu braucht es solide

Gründe. Ich selber kenne nur wenige Beispiele. So etwa jenes Mädchen aus dem Subproletariat, das durch ihre Bekanntschaft und Heirat mit einem Arbeiter, der in der CGT[3] aktiv war, selber aktive Kommunistin wurde. Dank der Partei konnte sie eine neue politische Analyse ihrer Lage machen und brauchte sich nicht mehr zu schämen. Aber solche Beispiele sind selten: die grosse Mehrheit der Jugendlichen der Vierten Welt heiratet unter sich.

Sie sagten, das Subproletariat bilde ein Volk mit einer anderen Weisheit als der unsern. Wie steht es mit der gegenseitigen Hilfe und der Solidarität? Sind sie nicht recht vorbildlich?

Mit Weisheit meinte ich eine Lebensstrategie, eine bestimmte Art, sich abzusichern. Wie jene Familie, die lieber das Weite sucht, als sich in einer Umgebung unterbringen zu lassen, zu der sie keinen Bezug hat. Aber was soll ich zur gegenseitigen Hilfe und zur Solidarität in der Vierten Welt sagen? Jeder hat die Solidarität, die er sich leisten kann und die seinen Interessen dient. In unserer Gesellschaft wissen die Christen, dass ihre Solidarität sich auf jeden Menschen erstrecken muss, dass sie sogar so weit gehen kann, sich für ihn aufzuopfern, weil er heilig ist, ein Kind Gottes. Leider pfercht dieselbe Gesellschaft die Menschen zusammen, was ein persönliches Eingehen auf den andern, eine tiefe Beziehung zu ihm und damit auch gegenseitige Hilfe und Solidarität sehr erschwert. Überflutet von unbekannten und auswechselbaren Gesichtern, müssen die Menschen eine Wahl treffen. Die moderne Gesellschaft hat kurzsichtig gehandelt, als sie die Menschen dazu trieb, ihre Beziehungen vorsichtig zu dosieren und sich ihren Nächsten auszusuchen.
Der Nächste ist nicht mehr der, den das Leben uns zumutet, indem es ihn an unsere Seite stellt; er ist der, den wir uns aussuchen. Das ist schlimm, denn im Umgang mit Menschen, die anders sind, wachsen die Menschen; durch den Fremden, den Unbekannten, der ihnen mitteilt, wer er ist und was er denkt, werden sie bereichert. Unsere Hilfe für Nachbarn, die wir uns nicht ausgesucht haben, bereichert uns,

[3] Confédération génerale du travail: der Kommunistischen Partei nahestehende gewerkschaftliche Dachorganisation (Anm. d. Übers.).

selbst wenn sie uns ärmer macht. Die moderne Gesellschaft erleichtert dieses Annehmen des Nächsten und die dazu erforderliche Solidarität nicht.
Da, wo die Subproletarier leben, ist es dagegen unmöglich, auszusuchen. Und auf jeden Fall ist der andere, der vor der Tür steht, wie man selber in grösster Not. Wird die Grosszügigkeit um so grösser sein? Sie ist schwieriger in die Tat umzusetzen, um so mehr, als sie im Prinzip uneigennützig sein soll. In der Welt des Elends ist Uneigennützigkeit kaum möglich. Geben ist dort eine Lebensnotwendigkeit. Wie soll man anders, wo man doch selber eines Tages die Hilfe des Nachbarn nötig haben wird? Wie soll man sich heute weigern zu geben, da man schon morgen auf eine Gabe angewiesen sein wird? Helfen ist in der Vierten Welt immer auf Gegenleistung ausgerichtet.
So arm sie war, unterhielt meine Mutter immer sehr gute Beziehungen mit ihrer Nachbarin, die ebenfalls arm war. Leider war diese Alkoholikerin. Wenn ihr Sohn abends heimkam, fand er oft seine Mutter am Boden und kein Essen auf dem Tisch. Dann liess ihn meine Mutter bei uns essen. Sie erwartete dafür aber Vergeltung, und wenn meine Mutter etwas brauchte, ging sie immer bei der Nachbarin anklopfen. Genaugenommen hatte meine Mutter Mühe, ihr zu vergeben, was sie selbst für den Sohn tat. Sie nahm manchmal Rache, indem sie sehr laut zu ihren eigenen Kindern sagte: «... bei allem, was ich für sie tue, wenn Maxime Hunger hat ...»
Diese Mühe anzunehmen, dass man für den andern aufkommen muss, habe ich überall im Elendsmilieu angetroffen, denn um zu geben, muss man von dem nehmen, was man selber nötig hat, man muss wirklich verzichten. Das schafft zusätzliche Not und bringt einem auch noch die Vorwürfe des Mannes, der Kinder oder des Sozialamtes ein. Man hat das Gefühl, den Seinen etwas Böses getan zu haben.
Manchmal überraschen uns die Ärmsten mit einer erstaunlichen Freigebigkeit. Wenn etwa die Leute von der Müllabfuhr oder von der Feuerwehr mit ihren Neujahrswünschen vorbeikommen oder wenn der Briefträger eine Überweisung bringt, dann können sie ihnen ein Trinkgeld zustecken, das für sie ein Vermögen darstellt. Auch dem Nachbarn, der für eine Beerdigung sammelt, geben sie einen grossen Betrag. Aber ist das Solidarität? Ist es nicht vielmehr eine verrückte

Geste, um sich Anerkennung und Achtung zu verschaffen? Es ist in der Tat eine Art, den grossen Herrn zu spielen. Natürlich steckt keine wirkliche Berechnung dahinter, und die Armen bedauern es auch nicht unbedingt, wenn sie dafür die Genugtuung haben, einen kurzen Moment lang jemand zu sein. Aber es steckt noch mehr dahinter: Sie wollten beweisen, dass sie Arbeiter sind und dass sie den Arbeiter, den Müllmann, den Briefträger, den Menschen, der arbeitet, gut verstehen. Wie Sie sehen, ist Uneigennützigkeit unter diesen Umständen sehr schwierig. Das Elend ist kein Weg zu wirklichem Teilen und zur Solidarität.

Bezieht sich diese Mühe mit dem Teilen auch auf die Zuneigung und das Hinhören auf den andern?

Das ist es ja gerade! Warum setzen wir uns so hartnäckig für die Beseitigung des Elends ein? Warum lehnt die Menschheit es zutiefst ab? Sicherlich deshalb, weil die ständige Unterlegenheit und die Entbehrungen, die die grosse Armut mit sich bringt, jedes Zuhören unmöglich machen. Wir spüren es intuitiv: Die Subproletarier erraten die Gefühle der andern, aber sie hören sie nicht. Die Worte sind knapp, der Wortschatz ist arm; wie soll da ein wirklicher Gedankenaustausch stattfinden? Weil man nicht wirklich miteinander sprechen kann, ist es unmöglich, ein gemeinsames Denken zu entwickeln. Die Menschen sind oft schon mit dreissig oder fünfunddreissig Jahren alt und verbraucht. Der Zwang, Probleme zu bewältigen, die keinen Aufschub dulden, Nahrung, Geld oder eine Unterkunft zu beschaffen, nimmt die Intelligenz und das ganze Denkvermögen in Beschlag. Stellen Sie sich vor, welchen Gedanken ein Mensch nachhängen kann, der immer zu wenig Geld hat, ein Mensch, der sich Sorgen macht und sich ständig fragt, wie er die Kinder ernähren und kleiden soll und was er ihnen antworten soll, wenn sie ein Spielzeug oder ein Eis haben möchten. Die Ärmsten müssen diesen Ansprüchen der Kinder begegnen; diese brauchen ein Bonbon, ein Kleidungsstück ... Können wir uns vorstellen, was es ihnen an Sorgen und Berechnungen abverlangt, das Nötige zu finden, etwas auf den Tisch zu bringen, wenn nichts zu essen im Haus ist und der Mann droht, nicht ohne Imbiss zur

Arbeit zu gehen? «Wenn er nicht zur Arbeit geht, wird es Streit geben daheim ...»
Der Geist stumpft ab, der Verstand schaltet auf Leerlauf, wie soll man sich da nicht als Idiot gebärden? Denn als Reaktion auf die Sorge und den Hunger gibt man, wenn Geld hereinkommt, alles auf einmal aus. Die Nachbarn, die einem in der Not ausgeholfen haben, werden entschädigt. Auf dem Tisch, der allzulang ungedeckt blieb, als in der Kasse Ebbe war, werden sich Herrlichkeiten türmen: Steak, Hähnchen, Wurst, Erdbeeren im Februar ... Sozialarbeiter sagen dann, diese Familien seien unfähig, zu planen, zu sparen, ein Budget einzuhalten. Sie vergessen, dass es sich um Menschen handelt, die den Kopf ständig voll haben mit beklemmenden Fragen, die keinen Aufschub dulden: Womit soll man die Miete, die Schulkantine bezahlen ...? Niemals ruhig, immer unverstanden, wie soll sich ein Mensch unter diesen Umständen für die Anliegen und Meinungen der andern interessieren? Die Familien erraten, woran der andere wirklich leidet, sie nehmen Anteil, sind wirklich betroffen, aber das kann nie mehr als einen kurzen Moment dauern. In der Vierten Welt sind die Familien wie nirgends sonst fähig, den Schmerz, den der andere empfindet, zu spüren. Aber das führt weder zu Solidarität noch zu längerfristiger Hilfe. Es gibt gegenseitige Hilfe unter den Ärmsten, aber sie kann immer nur momentan sein, von Fall zu Fall. Sobald sich die Lage verändert hat, die Atempause vorbei ist, wendet man sich wieder gegeneinander. Wo man masslos und freigebig geholfen hat, wird man sich übrigens auch masslos kaputtmachen. Uneinigkeit und Anschuldigungen beginnen von neuem: «Mit diesen da reden wir nicht mehr, sie haben uns zuviel Leid angetan ...»
Es ist schwer in der Vierten Welt, eine gemeinsame Geschichte aufzubauen. Die Familien leben in einer Geschichte, sie erleiden sie, aber sie gestalten sie nicht. Eine Geschichte, die im Zeichen der Freundschaft begann, wird nach und nach kaputtgemacht. Weil die Möglichkeit fehlt, Gedanken auszutauschen, zu kommunizieren, längerfristig zu planen, ist die Vierte Welt ein Universum, in dem einzig das Elend die Menschen zusammenhält. Es kommt immer ein Moment, wo man aufgebracht und empört einander verdächtigt, aneinander zweifelt, sich gegenseitig beschuldigt. Dies tut man manchmal im

besten Glauben, manchmal auch nur, um einen Vorwand zu haben für den Streit, der in Wirklichkeit ausbricht, weil die physische und geistige Kraft fehlt, um einen gemeinsamen Plan auszuführen. Sie wollten eigentlich zusammen auf der Gemeinde vorsprechen, gemeinsam dem Schuldirektor begegnen. Aber wenn es soweit ist, weiss keiner mehr, wie er seine Verlegenheit in den Griff bekommen soll und wie man überhaupt mit einem Bürgermeister oder mit einem Schuldirektor spricht.
Die Erfahrung hat sie gelehrt, dass sie die Schwächeren sind, dass sie immer im Unrecht sind, warum also überhaupt auf die Gemeinde, zur Schulleitung gehen? Um ihr Aufgeben zu rechtfertigen, werden sie die Doppelzüngigkeit ihrer Nachbarn geltend machen. Welchen anderen Grund sollten sie sich ausdenken, als dass diese unredlich sind und ihren eigenen Vorteil suchen? Das stimmt nicht immer, aber leider täuschen sie sich nicht oft.

Kommt dieses Aufgeben nicht auch von der Unfähigkeit, sich eine bessere Welt vorzustellen? Ich erinnere mich an eine Geschichte, die Sie geschrieben haben, von einem Mann, der seine Wohnung neu einrichtete und der am Ende sein Werk mit der Axt wieder in Stücke schlug.

Der Mann kam aus dem Gefängnis nach Hause. In einer Art Euphorie, dass jetzt alles in Ordnung kommen würde, hatte er ein Spülbecken installiert mit einem Schrank darunter. Seine Frau hatte ihn gut aufgenommen, ein Nachbar hatte ihm etwas Geld gegeben, und er sagte sich: «Das Leben wird anders werden.» Dann fingen eines Nachts die Streitigkeiten wieder an. Seine Frau, die nicht mehr an ihn gewöhnt war, machte ihm Vorwürfe. Da nahm er eine Axt, und alles wurde zerstört. Als er aus dem Gefängnis heimkam, hatte er an eine Veränderung geglaubt; er hätte seiner Frau und seinen Kindern sagen wollen, dass auch er sich verändert habe. Aber er vermisste ein weniges an Zärtlichkeit, und das war für ihn Grund genug, sein Werk zu zerstören, die Seinen zu demütigen, aus Verzweiflung, dass es immer noch das gleiche Leben war: «Ich war ein Dummkopf, ich tat es für sie; aber sie ist im Grunde der Mühe nicht wert.»

Diese Unmöglichkeit, Vertrauensbeziehungen von Mensch zu Mensch und zwischen Ehegatten aufzubauen und zu pflegen, droht alle Bemühungen zunichte zu machen. Selbst das Intimleben zwischen Mann und Frau wird dadurch ständig erschüttert; zu schwer ist es, gemeinsam an etwas zu arbeiten und einander zu lieben. Wie soll man da erst eine Freundschaft mit den Nachbarn und dem Milieu unterhalten? Hatte nicht ein Nachbar ihm das Spülbecken gegeben? Und hatte er die Farbe nicht von einem andern erhalten? Einen kurzen Moment lang schien Einvernehmen zu herrschen in Partnerschaft und Familie; auch mit der nahen Umgebung gingen die Dinge gut. Wer von uns kann verstehen, wenn alles niedergerissen wird? Wir werden uns höchstens in der Meinung bestärkt fühlen, dass man dumm sein muss, um solchen Leuten zu helfen, dass es ihnen wohl ist, so wie sie leben, und dass sie das Elend geradezu suchen. Wie sollen wir durch all diese Brüche hindurch den Leidensweg eines ganzen Volkes sehen?

Diese gemeinsame lebensgeschichtliche Erfahrung reicht nicht aus, um die Weitergabe des Elends vom Vater zum Sohn zu erklären. Sie sprechen von einer Situation, die von Generation zu Generation weitergegeben wird.

Die Generationen geben sich in der Tat das Bewusstsein weiter, missachtet zu sein und es niemals zu etwas zu bringen. Aber die Vierte Welt gibt ihre Situation vom Vater zum Sohn weiter, weil die Umgebung mit jeder Generation das gleiche Unverständnis und die gleiche Ablehnung zu neuem Leben erweckt. Dies aufgrund eines folgenschweren Urteils, das durch die öffentliche Meinung von einer Epoche zur anderen weitergegeben wird: die öffentliche Meinung spricht diesen Familien die Fähigkeit zur Vernunft, zu einem Willen, zur Zuneigung für ihre Kinder, zum Wunsch nach Veränderung, ja selbst zur Spiritualität ab.
Und doch kann ich bezeugen: Die Subproletarier möchten glauben und beten, nicht um sich zu vertrösten, sondern um ihre Hoffnung zu stützen. Menschen, die ständig ins Unrecht gesetzt werden, die immer wieder Anlass haben, sich ihrer eigenen Schwächen zu schämen, wollen an einen Gott der Barmherzigkeit und der Vergebung glauben. Wir

aber übersehen fast systematisch ihre Anläufe und Anstrengungen, es immer wieder nochmals miteinander zu versuchen; wir werfen ihnen pausenlos einen Mangel an menschlichen Qualitäten vor. Dadurch schwächen wir sie noch mehr und machen ihnen das Leben zur Hölle. Wir hindern sie daran, an einen guten Gott zu glauben, der vergibt. Wenn wir auch nur eine Unze Menschlichkeit hätten, würden wir erkennen, dass wir selber durch das Leben, das wir ihnen auferlegen, das Beste in ihnen zerstören. Wir haben sie in ein Ghetto der Mittelmässigkeit gesperrt: Sozialsiedlungen, gesundheitsschädigende Arbeit, ein lächerlicher Lohn ... Wir haben ihnen verweigert, was es braucht, um anständig, solidarisch in gegenseitiger Achtung und Vertrauen leben zu können. Wann werden wir verstehen, dass das erste Recht, das wir für sie anerkennen müssen, das Recht auf Vergebung ist?

Die Familien der Vierten Welt haben ein ständiges Bedürfnis nach Vergebung, aber die Gesellschaft geizt damit. Sie vergisst nicht, verfolgt sie jahrelang für geringe Vergehen und nimmt ihnen so jede Möglichkeit, sich zu bessern. All dies erleichtert auch nicht die Vergebung der Familien untereinander. Aber in den Siedlungen zusammengepfercht, verängstigt, immer auf der Lauer, immer voneinander enttäuscht, können die Familien nicht überleben, wenn sie einander nicht vergeben. Ihr Dasein lehrt uns, dass das Recht auf Vergebung auch das Recht ist, seinem Nachbarn vergeben zu können. Wie können sie Nachbarn bleiben, ohne einander zu vergeben? Aber wie soll man vergeben, wenn das Leben uns ständig an die Zwietracht, den Streit, die Entzweiung von gestern erinnert: die Kinder, die sich schlagen, der höllische Lärm des Nachbarn mitten in der Nacht ...

Wir finden es heute zunehmend schwierig, uns Gott zuzuwenden. Meinerseits bezeuge ich, dass die Ärmsten, vielleicht mehr als andere Menschen, auf dem Weg zu ihm sind, wegen ihres Hungers nach Vergebung. Aber damit sie es glauben, muss die Kirche es ihnen sagen, und dazu muss sie diese Dinge über die Barmherzigkeit und die Vergebung neu lernen. Sie sagt nicht mehr – und das ist schade –, dass die Beichte nicht nur ein Sakrament der Läuterung ist, sondern die Erinnerung an die Zärtlichkeit Gottes für seine Kinder, die Bestätigung, dass bei ihm alles vergessen ist.

Was Sie sagen, steht im klaren Widerspruch zur gängigen Auffassung vom Recht der Armen, über ihre Unterdrücker zu urteilen. Denn ich nehme an, dass sie nicht gleichzeitig Büsser und Richter sein können. Müssen Sie da nicht mit dem Vorwurf rechnen, Sie würden bei der Befreiung der Armen die Prioritäten auf den Kopf stellen?

Es ist nicht an uns, sondern an den Ärmsten, die Prioritäten zu setzen. Ihr ganzes Dasein ist ein Ruf nach Barmherzigkeit: «Ich wollte meine Frau nicht schlagen ... Ich wollte meinen Mann nicht ausschimpfen ... Ich wollte nicht zulassen, dass mein Sohn ein Dieb wird ... Und doch habe ich es getan.» Tagaus, tagein kommt die gleiche Frage wieder: «Ist es meine Schuld ... sagen Sie, es ist doch nicht meine Schuld ...»
Lassen Sie mich Ihnen die Erfahrung mit unserem ersten Rechtshilfebüro in einer Elendssiedlung der Pariser Region erzählen. Die Juristen unserer Bewegung hatten es in der Absicht eröffnet, den Bewohnern bei der Durchsetzung ihrer Rechte zu helfen. Die Familien der Siedlung «La Campa» haben sie schnell von dieser Idee abgebracht. Monatelang bestürmten sie das Büro mit der Bitte um Hilfe, ihre Angelegenheiten in Ordnung zu bringen: «Ich habe die Reifen für mein Auto gestohlen.» «Ich fahre ohne Führerschein.» «Ich habe eine Postanweisung bezogen, auf die ich kein Recht hatte.» «Ich habe meinen Chef belogen.» «Ich habe den Briefkasten des Nachbarn geleert.» ... Geringe Vergehen, werden Sie mir sagen, aber sie waren nur die Spitze des Eisbergs. Eine ganze Bevölkerungsschicht sagte uns damit ihren dringlichsten Wunsch: mit dem in Übereinstimmung zu kommen, woran sie selber glaubte.
Sie werden mich fragen, mit welchem Recht ich behaupte, dass sie auch ihre Angelegenheiten mit Gott in Ordnung zu bringen wünschen. Tatsächlich kamen die Ärmsten schon früher nur selten zur Beichte. Heute tun sie es sicher noch seltener. Aber im Zusammenhang mit einer Versöhnung unter Familien habe ich immer wieder erlebt, dass dieser oder jener bei mir im Büro verweilte, um mir am Ende zu sagen: «Seit zehn Jahren, seit zwanzig Jahren habe ich nicht mehr gebeichtet.» Und sie knieten nieder. Christus, der die Herzen der Menschen kennt, ist den Armen niemals begegnet, ohne ihnen, zusätzlich zur Heilung oder zum Brot, Vergebung zuzusprechen. Und alle, die die Armen

wirklich weitergebracht haben, haben sie zuerst von sich selbst befreit. Sie haben ihnen Würde und Selbstvertrauen zurückgegeben. Sie haben an sie geglaubt und sie davon überzeugt, dass sie nicht schuld sind am Elend, das die Geschichte ihnen als Erbe mitgegeben hat.
Sie haben mir die Frage nach der Weitergabe des Elends gestellt. Sozialwissenschaftler haben in den letzten dreissig Jahren davon gesprochen; es sind Werke erschienen über die Weitergabe von Gewohnheiten, Denkweisen, Sprache in armen Milieus. Grundsätzlich geben sich die Ärmsten vom Vater zum Sohn den traditionellen Glaubenssatz der Gesellschaft weiter, dass sie für ihre Lage verantwortlich, schuldig seien. Es fällt ihnen schwer, das zu widerlegen, da sie ständig Handlungen begehen, die sie selber missbilligen. Das ständige Nichtgenügen gegenüber seinen eigenen Überzeugungen macht es einem unmöglich, zu leben und zu lieben, ein Umstand, der den Kindern von den Eltern durch gemeinsame Erlebnisse vermittelt wird.
So gesteht mir ein elfjähriges Mädchen eines Morgens unter Tränen: «Wissen Sie, Herr Pfarrer, heute nacht wollte mein Vater wieder mit meiner Mutter schlafen, und sie wollte nicht. Sie haben sich gestritten und geschlagen. Da habe ich vom Tisch eine leere Konservendose genommen und sie meinem Vater ins Gesicht geworfen, damit er meine Mutter in Ruhe liess. Er hat sich auf mich gestürzt. Ich bin durchs ganze Lager gerannt, und er hinter mir her. Als er heimkam, war er todmüde und hatte keine Lust mehr, mit ihr zu schlafen. So kriegt sie wenigstens nicht noch ein Kind.»
Fast alle Kinder der Vierten Welt könnten ähnliche Ereignisse erzählen, welche die Personen in einem Leben voller Widerwärtigkeiten miteinander verbinden, wo notgedrungen alles gemeinsam erlebt wird: Konflikte, eheliche Beziehungen, Liebe und Hass, Kummer und Hoffnung. Ich denke an jenes andere Mädchen von acht Jahren, das mich regelmässig aufsuchte mit einem Zettel von seiner Mutter, die mich um Geld bat. Eines Tages schickte ich sie aufgebracht heim: «Hör mal, geh zu deiner Mutter zurück, und sag ihr, wenn sie etwas wolle, solle sie selber kommen.» Das Kind ging weg, dann wandte es sich um, schaute mich an und sagte zu mir: «Und ich, Herr Pfarrer, habe ich nicht das Recht zu essen?»

Das ist die Verschlagenheit, eine Art Erpressung, um zu überleben, in die man von Kindheit an hineinwächst. Genau wie man in das tiefe und dunkle Gefühl, Unrecht zu erleiden, hineinwächst. Vieles wird nicht ausgesprochen, aber in den alltäglichen Ereignissen gemeinsam erlebt. Das war der Fall bei diesem kleinen Mädchen, das ich als Siebenjährige kennengelernt und dann heranwachsen gesehen habe. Heute ist sie verheiratet und Mutter von zwei Kindern. Als sie klein war, trug sie alte Kleider von den Hilfswerken. Eines Tages überraschte ich sie, wie sie sich liebevoll und schützend um ein neues Brüderchen kümmerte, das erst ein paar Tage alt war und auf einem Haufen Kartons lag. Sie wickelte ihn mit einer alten Jacke. Wie viele kleine Mädchen kümmern sich so um ein neugeborenes Geschwisterchen, das auf Kartonschachteln oder alten Kleidern liegt, der letzten Matratze der Armen? Ich habe das gleiche Bild erst kürzlich wieder gesehen, bei einer Familie aus dem Norden Frankreichs, die wegen Kindsmisshandlung gerichtlich verfolgt wird: das gleiche Schauspiel einer unermesslichen Not, die von den Eltern als Schuld erlebt wird.
So geschieht die Weitergabe durch gemeinsam erlebte Geschehnisse, durch abgenutzte Kleidungsstücke, die nicht zusammenpassen, durch Dinge und durch Umstände und durch die Rollen, welche Kinder und Erwachsene dabei wahrnehmen. Es ist die Weitergabe eines Elends, aber auch eines Überlebenskampfes. Denn die Welt des Elends hat nicht aufgegeben, das gilt vor allem für die Kinder. Selbst wenn die Eltern, starr vor Kälte, Furcht und Angst, nicht mehr handeln können – die Kinder regen sich. Und sei es auch nur, um im Supermarkt zu klauen. Vielleicht ist Stehlen für Kinder aus weniger benachteiligten Milieus etwas Schlechtes. Etwas anderes ist es, auf die Suche nach Reis oder Nudeln zu gehen, damit die ganze Familie essen kann. Das ist Beteiligung an einem Kampf ums Überleben. Diesen Kampf anzuerkennen könnte eine Art Vergebung sein, aber wer anerkennt schon diese Bemühungen, die manchmal heroisch sind?
Vor ein paar Tagen wurden drei Kinder einer subproletarischen Familie irgendwo in Frankreich verhaftet, weil sie Makkaroni, Nudeln und Reis gestohlen hatten. Sie hatten auch eine Tafel Schokolade angebissen, sie aber nicht mitgenommen. Sie hatten nur das Allernotwendigste mitgenommen. Sie wurden ihren Eltern weggenommen. Dabei zeugt

Stehlen unter diesen Umständen von Verantwortungsbewusstsein: «Ich musste doch meiner Mutter zu essen bringen ...» Auch hier sind die Erfahrungen der Eltern und der Kinder unentwirrbar verknüpft. Die Erwachsenen nehmen die Kleinsten überallhin mit, da sie sie nicht allein zu Hause lassen können: sie könnten ihnen noch mehr Scherereien einbringen, sich am Herd verbrennen. Eine Frau sagte mir kürzlich: «Ich habe mein Leben mit anderthalb Jahren begonnen, auf den Schultern meiner Mutter; sie musste vor Gericht, weil sie hundert Francs gestohlen hatte, um uns zu essen zu geben.» Sie konnte sich sicher nicht selbst daran erinnern, aber ihre ganze Kindheit hindurch hatten ähnliche Vorkommnisse ihrer Mutter immer wieder Gelegenheit gegeben zu sagen: «Bei uns ist immer alles schlecht gelaufen; meine Tochter war noch nicht zwei Jahre alt, als ich sie auf den Arm nehmen musste, um vor Gericht zu erscheinen ...»

Dass sie mit den Eltern an allen Begegnungen mit den Nachbarn, aber auch mit der Aussenwelt teilnehmen, prägt die Kinder. Die Sozialarbeiterin, die Mütterberaterin, der Mann, der das Gas, den Strom oder das Wasser ablesen kommt ..., all diese Leute nehmen notwendigerweise eine bestimmte Haltung gegenüber den Eltern ein. Sie haben ein Urteil über den Zustand der Wohnung oder über die Art, wie die Kinder angezogen sind und sprechen. Die Kinder spüren, dass diese Leute nicht ihre Freunde sind. Es sind vielleicht nicht unbedingt Feinde in ihren Augen, aber es sind Leute aus einer andern Welt, die bei ihnen daheim eindringen, meistens um Unglück zu bringen, um den Eltern mit Ratschlägen zuzusetzen, um von ihnen Geld zu verlangen, das sie nicht haben, um sie zur Rechenschaft zu ziehen, weil sie nicht getan haben, was ihnen gesagt wurde. Die Mutter hat eine Antragstellung unterlassen, die sie erniedrigt hätte; sie hat das benötigte Formular nicht ausgefüllt, da sie kaum schreiben kann. Die Sozialarbeiterin, die verlangt, dass sie es in ihrem Beisein ausfüllt, wird sehen, dass sie nicht schreiben kann, welche Schande! All dies sieht oder fühlt das Kind: «Mama hat geweint, denn sie hat für die Sozialarbeiterin schreiben müssen, und sie kann gar nicht schreiben! Mama hat sagen müssen: Hör mal, Petra, schreib du, und dann hat sie sich geschämt, und als die Sozialarbeiterin gegangen ist, hat sie geweint.»

So bildet sich ein Volk mit seiner Lebensweise, seiner Sprache, seiner Interpretation der Ereignisse, seinen Beziehungen mit den andern. Dabei ist das Schuldgefühl am meisten belastend, das durch die Umgebung genährt wird: «Sie können das nicht, aber Sie sollten es können ...» «Sie tun das nicht, aber Sie sollten es tun ...» Man steht stundenlang Schlange, und ist man endlich am Schalter, bekommt man zuerst einen Verweis zu hören: «Ach ja, Sie ... aber Ihr Mann trinkt doch, nicht wahr? ...» «Schon wieder ein Kind, wozu gibt es denn eigentlich die Pille!» Es ist vorgekommen, dass ich mit einem Vater oder einer Mutter stundenlang wartete, und als wir an der Reihe waren, überging sie der Beamte, als stünden sie nicht vor ihm. Er achtete darauf, sich nur an mich zu wenden. Man musste noch froh sein, wenn eine Mutter nicht zu hören bekam: «Ach so, Sie haben das Kind behalten? Wie kommt das? Sie werden doch heute so leicht adoptiert.» Für eine Unterstützung von einigen hundert Francs wird der Sachbearbeiter sagen: «Sie kosten die Steuerzahler viel Geld.»
Früher sagte man von den Armen, sie seien schmutzig: «Sie können sich nicht einmal waschen.» Das habe ich seit meiner Kindheit gehört. Heute sagt man: «Sie können nicht einmal die Pille benutzen.» Dergleichen sagte man auch zur Zeit meiner Mutter, hinter ihrem Rücken; man sagte es von ihr, die fünf Kinder zur Welt gebracht hatte, von denen vier noch lebten. Aber heute sagt man es den Leuten ins Gesicht: «Sie sollten wirklich an einen Schwangerschaftsabbruch denken», und das im Beisein der Kinder. Die Bemerkungen, die ich über meine Mutter gehört habe, als ich ein Junge war, haben sich nicht aus meinem Gedächtnis verdrängen lassen und auch nicht aus meinem Herzen; sie haben meinen Charakter mitgeprägt. Auch die Kinder von heute vergessen nicht. Es bleibt in ihnen dieses vorherrschende Gefühl, schuldig zu sein, Fehler begangen zu haben, die niemals Vergebung finden werden.
Doch hinter diesem Schuldgefühl fühlt sich diese Bevölkerung einem Milieu zugehörig, das seine sittlichen Werte besitzt. Auch diese werden vom Vater zum Sohn übermittelt und sollten uns Achtung lehren. Denn in diesem gemeinsamen Leben, das in unsern Augen wie ein Fehlen von Erziehung erscheint, wird eine Ethik übermittelt. Die Eltern übermitteln den Kindern das Schamgefühl. Hinter den Kraftaus-

drücken verbergen sich Feinfühligkeit, moralische Reinheit und Selbstachtung. Die Diebstähle beeinträchtigen nicht den Sinn für fremdes Eigentum. Die Not tötet die Werte nicht, sie treibt zu Abstrichen, deren man sich schämt. Das ist die Hölle des Elends: «Wir würden gerne anders sein, aber das geht nun einmal nicht. Doch wären wir es uns schuldig, nochmals ganz neu zu beginnen.»
Dieses Bedürfnis geben sich die Familien von einer Generation zur nächsten weiter, selbst Kindern, die ihre Eltern kaum gekannt haben. Ich denke an alle, die fremdplaziert worden sind. In letzter Zeit hatte ich Gelegenheit, mindestens sieben Familien der Vierten Welt aus der hiesigen Gegend zu empfangen. Sie leben an verschiedenen Orten in der Umgebung von Pontoise. Bei fünf dieser Familien hatten ein oder beide Elternteile als Verdingkinder bei Bauern gearbeitet. Sie kannten sich alle, wohingegen die Sozialdienste jede als isolierten Fall behandelten. Zwei Familien waren sogar miteinander verwandt.
Die gemeinsame Geschichte, die versteckten Verbindungen machen diese Familien zu einem Volk. Sie einen und zerreissen es zugleich. Aber was sie vor allem zu einem Volk macht, ist das gemeinsame Gefühl, schuldig zu sein, der Hunger nach Vergebung und gleichzeitig, tief im Innern verborgen, die Gewissheit, das Opfer eines Unrechts zu sein.
Die Kirche muss den Ruf der Ärmsten nach Vergebung hören. Davon bin ich seit langem überzeugt. Als Volk Gottes sind sie auf einem Weg, der zu ihm hinführt. Sie würden zur Kirche kommen, wenn diese voller Erwartung wäre, zu verstehen und zu vergeben. Ist dies nicht die wesentliche Aufgabe, die ihr Christus gegeben hat? Was ihr auf Erden vergebt, wird es auch im Himmel sein ... Die Vierte Welt erwartet von der Kirche nichts anderes als die Gewissheit, rein zu sein. Die unablässige Folge von Erniedrigungen, die alle als Fehler, als nicht erfüllte Pflichten erfahren werden: hier liegt der Unterschied zwischen Elend und blosser relativer materieller Armut. Es ist der Unterschied zwischen einer nur ungerechten Gesellschaft und einer wahrhaft grausamen Gesellschaft. Ich frage mich manchmal, ob wir fähig sind, die Kluft zwischen beiden zu ermessen. Auf der Seite der relativen Armut sehen Sie Ausbeutungssituationen, deren Opfer wenigstens die Ungerechtigkeit anprangern können. «Ich werde schlecht bezahlt, ich

bin arbeitslos; seht nur die verhängnisvollen Folgen des Kapitalismus, der Gewinnsucht der Arbeitgeber.» Auf der Seite des Elends sehen Sie eine totale Unterdrückung, die als gerechtfertigt erscheint und gegen die man nichts unternehmen kann: «Sie wissen gut, dass bei diesen Leuten nichts zu machen ist.» Elend ist keine Unterlegenheit, die entsteht, weil man nicht über Macht verfügt, es ist eine Verstümmelung des Menschseins. Der Subproletarier wird in allen Bereichen als unterlegen behandelt, er wird als ein «Untermensch» betrachtet. Das geht so weit, dass man ihm in der heutigen Krisenzeit seine Stellenlosigkeit vorwerfen kann. 60% der subproletarischen Bevölkerung im erwerbsfähigen Alter haben keine Arbeit. Mit anderen Arbeitnehmern in dieser Situation fühlen wir uns solidarisch und setzen uns für sie ein. Die Subproletarier werden auf dem Arbeitsamt nicht einmal höflich behandelt. Von ihnen heisst es: «Sie können nichts und strengen sich sowieso nicht gern an. Es sind Faulenzer.» Können Sie sich das vorstellen in der heutigen Zeit: ein Arbeitsloser, der gezwungen ist, sich für seine Untätigkeit zu entschuldigen, gezwungen, dafür auf dem Sozialamt um Vergebung zu bitten?

WOHER KOMMEN SIE?

GILLES ANOUIL – *Sie haben von Arbeitern aus dem Subproletariat und von Arbeitslosigkeit gesprochen. Auf die berufliche Situation der Subproletarier werden wir noch zurückkommen müssen. Aber Sie selber betonen, wie wichtig es ist, die Geschichte zu kennen, um die heutige Situation zu verstehen.*

PÈRE JOSEPH – Ich lege in der Tat Wert darauf, von der Arbeit in der Vierten Welt zu sprechen, denn es geht wirklich um Arbeiter. Auch wenn das Elend sie verstümmelt hat, können wir ihre Zugehörigkeit zur Arbeitswelt nicht leugnen. Aber Sie haben recht: bevor wir von ihrer Geschichte als Arbeiter sprechen, müssen wir einige Worte zu ihrer Geschichte überhaupt sagen.

Zu allen Zeiten war das Elend in unserer abendländischen Gesellschaft vorhanden. Wir wissen dies dank der Menschen, die in allen Epochen aufgestanden sind, um es zu lindern. Wenn wir auch die Geschichte der Opfer nicht kennen, so kennen wir doch die ihrer Fürsprecher. Durch sie wissen wir, dass das Elend viele Gesichter angenommen hat. Einmal war es unstet, entwurzelt, auf Wanderschaft, dann wieder geballt, wo der Zufall es hingeführt hatte. Bald breitete es sich hungrig und schweigend auf dem Lande aus, bald wiederum drängte es sich in wimmelnden, lärmigen und ungesunden Vierteln der Städte zusammen.

Was muss man über die Gründe für soviel Not wissen? Für unser Gespräch genügt es meiner Meinung nach, Folgendes festzuhalten: Zu allen Zeiten, ob Mangel herrschte oder Überfluss, haben die Ärmsten immer die Zeche bezahlt für die Fortschritte ihrer Zeitgenossen genauso wie für deren Rückschläge und deren Katastrophen. Wir haben davon gesprochen, wie die Familien heute hin- und hergeschoben, zerstreut und dann wieder in besonderen Siedlungen zusammenge-

führt werden. Diese Umsiedlungen sind der Preis, den sie für die Sanierung der Städte zugunsten der andern bezahlen. Zuvor trugen sie die sozialen Kosten für den Verfall der Wohnviertel, indem sie sich in die modrigsten Bruchbuden, Keller und Dachböden abdrängen liessen. Aber diesen Preis für die Urbanisierung im guten wie im schlechten Sinn bezahlen die Ärmsten seit jeher. Seit dem Mittelalter und sogar schon früher geschah der Aufstieg, die Verbürgerlichung und die Ausbreitung der Städte auf ihre Kosten. Es gab eine Zeit, wo ihnen auferlegt wurde, vor Einbruch der Nacht und der Schliessung der Tore die Stadt zu verlassen. Es gab Jahrhunderte, wo sie eingeschlossen wurden in Asylen, Hospizen, «Arbeitshäusern» und «Armenhäusern». Es gab Elendsviertel und eigentliche Ghettos, wie die Rue des Francs-Bourgeois oder die Rue de la Truanderie in Paris. All dies diente dazu, die Strassen zu säubern, auf denen die ehrbaren Frauen zum Markt oder zum Abendgebet gingen; es diente dazu, die Bettler, die Krüppel, die Diebe, die schmutzigen Leute abzuschieben.
Aber im Lauf der Jahrhunderte war die Urbanisierung natürlich nicht der einzige Schlag, der die am meisten Benachteiligten traf. Da war auch die Krankheit. Wer wurde von der Pest am stärksten getroffen? Die Verletzlichsten, die am meisten Ausgehungerten, die Menschen, die auf engstem Raum zusammenlebten, denen es an jeglicher Hygiene fehlte. Hier lohnte sich nicht einmal der Versuch, die Kranken zu versorgen oder die Gesunden zu schützen.
Auch die Kriege und die grossen Hungersnöte haben ihre schlimmsten Schläge den Ärmsten versetzt. Denken Sie an den Hundertjährigen Krieg: wer war am stärksten von der allgemeinen Auflösung betroffen und dem Hungertod geweiht, wenn alle Strukturen in Pfarrei und Gemeinde zerstört waren? Denken Sie auch daran, wie Frankreich durch die Napoleonischen Kriege ausgeblutet wurde: die verödeten Landstriche, all die jungen Witwen ohne Unterstützung, die verlassenen Kinder, die im Land umherirrten. Es reicht nicht zu sagen, dass das französische Volk geschwächt wurde. Wer litt am meisten darunter, zum Ruhm des Empire in den Krieg geschickt zu werden? Wer waren genau jene dreihundertfünfzigtausend Bretonen, die 1914 in den Krieg zogen? Die ganze Bretagne, ganz Frankreich, das ganze französische Volk wurde nicht in gleichem Masse zugrunde gerichtet. Bevorzugte

Opfer waren vor allem die ärmsten Bevölkerungsschichten. Für sie waren diese Kriege, gewollt oder ungewollt, wie eine Endlösung. Das damalige Aushebungssystem trug noch zu ihrer Dezimierung bei, denn es ermöglichte es den Reichen, die Söhne der Armen zu kaufen, damit sie anstelle ihrer eigenen Kinder in den Krieg zogen. Die am meisten Benachteiligten bezahlten so für die Widerwärtigkeiten und Missstände ihrer Epoche. Wir vergessen oft, dass sie nicht immer einfach verschwanden. Manche kehrten auch verletzt und verstümmelt heim und waren für ihr Milieu keine Stütze mehr, sondern eine Last. Und wenn sie verschwanden, hinterliessen sie eine Familie, die im Elend steckte.

Von all dem hat die Geschichte Frankreichs Spuren bewahrt. Sie werden mir doch nicht sagen, dass diese aus unserem Gedächtnis verschwunden sind?

Ein paar Spuren zu bewahren ist keine Geschichtsschreibung. Eine Momentaufnahme ist keine Geschichte. Das Bild des Soldaten, der auf Krücken in sein Dorf zurückkehrt, sagt uns nichts über das Leben seiner Familie, nichts über das Los, das die Kinder eines verkrüppelten Vaters erwartete. Noch weniger sagt es uns über ein Dorf oder eine Bevölkerungsschicht, die ihrer Güter und Vorräte beraubt ist und deren Männer zum grossen Teil verstorben oder verstümmelt sind.
Paradoxerweise hat sich Westeuropa – Hort christlicher Kultur – nicht darum gekümmert, die Geschichte jener Menschen zu erzählen, bei denen sich die Lebensumstände, die Jesus Christus gewählt hat, durch die Jahrhunderte hindurch fortsetzen. Wir haben vielleicht gewisse Vorstellungen vom Preis, den manche für unsere Kriege bezahlt haben. Aber wir kennen ihr Leben nicht und auch nicht die Auswirkungen im Leben ihrer Kinder und Kindeskinder.
Wir sprechen auch nicht davon, dass die gleichen Menschen ebenfalls für den Fortschritt bezahlt haben. Denn sie übernahmen die Unkosten für das Zeitalter der grossen Entdeckungen anderer Kontinente und des Erstarkens der Handelsmarine. Sie starben auf den Schiffen an Skorbut, sie ruderten die Galeeren. Später haben junge Mädchen, wie sie uns in den Werken von Victor Hugo und Émile Zola begegnen, für

die Einsichten jener Epoche über die Bedürfnisse von Kindern bezahlt. Wir umgeben diese Gestalten gern mit einer gewissen Aura der Verehrung. Hugo und Zola selbst schildern die grausame Lebenswirklichkeit von jungen Frauen, die durch ihre Armut dazu gebracht werden, ihr Kind auszusetzen oder gar zu töten, und die dann wegen Mord angeklagt werden. Wieso wurden sie zu solchen Extremhandlungen getrieben? Weil ein schärferes Bewusstsein für das Elend von Kindern die Eltern als Hauptschuldige bezeichnete. Es tut dies noch immer gegenüber jenen Müttern, die ihr Zustand von Elend und Verlassenheit dazu treibt, ihre Kinder sterben zu lassen.

So gingen alle Fortschritte in Gesundheitspflege und Hygiene zu Lasten der Familien, die am wenigsten Mittel und Kenntnisse hatten. Dafür sehen wir immer noch täglich Beispiele. In den sechziger Jahren, als die Tuberkulose im allgemeinen stark zurückgegangen war, hörte man auf, die Armenviertel sorgfältig zu untersuchen. Der Schirmbildwagen kam zwar noch vorbei, aber das medizinische Personal bemühte sich nicht sehr darum, dass wirklich jeder sich untersuchen liess. An einem Ort wie dem Lager von Noisy-le-Grand war die Tuberkulose aber immer noch verbreitet. Fast 80% der Familien waren davon betroffen oder in den letzten drei Generationen davon betroffen gewesen. Wurde ein Fall entdeckt, dann wurde die Familie beinahe beschuldigt; die Kinder wurden schleunigst anderweitig untergebracht, statt dass man der Familie eine anständige Wohnung gegeben hätte.

Stockschläge, schamlose Ausbeutung, Naturkatastrophen oder Epidemien – auf die eine oder andere Weise wurden die Ärmsten immer der Vernichtung ausgesetzt. Dies war beabsichtigt oder unbeabsichtigt, oft geschah es angeblich zum Besten der Armen, wenn man den Reden glaubt, die mit jeder neuen Generation wieder auftauchen: «Diese Leute leben alle auf einem Haufen, sollten wir sie nicht auf die verschiedenen Sozialsiedlungen verteilen? Das wäre besser für sie.» «Sie haben viele Kinder, sollte man sie ihnen nicht wegnehmen oder sie daran hindern, welche zu kriegen? Das wäre zu ihrem Besten.» An die Stelle von Hospiz, Waisenhaus oder religiösem Institut sind heute Adoption und Erziehungsbeistand getreten. So wird der Mantel nach dem Wind gehängt. Wir befreien die Ärmsten heute genausowenig wie früher. Alle Staaten der Europäischen Gemeinschaft gehen den gleichen Weg, in der Meinung, sie könnten Kinder von einem Milieu ins andere verpflanzen wie junge Bäumchen. Ein Blick auf die Art, wie die wirklichen Eltern behandelt – oder vielmehr abgefertigt – werden, zeigt, dass die Familie der Armen noch immer jener Familie gleicht, die mit ihrem bedrohten Kind nach Ägypten flieht.

Wenn ich Sie recht verstehe, fehlt uns die Geschichte der Armen. Und weil wir diese zu wenig kennen, können wir auch unsere eigene Geschichte nicht verstehen.

Um die europäische Geschichte zu verstehen, müssten wir zuerst an den Tiefpunkt der Vierten Welt gelangen. Dann würden wir diese Furcht der Menschheit vor den Menschen im Elend besser begreifen, diese Neigung, sie auf die eine oder andere Weise zu vernichten oder, wenn dies nicht geht, zu erziehen, unter Aufsicht zu stellen, zu konditionieren und zu manipulieren. Es ist ganz und gar kein Zufall, dass sie in einem Dauerprovisorium festgehalten werden, in «Durchgangsstationen und «Not»wohnungen. Das ermöglicht es, sich ihrer zu entledigen, sie verschwinden zu lassen. Die Geschichte der Elendsquartiere ist die Geschichte der Grotten von Betlehem. Es ist kein Zufall, dass Josef in eine Höhle gewiesen wurde: Josef, der Hilfsarbeiter aus Nazaret, der Mann, der die Arbeiten erledigte, die ein Hausvater, der gut im Dorf integriert war oder eigenes Land besass, nicht selber machte. Einem ehrbaren Handwerker hätte der Wirt die Unterkunft nicht verweigert. Auch heute bietet das Wohnungsamt der Familie eines Facharbeiters nicht eine Hütte, einen Keller oder eine leerstehende Garage an.
Als unsere Aktion in Noisy-le-Grand ein wenig in Schwung kam, obwohl wir in grösster Armut lebten, ohne Mittel, ohne irgendwelche Einkünfte, boten mir gewisse Behörden Wohnungen und Subventionen in der Provinz an. Die Familien sollten das Recht auf eine anständige Wohnung erhalten, unter der Bedingung, dass sie bereit wären, sich an einen abgelegenen Ort auf dem Land abschieben zu lassen. Acht Jahre lang wurde den Familien, die diese Verschleppung ablehnten und sich an einem Tor von Paris festklammerten, der Bau einer Wohnsiedlung verweigert. Damals glaubte ich, diese Furcht der

Behörden vor einer Ansiedlung notleidender Familien am Rande von Paris gehe auf die Geschichte der Hauptstadt zurück. Waren die Männer und Frauen, die die Bastille gestürmt oder auf den Barrikaden der Kommune gekämpft hatten, nicht aus den ärmsten Vorstädten gekommen? Ich hatte unrecht. Bei genauem Hinsehen ist die Abschiebung der Ärmsten, die als gefährlich, widerlich und als Sündenböcke angesehen werden, eine Konstante in der Geschichte der Menschen.

War die Vierte Welt also doch ein revolutionäres Volk? Bis jetzt schienen Sie das Gegenteil zu sagen.

Gerade weil sie gezwungen ist, plan- und ruhelos zu leben, liebt die Vierte Welt Ruhe und Ordnung in der Gesellschaft. Sie tut dies aus Vorsicht und Realismus. Immer missachtet, abgeschoben und hintergangen – tut sie nicht gut daran, aufzupassen, wohin sie ihre Füsse setzt? Zudem tragen Menschen, die ein Leben lang unter fehlender Ordnung und unter dem Unvorhersehbaren leiden, eine tiefe Sehnsucht nach Harmonie in sich. Sicher ist dies der Grund, weshalb die ganz Armen für Handreichungen im Namen der Ordnung benutzt werden konnten: um Streiks zu brechen, um Aufstände im Keim zu ersticken. Einerseits hat man zweifellos im Namen der Revolution auf sie zurückgreifen können. Sie eilen herbei in der Hoffnung, mit anderen vereint einer gerechten Sache zum Durchbruch zu verhelfen. Andrerseits wurden sie oft im Namen der herrschenden Ordnung manipuliert. Natürlich dauern ihre Auftritte in der Geschichte der anderen nie lange, und meistens bezahlen sie teuer dafür.

Welche Rolle spielte denn die Kirche zwischen dieser bald manipulierten, bald ausgestossenen Bevölkerung und jenen, die sie so behandelten?

Würde man die Geschichte der Vierten Welt besser kennen, so würde man auch die der Kirche besser verstehen. Durch alle Zeiten hindurch hat sie den Menschen aufgewertet, um ihm wieder einen Platz in der Gemeinschaft zu geben. Alles, was sie unternahm, ging in diese Richtung. Hat man recht mit dem Vorwurf, dass sie Ausgrenzung und

Verbannung nicht verhindert hat? Ich glaube nicht. Konnte denn die Kirche in Gesellschaften, in denen die Beziehungen unter den Menschen so lange auf Gewalt gegründet gewesen waren, wo Gewalt das tägliche Brot war, die Ghettoisierung und Deportation der Armen verhindern? Hatte sie die Macht dazu? Ich denke nicht. Vielleicht müsste man die Frage anders stellen: Konnte die Kirche dem Ausschluss anders entgegentreten als dadurch, dass sie sich auf die Seite der Ausgeschlossenen stellte, ihnen die Würde zurückgab und sie wieder integrierte?

Aber war sie wirklich unter den Ärmsten?

Immer. Sie war immer im Herzen der Massenverarmung auf dem Lande. Sie war immer beim Elend in den Städten. Wir wissen das nicht, weil wir die Geschichte des niederen Klerus, die das tägliche Leben der Kirche ist, schlecht kennen. Wir wissen fast nichts über diese Ordensschwestern, diese Priester und einfachen Gläubigen, die das verborgene Leben, das anspruchslose und doch leidenschaftliche und hartnäckige Leben, das tägliche Leben der Kirche sind. Und doch wird gerade durch ihr Leben und ihre Kämpfe das Evangelium weitergegeben und schlägt Wurzeln in Herzen und Köpfen.

Diese verborgene, alltägliche Kirche hat treu das Ziel verfolgt, die Armen durch Bildungsarbeit in die Gemeinschaft zu integrieren. Selbst in den Zeiten, wo die weltlichen Mächte die Armen aus ihren befestigten Städten verjagten, war in der Kathedrale ein Priester, manchmal ein Bischof, damit betraut, ihnen das Wort Gottes zu verkündigen. Alle wohltätigen Einrichtungen stützten sich auf eine pädagogische Konzeption, die auf Befreiung abzielte und sich gleichzeitig an die Wohlhabenden und an die Armen richtete. Die Mönche, die der Landbevölkerung beibrachten, die Erde zu bebauen, erhielten die Mittel für ihre Unternehmungen von den Fürsten. Die Ordensschwestern ersuchten die Reichen um Hilfe, um die Armen in den Hospizen aufzunehmen, wo sie ihnen zugleich mit der Guten Nachricht die Krankenpflege beibrachten.

Später legte auch Vinzenz von Paul einen regelrechten Gesellschaftsentwurf vor, mit dem er sich gleichermassen an die Armen und an alle Gläubigen wandte. Ohne die Unterstützung seiner Zeitgenossen hätte er nicht, wie er es getan hat, verkünden können: «Die Armen, unsere Meister.» Eigentlich hat er zusammengefasst und sehr weit vorangetrieben, was die Kirche bereits Tag für Tag tat. Auch im 19. Jahrhundert trug die Kirche die Volksbildung.

Ich werde Ihnen entgegenhalten, dass die Kirche durch die ganze Geschichte hindurch die Armen bei der Stange gehalten und damit den Reichen in die Hände gespielt hat.

Sie werden mir mit Recht sagen, dass die Kirche sich gegenüber den grossen Veränderungen in den Arbeiterklassen immer reserviert gezeigt hat. Tatsächlich war sie gegenüber grossen Umwälzungen immer misstrauisch, aber nicht unbedingt aus den Gründen, die man ihr nachsagt. Ich komme zurück auf das, was ich am Anfang sagte: Die Kirche hat ein eingefleischtes Gespür für die Ärmsten und weiss, dass sie für jede abrupte Veränderung teuer bezahlen. Sie selber bezahlt teuer; davon sehen wir in unserer Zeit viele Beispiele. Eine radikale Veränderung nützt immer denen, die sie im Griff haben; die Schwächsten erleiden ihre zerstörerischen Auswirkungen. Die Kirche hat ihre Gründe, gewaltsamen Revolutionen zu misstrauen.
Aber wer sind überhaupt ihre Kritiker? Die Wohlhabenden, die Intellektuellen und nicht die Armen. Dieselben Kritiker machen der Bewegung ATD Vierte Welt zum Vorwurf, dass sie eine sogenannte «randständige» Bevölkerung in eine Profit- und Konsumgesellschaft integrieren will. Dieser Vorwurf wäre gerechtfertigt, wenn die Integration der Ausgegrenzten nicht eine vollständige Veränderung der Gesellschaft mit sich bringen würde.
Bei der Stange halten, integrieren – was bedeuten diese Wörter? Die Ärmsten zu unterrichten, ihnen Raum zu geben bedeutet immer eine tiefgreifende Veränderung der Gewohnheiten und Strukturen.
Aber, wenn wir schon am Interpretieren sind: Wir könnten der Kirche auch vorwerfen, sie sei in ihrer Bildungsarbeit nicht genügend innovativ gewesen. Um den Armen ein geistiges Rüstzeug zu bieten, griff sie auf die von der zeitgenössischen Gesellschaft angebotenen Mittel zurück: Hospiz, Zufluchtsort, Schule. Ich weiss nicht, ob die Kirche

in Sachen Bildung innovativ gewesen ist, aber ich achte die Geisteshaltung, in der sie die Armen unterrichtete, ich anerkenne den Preis, den sie bezahlt hat und immer noch bezahlt. Priester und Ordensfrauen gaben, was sie hatten, sie gaben weiter, was sie wussten. Hätten sie etwas anderes tun sollen und auf andere Weise? Vielleicht, aber indem sie ein Ideal weitergaben, indem sie ein Wissen eintrichterten, dämmten sie die Unwissenheit ein und wappneten ganze Generationen von Armen für den Existenzkampf. Was für eine Menschheit wären wir wohl heute ohne die Kirche?
Die Schwestern vom Guten Hirten, die von der Polizei aufgegriffene junge Mädchen aufnahmen und diese den Fussboden fegen und dabei laut den Rosenkranz hersagen liessen, waren sicher nicht innovativ. Aber diese Schwestern lebten in Armut und versuchten den jungen Mädchen gleichzeitig einen Beruf und einen Glauben beizubringen. Von diesen jungen Mädchen vom Guten Hirten habe ich viele gekannt. Die meisten sind der Moral der Ordensfrauen nicht gefolgt, aber oft legen sie eine Herzensbildung, eine Aufmerksamkeit, ein Zartgefühl gegenüber anderen an den Tag, die junge Frauen, die heute aus staatlichen Jugendhilfeeinrichtungen kommen, nicht immer aufweisen. Indem die Kirche sie aufnahm, hatte sie versucht, ihnen einen Beruf zu geben, der sie vom Betteln und von der Fürsorge unabhängig machte. Sie hatte auch grosse Sorgfalt darauf verwendet, die Herzen zu bilden und eine Spiritualität weiterzugeben.

Geben Sie aber zu, dass die Schwestern vom Guten Hirten diese Frauen damit nicht befreit haben?

Ich sage nicht, dass sie sie befreiten, und auch nicht, dass ihre Praktiken die glücklichsten waren für ihre Zeit. Ich halte nur fest, dass die Kirche die Unglücklichen nicht einfach ihrem Schicksal überliess, sondern versuchte, ihnen ein Rüstzeug fürs Leben mitzugeben. Denken Sie an Père Brottier und die «Waisenkinder von Auteuil», an die zahlreichen Kongregationen, die im 19. Jahrhundert gegründet wurden, an die unzähligen Gläubigen, die sich im Lauf der Jahrhunderte ganz den Entrechteten gewidmet haben. Sie hatten alle ein komplettes Projekt: Sie wollten ein Ideal und einen Beruf vermitteln.

Für Kinder oder Jugendliche Unabhängigkeit anzustreben ist vielleicht revolutionärer, als es auf den ersten Blick scheint.
Im Grunde genommen sucht die Kirche immer die Ärmsten zu schützen, besonders gegen Pseudobefreiungen. Genau wie die Armen selber hat sie allen Grund, gegenüber Befreiungen misstrauisch zu sein. Weder die Kirche noch die Armen lehnen Befreiung ab, im Gegenteil. Aber sie muss real und umfassend sein, sie muss die Suche nach dem Lahmen, dem Krüppel, dem Blinden im Auge haben, den Aussätzigen umarmen und den Letzten auf den ersten Platz stellen. Echte Befreiung muss den Ausgegrenzten die Mittel geben, frei zu sein, ohne ihrerseits zu Unterdrückern zu werden.
Sowohl durch ihre Vorsicht und ihre Vorbehalte als auch durch ihre Vorreiterleistungen hat die Kirche die Absage an Ungerechtigkeit und Elend im kollektiven Gedächtnis lebendig erhalten. Sie hat es mit viel Uneigennützigkeit getan, und da kann man sagen, was man will – ohne sie hätten wir nicht denselben Sinn für Freiheit, Gerechtigkeit und Wahrheit, wie er uns jetzt eigen ist. Das ist natürlich meine Interpretation der Dinge, aber ich bleibe dabei. Wir haben es in jedem Fall mit Interpretationen zu tun, und die Historiker strengen sich nicht sehr an, diese zu überprüfen.

Gilt Ihre Bemerkung auch für die «neuen Historiker»? Wir erleben doch heute eine Neuentdeckung der Geschichte der Völker und der Armen.

Die neuen Historiker streifen die Geschichte der Ärmsten und der Kirche an ihrer Seite. Wer sie wirklich erforschen wollte, müsste übrigens ein gutes Gespür mitbringen, er müsste das Elend von heute kennen, um eine Vorstellung davon zu haben, an welchen Zeichen sich das Elend von gestern erkennen lässt. Ich denke an die Geschichte der Wallfahrten, bei der sich im Hintergrund die Umrisse der Ärmsten abzeichnen: Sie zogen mit, weil sie ohnehin ständig unterwegs waren oder weil sie für kleine Diebstähle zur Wallfahrt verurteilt wurden. Wer ein Gespür für das Elend hat, nimmt hier Zeichen wahr. Andere schreiben Werke über das Wallfahrtswesen und wissen nicht einmal, dass sie um das Leben der Ärmsten einen Bogen machen.

Sie geben doch zu, dass die Historiker über die Geschichte der Armen im 19. Jahrhundert Bescheid wissen. Darüber zumindest werden wir schon auf der Schulbank unterrichtet.

Ich bin mir da überhaupt nicht sicher. Wenn es um das Los der Ärmsten geht, begnügen wir uns im besten Fall mit einer ganz ungefähren Kenntnis. Wer kann differenziert sagen, welche Wende damals ihr Schicksal genommen hat? Wer waren die Zeugen?
Die Akteure der Menschheitsgeschichte, die im Rampenlicht stehen, beginnen sich für die Ärmsten zu interessieren, wenn vollendete Tatsachen geschaffen sind. Solange sie ihre Pläne schmieden, lassen sie die offensichtlich Nutzlosen beiseite: «Für die werden wir nachher schauen ...» Das ist auch der Fall bei Gesellschaftsveränderungen, die im Namen der Armen verwirklicht werden. Zu Beginn dieses Jahrhunderts wollte Lenin es besser machen und verband sich mit den Bauern und später mit den Arbeitern. Andere hatten das vor ihm versucht. Aber geht es um den Schulterschluss mit einer sehr armen Bevölkerung, deren Lebenserfahrung wir nicht kennen, dann kommen Missverständnisse auf, und unser guter Wille ist bald erschöpft. Die Gebildeten lassen sich durch ihre eigenen Ideen hinreissen, zuletzt denken sie immer anstelle der andern. Das war für Lenin und die Intellektuellen in seiner Umgebung der Fall.
Wir dürfen ihm dies vielleicht nicht vorwerfen, aber wir Christen müssen mit uns selber strenger sein. Wir haben das Beispiel Christi, der zweifellos als einziger die Befreiung der Ärmsten konsequent mit diesen zusammen betrieben hat. Die Gläubigen tun dies nicht immer, selbst heute. Auch sie lassen sich von Begriffen wie Schnelligkeit und Effizienz in die Falle locken. So verhält es sich tatsächlich mit den meisten Bewegungen, in denen sie sich engagieren. Sie wollen dem Subproletariat sicher nicht übel, aber sie denken, sie hätten keine Zeit, sich mit ihm aufzuhalten. Es erscheint als Last, es scheint das Handeln zu bremsen, und es passt nicht in ihre Analysen. Bei Marxisten, die Experten in Sachen Ausbeutung sind, lässt sich das noch verstehen, aber nicht bei Christen, die von jeher über Verwerfung und Ausgrenzung unterrichtet sind. Sie müssten die Vergangenheit und die Gegenwart auf andere Weise befragen. Andernfalls lassen sie ein histo-

risches Missverständnis fortdauern: die Auffassung, dass die Lage des Subproletariats der Lage der Arbeiterschaft entspreche. Dem wäre nur dann so, wenn die Betroffenen seit dem letzten Jahrhundert mehr oder weniger dieselbe Geschichte gehabt hätten. Das war nicht der Fall, aber weil wir übersehen, dass die Geschichte der Arbeiterschaft und die des Subproletariats auseinandergedriftet sind, verstehen wir nicht, was den Ärmsten in der Gegenwart widerfährt. Diese Blindheit lässt sich bei Christen nicht ohne weiteres akzeptieren. Sie müssten sehnsüchtiger danach trachten, das Antlitz des Herrn in allen Epochen zu erkennen.

In Ihrem Verständnis bilden die Suche nach Jesus Christus, die historische Forschung und die Suche nach den Ärmsten von heute eine Einheit.

Ich kann es nicht anders sehen, und ich glaube auch, dass die Befreiung der Ärmsten in der ganzen Welt ein Verstehen ihrer Geschichte voraussetzt. Was jedenfalls den Westen betrifft, kann nur die Geschichte erklären, warum heute Männer und Frauen vor unserer Tür stehen, die der Arbeitslosigkeit immer nur auf Bewährung entkommen, ewig von Arbeitslosigkeit bedroht, wenn nicht chronisch arbeitslos.
Sie haben mich gefragt, wie das Elend weitergegeben wird, und ich habe Ihnen gesagt, dass dies, vom Vater zum Sohn, durch gemeinsame Lebenserfahrungen geschieht. Die schlimmste dieser Erfahrungen betrifft die Arbeit, die Beschäftigung, den Broterwerb. Denn am meisten beschämt die Ärmsten, dass sie nicht als Arbeitnehmer wie alle anderen angesehen werden, dass sie selbst am Arbeitsplatz immer als minderwertig behandelt werden. Diese Unterlegenheit wirkt sich auf alle anderen Formen von Unterlegenheit aus: jene, die man gegenüber Frau und Kindern empfindet; jene, die man auf dem Amt, gegenüber Sozialarbeitern oder beim Lehrer erfährt; jene, die einen im Krankenhaus erwartet und die einen selbst beim Einkaufen verfolgt. Es ist eine Unterlegenheit nicht nur gegenüber dem Arbeitgeber, sondern schlimmer noch: gegenüber den Kollegen, die stets qualifizierter, geschickter, selbstsicherer sind. Das ist das Unerträglichste am Leben des

Subproletariats, diese Last, die so schwer auf die Beziehungen drückt. Um deutlich zu machen, dass sie ein Recht auf Würde haben, ein Recht, als Werktätige anerkannt zu werden, wollten wir in den sechziger Jahren den Familien den Stolz auf ihre Zugehörigkeit zum Subproletariat zurückgeben. Es genügte nicht, den Begriff «Vierte Welt» wiederaufzunehmen für diese Arbeiter mit den niedrigsten, verborgensten und am schnellsten wechselnden Beschäftigungen, die Dufourny de Villiers 1787 den Vierten Stand genannt hatte. Wir mussten deutlich machen, dass sie von Rechts wegen zur Arbeiterschaft von heute gehörten, und das Wort Subproletariat drückte dies aus, wobei es gleichzeitig ihre menschenunwürdige Lage anprangerte. Es handelt sich übrigens durchaus um diejenigen Werktätigen, die Karl Marx das «Lumpenproletariat» genannt hat, oder zumindest um ihre Nachkommenschaft.

Meinen Sie damit, dass es immer dieselben Familien sind, die sich durch die Jahrhunderte hindurch fortpflanzen?

Die Geschichte ist komplizierter, aber auch hier helfen uns die Historiker nicht weiter. Wir selbst haben viele Untersuchungen gemacht mit den Familien in den Elendsgebieten und vor allem mit den am meisten benachteiligten unter ihnen. Wir haben Stammbäume erstellt und Tausende von Familiengeschichten rekonstruiert. So haben wir gemeinsam Verschwägerungen, Verwandtschaften und Abstammungen entdeckt. Durch alle Generationen hindurch haben wir die gleichen Umstände angetroffen: Armut, Hunger, mehr oder weniger unansehnliche oder ehrlose Berufe, Heimatlosigkeit, oft Verstossung aus der Pfarrei, auch Abhängigkeit von Almosen und damit verbunden Unwissenheit; denn Elend und Analphabetismus gehen immer Hand in Hand.

Liesse sich das gleiche nicht auch bei vielen Arbeiterfamilien feststellen, die heute gut integriert sind?

Ich will nicht das Gegenteil behaupten, aber ich bin nicht sicher. Innerhalb der werktätigen Massen des 19. Jahrhunderts gab es trotz allem Hierarchien, verschiedene Arten von Arbeit und Arbeitern; da gab es ganz Arme, die kein bisschen Schulbildung hatten und an die härtesten Arbeiten gewöhnt waren, und es gab andere, bei denen dies viel weniger der Fall war. Jeder verkehrte nicht mit jedem. Wer sind heute die Nachkommen von wem?

Eines ist sicher: Die Familien der Vierten Welt, deren Geschichte wir nachgegangen sind, haben in der Mehrheit bettelarme Vorfahren. Aus meiner eigenen Erfahrung möchte ich hinzufügen, dass es Zeit braucht, einen Subproletarier zu machen. Die Menschen lassen sich nicht ohne weiteres so in die Tiefe stossen. Das habe ich in meiner eigenen und in vielen anderen Familien gesehen.

Hätten wir in meiner Familie bis zuunterst in den Abgrund sinken können? Wir kannten Geld- und Nahrungsmangel, eine Bruchbude ohne Licht, Erniedrigungen. Von klein auf waren wir gezwungen zu arbeiten: Wir füllten «Zig-Zag»-Zigarettenpapier in Kartonhüllen. In meiner Familie lernten die Kinder das Arbeitsleben durch Heimarbeit kennen. Jeden Donnerstag brachten wir die Schachteln in die Fabrik, um etwas Geld zu erhalten. Jeden Abend nach der Schule mussten wir eine Schachtel abfüllen, auch am Donnerstagmorgen, bevor wir zur kirchlichen Jugendgruppe oder mit Freunden spielen gingen.

Dieser strengen Disziplin meiner Mutter ist es zweifellos zu verdanken, dass wir es geschafft haben. Einer Disziplin, die sie von ihrer spanischen und katholischen Kultur hatte. Sie hat uns und sich selbst gegen alles und jeden verteidigen können, weil sie selber in Madrid nicht im Elend aufgewachsen war. Um nicht betteln zu müssen, ging sie jeden Tag zu Fuss in die Oberstadt von Angers hinauf, um einige Stunden als Putzfrau zu arbeiten. Und wenn sie ihre Kinder hinter das «Zig-Zag»-Papier setzte, war auch dies eine Form des Widerstands gegen das Bettelnmüssen. Wohltätigkeit kreiste uns von allen Seiten ein, und wir hielten ihr stand, ohne uns ihrer je gänzlich erwehren zu können. Mein älterer Bruder und ich gingen als Messdiener jeden Morgen zum «Guten Hirten». Das brachte uns einige Batzen ein, aber wir hatten auch Anspruch auf Essen, auf die Suppe, welche die Magdalenerinnen assen. Von viereinhalb bis vierzehn habe ich so meiner Mutter Essen heimgebracht. Die Wäsche, die ich trug, stammte auch von anderen Leuten. Aber was für meine Mutter zählte, war die

Würde, und diese hing von der Art und Weise ab, wie die Sachen gegeben wurden. Nicht jede beliebige Wäsche nahm sie an, und nie hat sie es zugelassen, dass man ihr den Respekt versagte. Sie weinte über grobe Beleidigungen, ich habe aber auch gesehen, wie sie sich ostentativ weigerte, Leute auf der Strasse zu grüssen, die es ihr in der vergangenen Woche an Achtung hatten fehlen lassen.
Diesen Widerstand gegen das Elend habe ich in der Vierten Welt oft angetroffen. Natürlich gibt es da Menschen, die in jeder Hinsicht völlig verarmt sind. Sie kommen von weit her, aus der Vergangenheit. Wir haben mit ihnen ihre Abstammung bis ins 18., ja bei einigen bis ins 17. Jahrhundert zurückverfolgen können. Sie haben nicht mehr viele Rettungsringe, um sich gegen alles und jeden daran festzuklammern. Aber bei anderen ist es weniger lange her, dass sie an den Fuss der sozialen Stufenleiter gestossen wurden. Unter den Tausenden von Familien, die den Teams der Vierte-Welt-Bewegung bekannt sind, stellen wir keine jähen Abstürze fest. Selten fällt jemand von sehr hoch, und die Menschen, die wir heute in subproletarischen Unterkünften ankommen sehen, hatten vorher schon sehr unsichere Lebensbedingungen. Der grosse Arzt, der zum Clochard wird, die gut integrierte Arbeiterfamilie, die «ins Elend stürzt», scheinen eher dem Reich der Legende anzugehören. Diese Geschichten missachten die Widerstandsfähigkeit der Menschen (die übrigens auch für Gastarbeiter gilt). Sie sind auch eine Form der Verachtung gegenüber unseren Mitbürgern, die effektiv auf der untersten Stufe der Gesellschaft angelangt sind. Sie verharmlosen alles, was diese haben durchmachen müssen, bevor es mit ihnen soweit kam, allen Widerstand, den sie der drohenden Ausgrenzung entgegengesetzt haben, all die Anstrengungen, die sie immer wieder entwickelt haben, um ihr zu entgehen.

Aus den untersten Schichten der Arbeiterklasse kann man also in die Vierte Welt gestossen werden. Aber welche Rolle spielt die Abwanderung vom Land in die Stadt? Sie wurde in den sechziger Jahren als ein Grund für die sogenannte «Marginalisierung» angesehen.

Die Binnenmigration gehört zum Los der Ärmsten; ich habe davon gesprochen, wie sie unerbittlich verfolgt oder willkürlich umgesiedelt werden. Aber auch ohne diesen Zwang wären viele unterwegs, auf der Suche nach einem besseren Leben. Viele subproletarische Familien in Paris sind aus der Provinz gekommen. Aber der Versuch, ihre geographische Herkunft zu erfahren, hat uns keine neuen Erkenntnisse gebracht. Es scheint wichtiger, ihre herkömmlichen Beschäftigungen sowie Arbeit und Lebensverhältnisse ihrer Eltern – ob städtisch oder ländlich – zu kennen. Diese sind immer sehr bescheiden, ja mühselig, wenn sie nicht schlechterdings elend sind.

Lassen Sie mich das Beispiel eines bretonischen Landarbeiters anführen. Sein Vater war Holzhauer, ein typischer Armeleuteberuf in jener Region vor dem Krieg. Er selbst hatte von diesem Vater, der vor seinem Fünfzigsten gestorben war, gelernt, mit der Axt umzugehen. Er musste für seine Mutter und seine Geschwister aufkommen, ohne eine feste Anstellung zu haben. Später heiratete er ein Mädchen aus seinem Dorf, auch aus einer armen Familie. Wir haben die Namen der beiden Familien in den Registern der Pfarrei gefunden; diese half ihnen jeweils den Winter überbrücken. Wer waren die jungen Eheleute? Waren sie arm, oder lebten sie gar im Elend? Zumindest waren sie in einem Dorf, das sie kannte und unterstützte. Eines Tages zogen sie fort, um «ihr eigenes Leben aufzubauen». Einige Jahre später strandeten sie in einer Siedlung in der Gegend von Paris, wo ich sie kennenlernte. Sie hatten mehrere Kinder und lebten in tiefem Elend. Wenn ich ihre Unterkunft betrachtete, habe ich oft an die Hartnäckigkeit meiner Mutter gedacht. Denn im ersten ihrer beiden Zimmer gab es einen Schrank mit schön gefalteter Wäsche. Dieser Wäscheschrank war das Zeichen des Widerstands. Während all der Jahre, in denen ich die Familie gekannt habe, durch alle Erniedrigungen und Abstürze hindurch, ist dieser Schrank geblieben. Der Mann arbeitete schon lange nicht mehr, die Kinder wurden vom Jugendamt fremdplaziert. Die Mutter liess sich schliesslich gehen und begann zu trinken. Nur der Schrank aus der Bretagne blieb stehen, wie eine letzte herausfordernde Geste gegenüber dem Elend. Ich könnte Ihnen viele Beispiele dieser Art geben. Im Gegensatz zu dem, was gerne gesagt wird, glaube ich nicht, dass das Übel vom Trinken kommt. Es ist viel einfacher. Die Leute erreichen einen solchen Grad von Unterlegenheit, dass sie für ihre Nachbarn nicht mehr Freunde bleiben können. Die Schwierigkeiten im Leben werden so gross, dass man nicht mehr sieht, wo man mit dieser Gesellschaft, die nichts von einem wissen will, noch etwas gemein hat. Aber das geschieht einem fast unmerklich, wie ein langsames Abgleiten, nicht wie ein jäher Fall. Und bei diesem langsamen Niedergang nimmt die Familie, zumindest in der ersten Generation, ihre Wurzeln mit. Sie bewahrt, was sie kann von ihrer Kultur, von ihrer ursprünglichen Lebensart. Aber sie ist wie eine Pflanze, die aus dem Freien in einen Topf umgepflanzt wird. Wenn die ursprüngliche Erde ausgelaugt ist, stirbt die Pflanze ab. Einmal in der Vierten Welt angekommen, wird die Erde weder gedüngt noch erneuert.

Denn dort, ganz unten, existiert eine subproletarische Bevölkerung, die einen wohl aufnimmt, aber nicht nährt. Zumindest ist sie da. Aber sie verlangt nichts von einem und bringt einem nichts. Weil es ein Subproletariat gibt, können arme Arbeiterfamilien angezogen werden. Aber ich wiederhole: Nie habe ich gesehen, dass Familien besserer Herkunft mit einem Schlag ins Elend gefallen wären. Und das führt uns zur immer gleichen Feststellung: Die subproletarischen Arbeiter bilden ein Volk aufgrund ihrer ähnlichen Erfahrungen und Lebensgeschichten. Dazu gehören auch ähnliche Berufssituationen: Gelegenheitsjobs, Unterbeschäftigung und Arbeitslosigkeit. Das alles formt ein Volk mit einer gemeinsamen Wahrnehmung der Welt, das gemeinsam darunter leidet, der Schandfleck der Arbeiterschaft zu sein. Verwandtschaften, nachbarschaftliche Beziehungen und die Inanspruchnahme der gleichen Hilfsangebote tragen mit dazu bei, das Milieu aufrechtzuerhalten.

Haben die Veränderungen in der Landwirtschaft und die Verstädterung zum Anwachsen des Subproletariats beigetragen?

Sie haben ein verborgenes Elend ans Licht gebracht. Dieses war schon vorher da, aber es zeigte sich zumindest weniger deutlich als heute. Die Lage der Ärmsten ist durch diese Veränderungen sicher schmerzhafter geworden. Doch scheinen diese keine grösseren Gruppen neuer Familien ins Elend geführt zu haben. In den sechziger und siebziger Jahren wurde das Gegenteil behauptet: Ausgrenzung und Unangepasstheit schienen überall zu lauern. Ich habe aber in den ärmsten

Siedlungen nichts davon bemerkt, weder in Frankreich noch in den Nachbarländern.
Seit der wirtschaftlichen Stagnation hingegen treffen ganze Gruppen neuer Familien ein, die völlig mittellos sind. Oft werden sie von Sozialämtern, die nicht mehr wissen, wie sie ihren Bedürfnissen entsprechen sollen, in die Siedlungen der Ärmsten geschickt. Ich sage nicht, dass Arbeitslosigkeit zwangsläufig ins Elend führt. Ich stelle vor allem zwei Dinge fest. Unter den bereits subproletarischen Arbeitern wirkt die wirtschaftliche Krise verheerender als in andern Milieus. Anderen Arbeitern kann ein Absturz ins Leere drohen, wenn die Arbeitslosigkeit sich hinzieht, wie dies bei vielen Handarbeitern ohne berufliche Qualifikation der Fall ist. Vor allem wenn noch Mietrückstände, Ausweisung aus der Wohnung, Krankheit oder Zwietracht in der Familie hinzukommen. Die Erniedrigung, die einem wenig geschulten Handarbeiter durch eine Entlassung angetan wird, untergräbt jedenfalls die physische und moralische Widerstandskraft. Vor allem, wenn die Familie keinen gesellschaftlichen oder kulturellen Rückhalt und sowieso keine finanziellen Reserven hat.
Die zivile und kirchliche Gemeinschaft müsste darauf achten, diese Familien besonders zu schützen. Aber die Langzeitarbeitslosigkeit am Fuss der Gesellschaft ist am schlechtesten bekannt; die Opfer machen nicht von sich reden, und wenn sie weiter nach unten rutschen, geschieht dies unter allgemeiner Teilnahmslosigkeit.

Ich wundere mich, dass Sie nicht von den Gastarbeitern sprechen. Diese lassen die Öffentlichkeit nicht gleichgültig. Gehören sie nicht zur Vierten Welt?

Die Achtung gebietet uns, die Dinge auseinanderzuhalten: die grosse Mehrheit von ihnen gehört nicht zur Vierten Welt. Nicht, dass ihre materielle und gesellschaftliche Lage besser wäre, aber zumindest haben sie eine anerkannte Identität, ihre Lage lässt sich erklären und rechtfertigen. Wenn sie arbeitslos sind, dann weiss man, warum; es liegt nicht an ihnen, sondern an der wirtschaftlichen Konjunktur oder an den Strukturen des Arbeitsmarktes. Die Arbeitslosigkeit des einheimischen Subproletariats, das schon vor der Krise unterbeschäftigt oder ohne Arbeit war, lässt sich nicht so leicht erklären. Von einem Subproletarier wird man sagen: «Er ist unbeständig, er war schon immer so ...» «Er sucht Arbeit, aber er betet zu Gott, dass er keine findet ...»

Sie betonten vorhin, dass die Subproletarier als Arbeiter anerkannt werden müssen. Und doch sprechen sie hauptsächlich von Unterbeschäftigung und Arbeitslosigkeit.

Ich betone, dass die Subproletarier Arbeiter sind, denn bei näherem Hinsehen stellen wir fest, dass sie ein langes Arbeitsleben hinter sich haben, wobei ihnen meist die niedrigsten, die härtesten und die widerlichsten Aufgaben zufallen. Ein grosser Anteil von Männern der Vierten Welt wird im Umfeld des Hoch- und Tiefbausektors beschäftigt, als Bahnarbeiter, Hilfsmaurer, Strassenfeger, Abbrucharbeiter, Hilfsarbeiter aller Art. Andere arbeiten in kleinen Betrieben, die praktisch vor dem Zusammenbruch stehen, in Industriezweigen, denen es generell schlechtgeht: Häute und Felle, Nahrungsmittel, Metall, Möbel, gewisse Chemie- und Textilprodukte zum Beispiel. Eine letzte Gruppe schliesslich findet Zuflucht in der Landwirtschaft und in unqualifizierten Arbeiten im Dienstleistungssektor: Aufreisser im Strassenbau, Dockarbeiter, Möbelträger, Strassenfeger, Handarbeiter (nachts) in der Kanalisation oder in Klärbecken, Lastwagenreiniger in den Schlachthöfen, Gehilfen in Bestattungsunternehmen, Hilfspersonal, das die abstossendsten Arbeiten in den Krankenhäusern erledigt oder (nachts) in den Bahnhöfen Wagen, Wartesäle und sanitäre Installationen reinigt, Männer, die Marktstände aufstellen und die Abfälle zusammenfegen, Reinigungspersonal für die Laderäume in der Handelsmarine, Laufjungen, Sandwichmänner, Tellerwäscher, Leute, die Gemüse putzen, Verteiler von Werbeprospekten, Fensterputzer.

Aber diese Aufzählung subproletarischer Beschäftigungen sagt noch nicht alles. Um die Lage dieser Arbeiter wirklich zu verstehen, muss man sich auch vor Augen halten, wie ihr Berufsleben verläuft. Man entdeckt dann ein Milieu, wo sehr oft, über Generationen hinweg, die Anstellungen häufig wechseln, wo die Zeiten ohne Arbeit länger werden, je älter die Arbeiter sind, wo von einem Aufstieg nicht die Rede sein kann. Im Gegenteil: mit dem frühzeitigen Verschleiss ihrer Kräfte und der ständigen Verschlechterung ihres Gesundheitszustandes nehmen auch die beruflichen Möglichkeiten ab. Ein weiteres Element des subproletarischen Berufslebens ist die Tatsache, dass die härtesten Arbeiten oft in einem Rahmen ausgeführt werden, den man als aussertariflich bezeichnen könnte, das heisst ausserhalb der Bestimmungen des Arbeitsrechts. Und die Arbeitgeber interessieren sich kaum für das Los dieser Arbeitnehmer, für die sie formell nicht zuständig sind.

DAS SUBPROLETARIAT – OFFENE WUNDE DER ARBEITERKLASSE

Gilles Anouil – *Wenn ich Sie recht verstehe, zeigt sich die besondere Lage des Subproletariats in allen Lebensbereichen. Sie sprechen oft von einer Lage, die als Ganzes gesehen werden muss. Doch sagen Sie, dass die berufliche Situation für alle anderen Aspekte des Lebens in der Vierten Welt bestimmend ist. Aber was tun dann die Gewerkschaften?*

Père Joseph – Ich habe nie einen Arbeiter angetroffen, ob Gewerkschaftsmitglied oder nicht, der sich vom Los seiner am meisten benachteiligten Kollegen nicht berühren liess. Es genügt, mit dem einen oder andern zu sprechen, um festzustellen, dass jeder in seiner Erinnerung, in der Geschichte seiner Eltern, Anknüpfungspunkte, Erfahrungen findet, die ihm eine gewisse Vertrautheit mit der Armut geben. Die subproletarischen Arbeiter sind Teil der Arbeiterschaft, und es gab eine Zeit, es ist nicht so lange her, da waren ihre Lebenserfahrungen nicht allzu verschieden. Man sagt uns etwa: «Jetzt, wo ich daran denke: Der Bruder meines Grossvaters war auch Landarbeiter; mein Vater sagte mir, dass er sich mehr schlecht als recht durchs Leben geschlagen hat, denn er hatte sieben Kinder, und Arbeit war immer schwieriger zu finden.»

Die verschiedenen Arbeiterbewegungen sind zweifellos hellhörig in diesem Bereich. Von ihrem innersten Wesen her sträuben sie sich gegen die Vorstellung, nicht allen Arbeitern zur Seite zu stehen, nicht für alle zu kämpfen. Aber man muss sich in die Lage dieser streitbaren Organisationen hineinversetzen: immer im Einsatz, immer in Alarmbereitschaft, selbst in den Jahren, als die Bedingungen sich verbesserten. Ständig haben sie das Errungene zu verteidigen, neue Rechte für die Arbeiter zu erlangen – oder vielmehr zu ertrotzen –, sie müssen in der Gegenwart leben, mit den anstehenden Problemen fertig werden und in der Defensive sein. Dies alles schafft eine auf Kampf

ausgerichtete Identität, eine bestimmte Art, Prioritäten zu setzen, um wirksam zu sein. Es schafft auch ein dringliches Bedürfnis, geeint zu sein, in geschlossenen Reihen vorzurücken.
Kann man unter diesen Umständen voll auf die Leistungsschwachen der modernen Gesellschaft ausgerichtet sein, wo diese Gesellschaft ohnehin genug harte Nüsse zu knacken gibt? Der aktive Gewerkschafter fühlt sich höchstens in Verlegenheit gebracht und misstraut denen, die daran erinnern, dass nicht alle Arbeiter verteidigt werden, dass die Ärmsten auf der Strecke bleiben. Dies auszusprechen heisst, die Arbeiterklasse zu spalten; das hat man mir übrigens auch vorgeworfen, und ich verstehe die Besorgnis. Der Wille der Gewerkschaften, für alle zu kämpfen, kann nicht in Frage gestellt werden, und das Scheitern geht nicht aufs Konto der Arbeiterbewegungen. Nochmals: Die ganze Gesellschaft, die ganze nationale, ja sogar internationale Gemeinschaft trägt die Verantwortung dafür.

Zeigen sich die Aktivisten der grossen Gewerkschaftsorganisationen um die am meisten benachteiligten Arbeiter besorgt?

Ich begegne ihren Vertretern im Wirtschafts- und Sozialrat, wo meine Anliegen ihnen nicht fremd zu sein scheinen. Aber ich war auch selber an der Basis aktiv, als ich ein junger Arbeiter war. Hier, auf der Ebene des Lebens am Arbeitsplatz, glaube ich, die Schwierigkeiten verstehen zu können. Die Arbeiter führen dort aufrichtig einen Kampf für alle. «Alle Arbeiter» heisst in ihrem täglichen Kampf «alle Kollegen aus dieser Werkstatt», «alle Beschäftigten der Fabrik», «alle Angelernten» ... Dass nicht jedermann angelernt ist, dass es Wirtschaftsbereiche gibt, zu denen ihre Verbände keinen Zugang finden, dass es Beschäftigungen gibt, die in den Analysen des Stellenmarktes nicht korrekt aufgeführt sind, all dies entgeht ihnen. In einem Betrieb gewerkschaftlich aktiv zu sein verlangt schon so viel Energie, Zeit und Mut. Und ich bin mir nicht sicher, ob die Gewerkschafter von der Basis am geeigneten Ort stehen, um jene Bereiche in den Blick zu bekommen, in denen ihre Kollegen aus dem Subproletariat Fuss zu fassen suchen: Saisonarbeit, Gelegenheitsarbeit, ja sogar unangemeldete Arbeit.

Ich will Ihnen ein Beispiel geben. Ich denke an einen sehr aktiven Eisenbahner in Tergnier. Er und seine Frau setzten ihr ganzes Leben, ihre ganze Freizeit für die Gewerkschaft ein, so sehr, dass sie ihren Garten vernachlässigten. Im Werk war er sehr geachtet; nicht so in der kleinen Eisenbahnersiedlung, wo er lebte. Die Nachbarn nahmen es übel, dass sein Garten verwahrlost, er selbst immer auf Sitzungen oder Kongressen war. Glauben Sie, dass dieser Mann aufnahmefähig war, wenn ich mit ihm über «La pomme rouge» und «Cité de Beautour», die elendesten Wohnviertel von Tergnier und Fargnier, reden wollte? Das gleiche galt für seine Kollegen. Viele hätten zwar wegen einer Sitzung nicht auf die Gartenarbeit verzichtet. Aber auch sie hatten aufreibende Sorgen, nicht nur in bezug auf die Arbeit, sondern auch auf der Ebene der Familie, der Kinder, der Gesundheit.

Aber in den Gewerkschaften sind nicht alle so belastet; manche geniessen eine relative Sicherheit.

Wer für eine Sache kämpft, ist nie in Sicherheit. Es wird alles getan, um die Gewerkschaften in die Fabrik zurückzudrängen und ihr Wirken auf die Arbeitsstätten zu beschränken. Sobald sie über die Probleme des Betriebes hinausgehen, werden sie beschuldigt, sich politisch zu betätigen. Sie werden in die Fabrik zurückgedrängt, wie der Pfarrer früher in die Sakristei zurückgedrängt wurde, wie der Papst in seine Kirche zurückgedrängt wird. Das ist ein Unsinn, aber für die Politiker ist es eine Art, sich derer zu entledigen, die direkt mit dem täglichen Leben der Menschen zu tun haben. Geben Sie zu, dass es unter diesen Umständen für die Gewerkschaften schwierig ist, Arbeiter zu verteidigen, die aus den organisierten Wirtschaftssektoren verdrängt sind.

Wenn ich richtig verstehe, beziehen die Gewerkschaften die Arbeiter aus dem Subproletariat zwar nicht mit ein, aber es handelt sich hier um eine unbeabsichtigte Unterlassung.

Vielleicht müssten wir hinzufügen: um Unwissenheit. Wir sagten, die am meisten Benachteiligten erscheinen der Welt, die sie umgibt, wie Fremde. Das gilt auch für die Arbeitswelt. Der Arbeiter mag wohl eine gewisse Erinnerung an die Realitäten des Elends im Gedächtnis bewahren, etwas anderes ist es, diesem Arbeiter ohne Qualifikation auf der eigenen Baustelle oder in der eigenen Fabrikhalle zu begegnen. Je weniger er kann, desto mehr gibt er an; was soll das? Zudem ist er unzuverlässig. Die Kollegen dulden es nicht, dass manche zu spät kommen und so gegen das Ethos der Arbeiter verstossen. Dem Chef gegenüber darf man es am schuldigen Respekt fehlen lassen, aber den Arbeitskollegen gegenüber nicht. Kürzlich hat sich einer der Volontäre von ATD Vierte Welt, der in der Fabrik am Fliessband arbeitet und der versuchte, diese Arbeiter zu verteidigen, die Feindseligkeit aller anderen zugezogen. Ich erinnere mich auch an die Frauen einer subproletarischen Siedlung, die in der Reinigung der Eisenbahnwagen arbeiteten. Auch sie hatten einen der Volontäre der Vierte-Welt-Bewegung in ihrer Nähe. Er hat nie ihre Interessen verteidigen können.

Im allgemeinen benimmt sich der Arbeiter der Vierten Welt wie jemand, der aus der Arbeitswelt entwurzelt ist. Er hat nicht genügend Kontakt mit ihr gehabt, oder jedenfalls nicht unter Bedingungen, unter denen er sich die dort üblichen Umgangsformen hätte aneignen können: wie man redet und sich verhält, wie man die Arbeit anpackt und das Werkzeug wegräumt. Er geht in seiner Eigenart so weit, in Angelegenheiten, die über den Betriebsrat laufen müssten, die Genehmigung des Vorarbeiters zu suchen oder sich direkt mit dem Chef zu arrangieren. Er benimmt sich wirklich daneben und hat keine Möglichkeit, das richtige Verhalten zu lernen

In der Tat ist er durch die falsche Tür ins Arbeitsleben eingetreten, durch diejenige der Kinderarbeit. Ich selbst habe diese Tür genommen, mit dem «Zig-Zag»-Zigarettenpapier, das wir alle Tage, auch sonntags, abpacken mussten. Heimarbeit und Kinderarbeit geben einem keinen Geschmack an der Arbeit und auch keinen Sinn für den Kampf der Arbeiterklasse. Es gibt auch heute noch viele Kinder, die mit schlaftrunkenen Augen zur Schule gehen, weil sie zu früh aufgestanden sind. Sie haben schon mehrere Arbeitsstunden hinter sich, in denen sie ihrem Vater oder ihrer Mutter halfen. Viel zu früh müssen sie sich für ihre Familie nützlich machen, und wenn der Zeitpunkt da ist, um wirklich arbeiten zu gehen, haben sie dafür weder die Gesundheit noch den Sinn, vorausgesetzt, dass ihnen überhaupt eine Stelle angeboten wird.

Jung zu arbeiten bereitet sie also nicht auf das künftige Berufsleben vor? In früheren Generationen sagte man das Gegenteil.

Heute ist nichts weiter von der Wahrheit entfernt als das. Früher machten sich die Arbeiter- oder Bauernkinder mit ihrem zukünftigen Leben vertraut, weil sie an den Arbeiten der Grossen beteiligt waren; sie lernten von ihnen die Kunst des Arbeitens. Was die Kinder der Vierten Welt heute machen, hat nichts mit ihrer zukünftigen Berufssituation zu tun. Sie erhalten so fast eine Antiausbildung. Die wirkliche Ausbildung zum Gesellschafts- und Berufsleben geschieht in der Schule. Dort bereiten sich die Arbeiterkinder darauf vor. In der Schule erhalten sie nicht nur ein geistiges Rüstzeug, sie erwerben auch ein Stück gesellschaftliche Erfahrung. Diese Erfahrung konnten die Jugendlichen aus den subproletarischen Siedlungen früher nachholen, indem sie als Lehrlinge beim Bäcker oder beim Metzger an der Ecke eintraten. Heute ist die Schule die einzige Gelegenheit.

Ohne Ausbildung sind die Jugendlichen und die Erwachsenen der Arbeitslosigkeit preisgegeben?

Seit langem ist der Arbeiter aus dem Subproletariat von frühester Jugend an unterbeschäftigt, arbeitslos oder von Arbeitslosigkeit bedroht. Heute handelt es sich oft nicht einmal um Langzeitarbeitslosigkeit; den Jugendlichen droht eine lebenslängliche Arbeitslosigkeit, bevor sie überhaupt jemals gearbeitet haben.
Eine Analyse des Forschungsinstituts der Bewegung ATD Vierte Welt über die letzten vierzig Jahre zeigt beispielsweise, dass die Arbeitslosenrate bei den Hilfsarbeitern fast immer zweimal so hoch war wie der nationale Durchschnitt. Aber bei den Arbeitern aus dem Subproletariat war die Rate wiederum zweimal so hoch wie bei den Hilfsarbeitern insgesamt.
Von 1954 bis 1964 lag die Arbeitslosenrate zwischen 0,5 und 1,9%. Die Hilfsarbeiter stellten 50% der Arbeitslosen, während sie nur 13% der aktiven Bevölkerung ausmachten. Für diesen Zeitraum gibt es keine Statistiken für das Subproletariat.
1968 betrug die Arbeitslosenrate durchschnittlich 2,13%; bei den

Hilfsarbeitern betrug sie 5,4%. Aber in einer subproletarischen Siedlung in Frankreich lag diese Rate damals bei 9,2%.
1979 betrug die Arbeitslosenrate durchschnittlich 7,6%; bei den Hilfsarbeitern 13%. Dagegen lag bei den Subproletariern im Mai 1981 die Arbeitslosenrate bei 31,8%.
Umfragen unter Jugendlichen aus dem Subproletariat zeigen bei den Jugendlichen die gleiche Entwicklung auf. 1981 belief sich die Arbeitslosenrate unter den Jugendlichen der Vierten Welt in vier Städten Frankreichs auf 44,3%.

In Frankreich sind wir uns aber bewusst, dass die Arbeitslosigkeit nicht alle Arbeitnehmer in gleicher Weise trifft. In der Pariser Region wurde kürzlich ein spezielles Projekt für Langzeitarbeitslose in Gang gesetzt.

Das stimmt, aber es gibt eine zweifache Klippe. Zunächst sind die Langzeitarbeitslosen eine sehr weite und vielfältige Kategorie. Das erlaubt es, eine Auswahl zu treffen und sich zunächst jenen Kandidaten zuzuwenden, die am wenigsten Schwierigkeiten bereiten. Seien Sie misstrauisch, sobald von «den Frauen», «den Jugendlichen», «den über Fünfzigjährigen», «den Arbeitslosen» usw. die Rede ist. Wenn nicht die Präzisierung «die am wenigsten qualifizierten», «die leistungsschwächsten», «die anfälligsten» hinzugefügt wird, dann sind diese nicht speziell anvisiert. Und ohne besondere Anstrengung werden sie nicht erreicht.
Und nicht nur dies, es wird auch niemand wissen, dass sie nicht erreicht werden. In Frankreich spielt unsere Unfähigkeit, unsere Kampagnen auszuwerten, den Ärmsten einen üblen Streich. Wer profitiert eigentlich genau wovon? Es geht nicht darum, zu wissen, wieviel Bürger von einer Massnahme oder einer Institution profitieren, sondern wer diese Bürger sind. Diese Frage wird in den skandinavischen und in den Beneluxländern, in Grossbritannien und in den Vereinigten Staaten regelmässig gestellt. In Frankreich sind wir Prinzipienreiter: weil unsere Prinzipien gut und gerecht sind, müssen wir auch gute und gerechte Resultate erzielen. Wir sind auch ungeduldig. Wir lassen die Massnahmen nicht Wurzeln schlagen und ihre Früchte bringen. Ich fürchte, dass dies bei der Kampagne gegen die

Langzeitarbeitslosigkeit der Fall ist. Wir werden vielleicht eines Tages wissen, wieviel Arbeiter davon profitiert haben, aber wir werden nicht wissen, wer sie sind.

Gibt es dieses Problem der Auswertung auch für die Arbeiterbewegung?

Die Gewerkschaften bringen nicht alle ihre Auswertungen unter die Leute. Ich kann höchstens feststellen, dass in ihren Publikationen nicht speziell hervorgehoben wird, wieviel Mitglieder sie unter den am wenigsten qualifizierten und am wenigsten in den Arbeitsmarkt integrierten Arbeitern haben. Die Beteiligung der am meisten benachteiligten Arbeiter wird nicht als ein Hauptziel dargestellt. Die gewerkschaftlichen Forderungen schliessen die Bedürfnisse von Männern und Frauen, deren Arbeit nicht viel gilt, schlecht bezahlt wird und bei einer Modernisierung zu verschwinden droht, nicht immer mit ein. Die Lohnforderungen betreffen diese Beschäftigungsbereiche nicht unbedingt. Die meisten Rechte der Lohnabhängigen sind übrigens mit minimalen Verpflichtungen verbunden, mit einer Gegenleistung, die jemand, der in ärgsten Schwierigkeiten steckt, kaum erbringen kann. Um eine bestimmte Leistung oder Zulage beanspruchen zu können, muss man mehrere Monate lang ohne Unterbrechung gearbeitet haben ... So sind wir nach und nach in eine Strukturierung der Arbeitswelt abgeglitten, die für die Vierte Welt nachteilig, manchmal sogar äusserst ungerecht ist. Diese unmerkliche, aber ständige Verschiebung ist von den Gewerkschaften natürlich nicht gewollt. Aber wie können wir jetzt, mitten in der Krise, das Ruder herumwerfen? Wir hätten früher aufpassen sollen. Der Vorrang der Ärmsten muss am Ausgangspunkt stehen. Er kommt niemals im nachhinein dazu.

Arbeitszeitverkürzung, Selbstverwaltung, Umgestaltung der Fliessbandarbeit – kommt wirklich keine dieser Errungenschaften den Ärmsten zugute?

Der nachteilige Prozess ist schon weit fortgeschritten. Wie kann man den Kurs ändern? Sie weisen auf Verbesserungen der Arbeitsbedingungen hin; diese betreffen diejenigen Arbeiter, die tatsächlich beschäftigt sind. Und eben die Arbeiter, die keinen aufgeweckten, schöpferischen Geist und keine präzise und schnelle Hand haben, werden immer weniger beschäftigt. Die Arbeiter der Vierten Welt sind von Rheuma gelähmt, aufgrund ihrer Lebensbedingungen. Sie haben ständig Kopf- und Magenschmerzen. Ihr allgemeiner Gesundheitszustand ist schlecht, und sie können einfache Gesten nicht präzise ausführen und auch keinen Produktionsrhythmus einhalten. Es genügt, diesen Männern und Frauen beim Arbeiten zuzusehen, um zu verstehen, dass sie von den Vorteilen, von denen Sie sprechen, nicht profitieren werden. Die Arbeiterschaft wird in dem Masse davon profitieren, als sie die Erbin einer langen Geschichte solider Arbeit und geduldiger Einführung in immer verzwicktere Tätigkeiten ist.

Sie vergessen die Berufsbildung und den schulischen Unterricht, der ihr vorausgeht. Kann sich nicht zumindest für die nachwachsenden Generationen auf der untersten Stufe der Gesellschaft alles ändern?

Alles kann sich ändern, aber nicht ohne gewaltige Anstrengungen und Veränderungen. Im Moment sind die ärmsten Kinder nicht auf dem Weg zur Teilnahme am Wirtschaftsleben von morgen. Wir finden sie in wachsender Zahl und immer jünger in Sonderklassen. Das Besondere an diesen ist, dass sie vom Schüler nichts erwarten. Die Kinder fühlen sich den andern Schülern in ihrem Alter unterlegen und leiden darunter so sehr, dass sie die Freude am Lernen für immer verlieren. Die Schule unterschlägt ihnen nicht nur ein Wissen; sie bringt sie, wie ich Ihnen schon sagte, um eine wesentliche soziale Erfahrung. Sie lernen nicht, was eine grössere Gemeinschaft ist, sie gehören nicht wirklich zur Schule; selbst ihre Essenszeiten stimmen nicht immer mit denen der normalen Klassen überein.
Was die Berufsbildung betrifft, so finanziert der Sozialfonds der Europäischen Gemeinschaft seit vielen Jahren Projekte, die beispielhaft sein wollen, Pilotprojekte für Jugendliche ohne beruflichen Abschluss und ohne viel Schulbildung. Wir haben jedes einzeln untersucht. Kein einziges berücksichtigt einen Jugendlichen, der nicht zumindest die ersten paar Klassen mit Erfolg absolviert hat. Aber für

die Kinder aus den subproletarischen Siedlungen, den baufälligen Häusern, den ausgedienten Eisenbahnwagen ist es unmöglich, diese zu absolvieren und dort korrekt lesen und schreiben zu lernen. Es ist immer dasselbe Problem. Wir stellen uns nicht systematisch die Frage: Die Anliegen, für die wir kämpfen – können sich wirklich alle darin wiederfinden? Suchen wir nach denen, die nicht folgen können? Wer sind sie? Wo sind sie?

Ihren Zeitgenossen, die sich ständig mit Fragen quälen, werfen Sie vor, nicht die richtigen Fragen zu stellen.

Wir kommen nicht darum herum, uns ständig kritische Fragen zu stellen, wenn wir uns weiterhin als Erben einer Zivilisation betrachten wollen, welche die Idee der Menschenrechte hervorgebracht hat. Die gleiche Zivilisation hat zuvor schon die Idee des Vorrangs der Ärmsten hervorgebracht. Jedenfalls fordern uns Jesus Christus und die Kirche auf, uns ständig zu fragen: Wo ist der Herr?

Ist er Ihrer Meinung nach in der Vierten Welt?

So können wir den Herrn nicht identifizieren. Wir müssen Jesus Christus *begegnen*. Es geht nicht um eine logische Folgerung, auch nicht um eine persönliche Meinung, sondern um eine Erfahrung. Und der Herr ist vielleicht nicht da, wo wir ihn finden möchten. Gewöhnlich führt er uns eher an einen Ort, wohin wir nicht gehen wollten. Sein Leben lang war er anders und anderswo, nicht so, wie seine Zeitgenossen ihn haben wollten. Jesus lässt sich nicht manipulieren. Deshalb zögere ich, wenn gewisse junge Leute Jesus Christus zum Helden ihrer Revolutionen machen wollen oder wenn gewisse aktive Gewerkschafter sagen, dass er ganz sicher auf ihrer Seite stehe. Ich habe dieser Tage die Predigt eines Pastors gehört; er sah Christus als Grünen, der sich der verantwortungslosen Nutzung der Energiequellen entgegenstellt. Ich wäre beruhigt, wenn die Leute mir jeweils sagen würden: Ich persönlich bin ihm da begegnet. Das wäre unwiderlegbar, denn der Herr gibt sich jedem von uns nach seinem Gutdünken zu erkennen.

Etwas anderes ist es, nach ihm auf die Suche zu gehen. Da tun wir gut daran, uns nach dem Kompass zu richten, der uns im Evangelium gegeben wird. Dieser scheint uns nicht eher in dieses als in jenes politische Lager, eher zu dieser als zu jener Klasse zu führen. Er richtet uns immer auf ein Jenseits aus: vor die Tore der Stadt, auf die verborgenen Pfade, wohin niemand gern gehen will. Als ich sagte: «Wo ist der Herr?», meinte ich: «Wo gehen wir ihn suchen?» Vielleicht wird er uns doch entgehen, aber es ist unsere Aufgabe, jedes politische Programm und jede Aktion auf die Frage hin auszuwerten: Sind wir wirklich bis ans Ende gegangen, bis zu dem Menschen, der am meisten gemieden und ausgeschlossen wird? Denn so haben wir die besten Aussichten, dass Christus bei uns ist.

Haben wir diese Aussichten in der Vierten Welt?

Für mich ist der Herr dort wie auf der Durchreise, wenn ich so sagen darf. Morgen werde ich ihn noch weiter weg suchen müssen. Vielleicht werde ich zu jenen von ihrer Umgebung verachteten Arbeitern gehen müssen, die wir in einem der höllischsten Slums der westafrikanischen Küste angetroffen haben. Jesus erwartet uns schon anderswo, vielleicht in jenen Dörfern Lateinamerikas, wo wir Mühe haben, die Identität der Bewohner festzustellen. Sie sind in ein solches Elend abgedrängt, dass sie sich überhaupt keiner Kultur mehr zugehörig fühlen, auch nicht der der Indios. Hier fasst das Volontariat der Vierte-Welt-Bewegung in diesen Jahren auf seiner Suche nach den Ärmsten Fuss.
Doch unterdessen kann ich nicht anders: Ich glaube den Herrn in jenem Mann zu erblicken, der in Nordfrankreich, in Reims oder in Caen in seine Wohnsiedlung heimkehrt, zutiefst verletzt, weil er einmal mehr die Kündigung erhalten hat. Er war darauf gefasst, denn er war zur Aushilfe angestellt, um in einem Betrieb die Wagen mit Paketen herumzuschieben. Ohne es sich selber recht einzugestehen, fühlte er sich die ganzen sechs Wochen lang wie ein Fremder an diesem Ort. Er wusste ganz gut, dass er nicht zu den «wirklichen Arbeitern» gehörte. Zumindest konnte er erhobenen Hauptes durch seine Wohnsiedlung gehen. Seine Frau sagte jedem, der es hören wollte: «Ich habe einen Mann, der arbeitet!» Da sieht er sich nun vor die Tür gesetzt ohne

Aussicht, so schnell etwas anderes zu finden. In der Siedlung höhnt, wer gestern noch neidisch war: «Das wird seiner Frau das Maul stopfen … warum musste sie auch so angeben?»
Anders als bei anderen Arbeitslosen häufen sich die Schulden nicht erst mit der Arbeitslosigkeit an; sie waren schon vorher da. Aber das ist nicht das Schlimmste. Die schlimmste Verletzung ist es, so heimzukehren, erniedrigt wie immer. Der Mann hat seine Kündigung erhalten, ohne dass irgend jemand Einspruch erhebt. Er weiss gut, dass bei Facharbeitern die Dinge anders ablaufen. Er hat sogar eine Arbeitsniederlegung miterlebt, zugunsten der Angelernten, die von strukturbedingter Arbeitslosigkeit bedroht waren. Doch wenn er geht, bleibt alles still; er ist, was er immer war: ein Minderwertiger, ein Mann, der für die Arbeitskollegen nicht zählt. Auch in seiner Wohnsiedlung zählt er nicht. Die Nachbarn sind alle Rivalen, die nach seinem Arbeitsplatz trachten. Auch hier wird er keine Solidarität finden. Am Abend, als ich ihn besuchen gehe, spricht er nicht. Seine Frau weint. Die Angst, wieder auf der Strasse zu stehen, wie schon so oft seit ihrer Kindheit, und die Angst, dass die Kinder weggenommen werden, sind wieder in ihrem Zuhause eingekehrt.
In diesen Wohnsiedlungen kann ich nicht umhin, die Gegenwart Josefs, des Zimmermanns, zu spüren. Was konnte er schon tun, als Arbeiter auf der Flucht in einem fremden Land, wo es ihm verboten war, das Land zu bebauen? Steine hauen, Erde karren, immer vom Hunger bedroht? Man sagt heute, dass er in Nazaret in Wirklichkeit ein Hilfsarbeiter war. Was war das, ein Hilfsarbeiter in einer Gemeinschaft, die so arm war, dass man von ihr nichts Gutes erwarten konnte? Was war das, ein Zimmermann, in einem Dorf, wo alle Männer das Holz zum häuslichen Gebrauch bearbeiten konnten? Welche Arbeiten wurden in einer ländlichen Gemeinschaft, wo die edle Holzarbeit dem Hausvater oblag, dem Zimmermann überlassen? Wenn ich an die Lebenssituation von Josef und an die der Hirten denke, frage ich mich, ob wir nicht sogar im Evangelium vergessen, den Platz der Ärmsten zu ermitteln. Sehen wir wirklich, wer sie sind?

Ich möchte nochmals auf die Gewerkschaften zurückkommen. Da Sie vom Evangelium sprechen – würden Sie sagen, dass selbst die christlichen Arbeitnehmerorganisationen die Ärmsten nicht verteidigen?

Sicher verteidigen sie die Ärmsten, und ich glaube, dass alle Arbeitnehmerorganisationen das versuchen. Das habe ich Ihnen gesagt. Aber die Frage bleibt: Wer sind in ihren Augen die Ärmsten? Sehen sie die gleichen Menschen wie wir?
Lassen Sie mich eine Begebenheit aus der Zeit, als ich Diakon war, erzählen. Ich arbeitete in einer Farbenfabrik. In einem Keller mussten wir das Farbpulver in Bottichen fein zerstossen. Die dort beschäftigten Arbeiter waren den andern unbekannt. Wir arbeiteten unter Subproletariern, und niemand machte uns den Vorschlag, uns einer Gewerkschaft anzuschliessen. Niemand suchte uns auf oder erkundigte sich nach unseren Arbeitsbedingungen. Selbst in der Kantine sassen wir immer zusammen.
Eines Tages erfuhren die Leute im Betrieb, dass ich weggehen würde, weil ich eigentlich Diakon war und ins Seminar zurückkehren musste. Das sprach sich herum, und am Tag meiner Abreise kam ein alter Arbeiter, der in der Fabrikhalle Etiketten auf die Eimer klebte, auf mich zu. Er sagte mir: «Du bist offenbar Diakon und gehst weg. Wieso hast du mir nicht gesagt, dass du Diakon bist?» Dann zog er eine Handvoll Beitrittsformulare der christlichen Gewerkschaft hervor und fügte hinzu: «Du hättest es mir sagen sollen, ich hätte dir davon für die Jungs im Keller gegeben.»
Sehen Sie den Graben: ein Gewerkschafter, dem es nicht in den Sinn kommt, sich direkt an die «Jungs im Keller» zu wenden. In seiner Vorstellung konnten diese Jungs sich keiner Gewerkschaft anschliessen, es sei denn, sie hätten einen Paten. In der Fabrik wurden diese Arbeiter an den Bottichen im Keller nicht wie die andern Arbeiter angesehen. Ich glaube, dass die Gewerkschafter tatsächlich nicht sehen, was sie mit den Arbeitern aus dem Subproletariat anfangen sollen. Sie denken, dass diese Männer und Frauen aufgegeben, sich von ihnen abgesetzt haben. Ein gewaltiges Missverständnis trennt die beiden Welten. Dabei haben die Arbeiter aus dem Subproletariat nur ein Verlangen: als Werktätige anerkannt zu werden, nicht einfach den

andern gleichgestellt, sondern bei den andern voll integriert zu sein. Die Subproletarier sehen die Arbeiter in einer Welt, die ihre Sicherheiten, ihre Ehrbarkeit, ihre Vertretung und ihre Kampfmittel hat. Von all dem ist es die «kollektive» Ehrbarkeit, die sie am meisten nötig haben und die für sie am meisten zählt: gemeinsam jemand zu sein.
Die organisierte Arbeiterschaft ihrerseits ist sich vielleicht nicht immer im klaren über diesen tiefen Wunsch der Subproletarier, sich ihr anzuschliessen, weil sie die Welt der gemeinsamen Würde ist. Sie weiss nicht, dass die Subproletarier danach verlangen, an ihren Kämpfen teilzunehmen, wie ausgebeutet sie auch sein mag, weil sie in der «harten und kräftigenden Schule der Arbeit», wie Marx es nannte, eine Verlässlichkeit und eine Art Adel mitbekommen hat. Sie besitzt eine Geschichte von Kämpfen, von Ausdauer, von ehrenvoll erduldetem und überwundenem Unrecht. Nicht alle haben mitgekämpft, aber alle haben Anteil am Erbe. Alle können sich sagen: «Das ist die Frucht unserer Kämpfe, das ist unser gutes Recht.» So spricht man unter sich, in der Familie oder unter Arbeitern, in der Kantine oder in der Kneipe.
Die Arbeiter aus dem Subproletariat haben dieses Erbe nicht, sie haben weder die entsprechende Sprache noch die Mentalität. Ihre Geschichte ist anders verlaufen, und heute sind sie gezwungen, sich zu sagen, dass sie nichts verdient haben, dass nichts ihnen rechtens zukommt. Sie betteln auf der Jobvermittlung um Arbeit und versuchen manchmal sogar, das Personal zu bestechen. Ihre Vorfahren gingen am Martinstag ins Dorf, um sich den Bauern für ein Jahr zu verkaufen. Sie gehen aufs Zeitarbeitbüro, um sich für drei Wochen zu verkaufen. Und weil sie eine wenig qualifizierte Arbeit suchen, mustert man sie, wie man ihre Urgrossväter musterte: «Dieser Bursche da sieht nicht sehr ausdauernd aus; wird er es wohl schaffen?» Und der Gipfel der Erniedrigung: Wenn sie es nicht schaffen, sind sie gezwungen, zu Hause der Sozialarbeiterin die Tür zu öffnen; sie fürchten sie, während eine Arbeiterfamilie, die etwas auf sich hält, sie kaum kennt und es nicht zulassen würde, dass sie sich in ihre privaten Angelegenheiten einmischt.
Man muss wissen, welcher Unterschied besteht – im Wortschatz, im Verhalten und selbst in der Haltung der Menschen – zwischen einem Milieu, das sich seiner Rechte sicher ist, auch wenn diese nicht respektiert werden, und einem Milieu, wo kein einziges Recht gesichert ist,

wo die Arbeit nicht sicher und fast immer zeitlich befristet ist. Allein schon die Unsicherheit ist schwer zu ertragen. Aber das Schwerste ist der Unterschied zu den andern, dass man nie den andern ebenbürtig sein kann. Das ist eine ständig herabwürdigende Lebenserfahrung, deren Ende nicht absehbar ist.

Ist das Nichteinbezogensein in die Arbeiterbewegung am Ende der Grund, weshalb sich die Lage des Subproletariats nicht verändert?

Genau, und ich bin sicher, dass das Subproletariat es schaffen wird, wenn es von der Arbeiterschaft anerkannt wird. Hier liegt der Schlüssel zu seiner Befreiung, und diese ist möglich. Ich habe viele aktive Gewerkschafter an der Basis gekannt. Sie sind von einem besonderen Schlag; mit ihnen könnte man etwas machen. Sie sind im allgemeinen ziemlich anders als die Politiker. Sie stehen mit beiden Beinen auf der Erde und können das notwendige Verständnis aufbringen. Ich habe nie begriffen, worauf die christlichen Gewerkschaften noch warten wollen, ehe sie einen gnadenlosen Kampf gegen das Elend eröffnen.

Können sie das denn, ohne die subproletarischen Arbeiter anzuwerben? Wie sollen sie sonst die Kluft überbrücken, die sie von ihnen trennt? Die am meisten Benachteiligten werden nicht von selber kommen, da ihnen der Sinn für gewerkschaftliches Engagement fehlt.

Es wird gern gesagt, dass die Ärmsten keinen Sinn für Politik haben, dass sie unfähig seien, die Institutionen zu verstehen. Das wird auf der ganzen Welt behauptet. Ich glaube vor allem, dass die Arbeiter aus dem Subproletariat realistisch sind. Mit ihrem Verhalten erteilen sie uns eine wichtige Lektion.
Denn was ist eine Struktur? Im täglichen Leben ist es ein Schalter, eine Räumlichkeit, eine Sitzung. Wenn einer gezwungen ist, dort als Bittsteller hinzugehen, und keine Rechte geltend machen kann, wenn er den Jargon nicht beherrscht und sich als Tolpatsch vorkommt, wie soll er sich da nicht zutiefst unwohl fühlen? Unter diesen Umständen hängt es von den Personen ab, die einen empfangen, ob ein Antrag Erfolg hat. Werden sie hochmütig sein oder freundlich und verständ-

nisvoll? Werden sie einem Vorwürfe machen, werden sie einem helfen? Das ist konkret eine Struktur für eine subproletarische Familie. Diese hat alle Gründe, sich mehr über die Personen als über die Regeln Gedanken zu machen. Dies um so mehr, als sie fast immer Dinge verlangt, die ihr Gegenüber sehr wohl für sie regeln könnte. Nicht etwa, weil die Kassen leer sind, verschleppt der Gemeindebeamte die Akte mit einem Unterstützungsantrag. Beim Kindergeld gibt es Möglichkeiten, einen Vorschuss zu gewähren, wenn die Zahlungen wegen eines Wohnungswechsels unterbrochen sind. Der Arbeitgeber könnte einen Tag Urlaub gewähren, weil die Frau krank ist und niemand da ist, um sie ins Spital zu fahren, die Einkäufe zu machen und den Kindern zu essen zu geben.

Oberflächlich betrachtet, steht und fällt das tägliche Leben in der Vierten Welt mit solch kleinen Dingen. Eine gute Anwandlung, ein bisschen Wohlwollen würden genügen ... Es ist gerade das Drama der Familien, dass sie immer auf das Wohlwollen spekulieren müssen; wenn die eigene Lage keine Rechte verleiht, bleibt nur dies. Ich müsste übrigens sagen: wenn es keine unbedingten Rechte (auf Wohnung, Kindergeld, Arbeitslosengeld ...) gibt, wie auch immer die Lage einer Familie sei.

Mangelnder Sinn für Strukturen oder im Gegenteil Realismus? Ich sage nicht, dass die Arbeiter aus dem Subproletariat gewerkschaftliche oder andere Strukturen in ihrer ganzen Komplexität verstehen. Sie kommen da nicht mehr mit und wissen nicht, wie vorgehen, sie haben Angst davor und handeln entsprechend. Sie wenden sich wirklich direkt an den Chef oder an den Abteilungsleiter, statt über die Personalvertreter zu gehen. Sie werden übrigens sagen, dass sie da keinen Unterschied sehen: «Der steckt doch mit den Chefs unter einer Decke ... Besser man wendet sich direkt an den lieben Gott als an seine Heiligen ...»

Viele wundern sich über diese Art, sich an die Spitze zu wenden und die Zwischenstrukturen zu übergehen. In den armen Vierteln senden die Familien, wenn sie schreiben können, ihre Gesuche direkt an den Staatspräsidenten. Ich gebe zu, dass dies eine gewisse Unkenntnis der politischen Abläufe verrät. Aber in Wirklichkeit geben uns diese Menschen, die an das Staatsoberhaupt schreiben, eine Lektion über die Verlässlichkeit von Strukturen. Sie brauchen meist eine übergeordnete Instanz, an die sie sich wenden können: Man hat ihnen eine Wohnung verweigert; ein Gesuch um eine Invalidenrente liegt seit achtzehn Monaten auf der langen Bank, weil der Betroffene nicht lange genug gearbeitet hat, um ein Recht darauf zu haben. Sie wenden sich an eine starke Figur, einen Menschen, der mit dem Mythos der Macht bekleidet ist. Würden sie so handeln, wenn sie gewöhnlich auf niedrigeren Stufen der Hierarchie recht bekämen? «Bei ihm wissen wir wenigstens, wer er ist», sagen sie. «Er wird uns antworten …»

Ist das nicht eine Situation, wo die Schwachen eine Art schützenden Paternalismus suchen?

Das wird oft gesagt, aber es ist ganz und gar unzutreffend. Es ist leicht, oberflächliche und herabwürdigende Erklärungen für die Verhaltensweisen der Ärmsten zu finden. Wenn sie zur Zeit der grossen Bidonvilles in Frankreich an de Gaulle schrieben, sagten sie sich: «Wir erleiden ein Unrecht, wir brauchen jemand, an den wir uns wenden können.» Nach der Verfassung haben sie völlig recht. Dem Staatsoberhaupt obliegt es, über deren Anwendung in Achtung der Menschenrechte zu wachen; es muss sich über die politischen Parteien stellen. Das ist genau die Art von Rechtsbehelf, die der Vierten Welt unentbehrlich ist, denn all ihre Grundrechte werden systematisch verletzt. Sie können übrigens feststellen, dass die Ärmsten in den Niederlanden und in Belgien das gleiche tun: Sie schreiben der Königin.

Bringt das die gewünschten Resultate?

Oft bringt es Antworten auf unmittelbare Fragen: eine Hilfe ad hoc, eine Wohnung. Aber darum geht es nicht. Das Wesentliche ist, dass die am meisten Benachteiligten uns eine Lektion in Politikwissenschaft erteilen: Unsere demokratischen Strukturen garantieren die Menschenrechte nicht für alle. Für die Ärmsten bieten sie nicht nur keine Garantie dafür, dass sie politisch vertreten sind, sie sehen auch keine Instanz vor, die ihnen zu ihrem Recht verhelfen könnte. «Ich verlange nichts Unmögliches vom Staatspräsidenten, nur, dass mir mein Kindergeld ausbezahlt wird», sagte mir ein Familienvater. Er verlangte keine

Gesellschaftsveränderung und hatte ganz recht damit. Unsere demokratischen Strukturen weisen dem Staatschef die Rolle zu, über die Anwendung der Verfassung zu wachen, aber sie geben ihm keine Mittel, die Strukturen zu verändern. Wenn sich diese als ungerecht für die Ärmsten herausstellen, läuft die Veränderung der Gesellschaft notwendigerweise über eine Vertretung im Parlament. Und die Familien der subproletarischen Siedlungen wissen sehr wohl, dass dort nie von ihnen die Rede ist.
Die Geschichte unserer Demokratien gibt den Arbeitern der Vierten Welt recht. Kein System und keine Doktrin wird mit der Ungerechtigkeit fertig. Mit jeder neuen Generation hängt alles von den Personen ab. Das sagen uns die Ärmsten nicht aus Mangel an Bildung, sondern aufgrund eines Realitätssinnes, den sie im Laufe der Zeit erworben haben. Indem eine ganze Bevölkerung eine gelebte Wirklichkeit, eine konkrete Erfahrung vom Vater zum Sohn weitergibt, gibt sie auch einen ganz besonderen Sinn für die Bedeutung der Person weiter.
Diesen besonderen Sinn habe ich kürzlich auch in London angetroffen, bei einer Versammlung mit etwa fünfzig sehr armen Familien. Eine Juristin sprach zu ihnen über die Fremdplazierung von Kindern, und solange es um die gelebte Wirklichkeit ging, um die Angst, die Enttäuschung der Eltern und der Kinder, war die Diskussion herzlich und lebendig. Aber als die Juristin dann eine organisierte und gegliederte Struktur zur Verteidigung der Elternrechte vorstellte, liess das den Saal kalt.

Aber was kann man dann tun? Was können die Gewerkschaften tun? Schon Marx beklagte sich über ein Proletariat, das wenig Möglichkeiten hatte, sich zu organisieren und eine Kraft zu bilden. Er zog daraus den Schluss, das Proletariat sei nicht kämpferisch und andere müssten an seiner Stelle kämpfen.

Das ist ein vorschneller Schluss. Man kann den Kampfgeist und die Hoffnungen eines Volkes nicht an seiner Bereitschaft messen, sich nach dem Modell der Begüterten und der Intellektuellen zu organisieren. Man muss wissen, was es heisst, durch seine ganze Geschichte hindurch wehrlos Mechanismen gegenübergestanden zu haben, die

einem gigantisch, mysteriös und vollkommen anonym erscheinen. Um eine Vorstellung davon zu haben, was die subproletarischen Arbeiter erleben, muss man nicht Brecht, sondern Kafka lesen.
Stellen Sie sich vor, was es heisst, nie dazuzugehören, nie zu wissen, was läuft, und sicher zu sein, dass man immer und überall anders behandelt werden wird als die andern. Beim Kaufmann und in der Kneipe wird man nicht auf die gleiche Weise bedient, und man spürt es. In der Kirche, bei der Arbeit wird man nicht wie die andern behandelt. Wer all dies erleidet, braucht eine gewaltige Portion Mut, um dennoch von den bestehenden Strukturen Gebrauch zu machen, wo er doch sein Leben lang gelernt hat, dass es besser ist, sich zu ducken und sich unauffällig zu verhalten
Sie fragen mich, was die Gewerkschaften tun können. Sie können dafür sorgen, dass die Arbeiter aus dem Subproletariat Menschen begegnen, die fähig sind, von ihnen zu lernen, wie eine Arbeiterbewegung neu aufgebaut werden kann, die auch sie einbezieht.

DIE VERBORGENEN PFADE UNSERER ZEIT

Gilles Anouil – Wir haben von der Kirche gesprochen und von der Arbeiterbewegung; nun müssen wir auf die Bewegung eingehen, die Sie gegründet haben, die Bewegung ATD Vierte Welt. Aber vorher möchte ich Ihnen eine letzte Frage stellen über jene Menschen, die Sie «ein Volk» nennen. Wo ist es? Wo müssen wir es suchen? Wohin werden Sie uns führen, wenn Sie von Ihrer Bewegung sprechen?

Père Joseph – Ich kann Ihnen nicht mehr als eine Annäherung oder, wenn Sie wollen, einen Kompass anbieten, um die verborgenen Pfade von heute zu entdecken. Wir sagten, dass sich das Problem der subproletarischen Lebensbedingungen nicht in geographischen Kategorien stellt; es handelt sich um eine soziale, ökonomische und politische Situation. Die Arbeiter aus dem Subproletariat stehen am Fuss der gesellschaftlichen Stufenleiter. Aber wo ist das untere Ende der Leiter? Es ist überall, in all unsern Städten und Dörfern. Wir sehen die Ärmsten nicht; die Pfade, die so tief hinunterführen, sind kaum begehbar. Wir waren nie in der Lage, eine Karte von diesem Frankreich der Ärmsten erstellen zu können. Die Karte würde sich übrigens ständig verändern. Ich habe Ihnen davon erzählt, wie diese Familien vertrieben und herumgeschoben werden, ganz wie es den anderen passt: nach den Wünschen und Bedürfnissen von benachbarten Wohnsiedlungen, von lokalen Behörden oder von Unternehmen, die sich ansiedeln wollen. Ich habe gesehen, wie die Bewohner eines Bidonvilles umgesiedelt oder einfach vertrieben wurden, um einen Park, eine Grünfläche anzulegen. Für die meisten Länder der Welt können wir sagen: Die Ärmsten werden ständig gedrängt, den Ort, wo sie sich gerade befinden, zu verlassen. Mit Steinwürfen, Mauern oder Bulldozern – es ist immer die gleiche Geschichte. Irgendwie wurden die Ärmsten immer aus den Vorstädten verjagt, aus den Wohnvierteln anständiger Menschen verbannt. Das ist auch heute noch so. In diesem Punkt kann uns das Leben Jesu Christi übrigens als Kompass dienen. Hat er nicht einen grossen Teil seiner Zeit auf der Flucht verbracht, auf den Strassen von Galiläa, Judäa, Samaria?

Auf der Flucht – aber wohin? Wohin können diese Familien gehen?

Ich glaube, dass die Vierte Welt immer gezwungen war, sich für kürzere oder längere Zeit in einer bestimmten Art von Gebieten niederzulassen, zusammenzuscharen. Diese befinden sich in der Stadt, auf dem Land und auch dazwischen: Zonen, in denen das Bauen aus strategischen Gründen verboten war, wie die Umgebung der Tore von Saint-Martin oder Saint-Denis in Paris; Gebiete von geringem oder rückläufigem wirtschaftlichem Interesse; Freiflächen, deren Bestimmung noch nicht feststeht. Wenn sehr arme Personen und Familien sich dort in grosser Zahl niederlassen, machen sie den andern Bürgern bald angst. Dann beginnen Einschüchterungs- oder «Sanierungs»-Manöver. Die Armen gehen weg, freiwillig oder mit Gewalt, schon sind sie fort, und man will nicht wissen, wo. Die Hauptsache war, den Platz zu räumen, der Nachbarschaft ihre Sicherheit wiederzugeben, die Akte zu schliessen. Das Leben der vertriebenen Familien geht unbeachtet weiter, bis sie die nächste Ansammlung bilden. Deshalb gibt es so wenig sichere Anhaltspunkte. Die Vierte-Welt-Bewegung hat Zeit gebraucht, um sie aufzulisten.
In Frankreich sehen wir eine Armutsbevölkerung, die sich in der Nähe der grossen Städte zusammenballt und mit der wachsenden Urbanisierung regelmässig in einen weiteren Umkreis vertrieben wird. Sie kennen die Geschichte der alten Pariser «Zone». Wir haben in Lyon, Caen, Reims und Marseille eine ganz ähnliche Geschichte nachgezeichnet. Überall wurden die Familien der Vierten Welt gezwungen, auf die gleiche Weise zurückzuweichen. Manchmal in einer Art wilder Flucht, die die Behörden glauben machte, diesmal seien sie wirklich in alle Himmelsrichtungen zerstreut. Einige Zeit später kam die unangenehme Überraschung: Man stellte fest, dass sie von neuem auf einem Haufen zusammenhockten.

«Mein Mann will nicht aufhören zu arbeiten,

dabei sehe ich jeden Abend,

dass er immer mehr Rückenschmerzen hat.»

Eine Bevölkerung, die dazu verurteilt ist, von wenig oder nichts zu leben, hat auch keine Wahl, was die Wohnung betrifft. Sie geht dahin, wo man sie hinschickt, oft mit Gewalt und ohne viel Rücksicht; oder eben dahin, wo niemand sie verfolgt, auf ein unbebautes Gelände, in eine eigenhändig erbaute Baracke, in einen Keller. Aber die Auswahl der Orte ist beschränkt, denn eine sehr arme Familie kann es sich nicht leisten, sich von der Welt abzusondern; sie braucht Hilfe, die Gegenwart anderer, um zu überleben. So stehen wir früher oder später wieder einer Konzentration von Familien in billigen Wohngebieten gegenüber.

Die möblierten Unterkünfte von Paris und andern Städten waren zu bestimmten Zeiten die Wohnungen der Ärmsten. Bei gründlicher Suche finden wir ihre Vorfahren in bestimmten Gebieten im Umkreis der Städte, den «Zonen», von denen ich gesprochen habe. In der Pariser Region bot diese den Armen Zuflucht, lange bevor sie zu einer Verteidigungszwecken vorbehaltenen Zone erklärt wurde. Sie hat lange Zeit Familien beherbergt, die teils von niedrigen Arbeiten in der Stadt, teils von der Arbeit in Steinbrüchen und Gipsvorkommen oder von Land- und Saisonarbeiten lebten. Die einen wie die andern lebten auf den gleichen unbebauten Geländen zusammen.

Blieben sie an diesen Orten, weil sie dort gewisse Lebensgrundlagen fanden?

Eher waren sie da, weil sie nicht in der Stadt wohnen konnten und auch in den ländlich geprägten Dörfern der Umgebung keine Aufnahme fanden. Aber Sie haben recht: Wenn man sie auch nur ein wenig in Ruhe liess, blieben diese Familien am Ort, weil sie Grundlagen zum Überleben gefunden hatten. In der Vergangenheit konnte die Aussicht auf eine Arbeit oder nur auf einen Broterwerb die Armen auch dazu bringen, auf Wanderschaft zu gehen. In der Blütezeit des Überseehandels, nach den grossen Entdeckungen, gingen sie in ganz Europa, von Spanien bis zu den niederländischen Provinzen, zu den Häfen. Für die Ärmsten zumindest haben die Vorschriften im Wohnungswesen und auf dem Stellenmarkt diese Wanderbewegungen praktisch zum Erliegen gebracht. In Westeuropa rekrutieren sich die

Gastarbeiter heute nicht mehr aus den völlig Verarmten, ausser vielleicht in Italien und in Spanien. Zum Ausreisen braucht es heute gültige Papiere oder Geld, um eine illegale Ausreise zu bezahlen. Auch innerhalb der Landesgrenzen werden immer weniger Wanderarbeiter aus dem Subproletariat bei Erntearbeiten beschäftigt. Oft haben Maschinen oder junge Studenten sie ersetzt.
In der Vergangenheit konnte auch die Wohltätigkeit der Abteien und der Kathedralen die Ärmsten in Bewegung setzen, wie es in islamischen Ländern freitags die Almosen bei der Moschee tun. Bei Wintereinbruch machten sich die Bettler, die kleinen Hausierer, die Leute, die auf Jahrmärkten wilde Tiere vorführten, auf den Weg nach Reims, Tours oder Barcelona. Asyle und städtische Krankenhäuser hatten einen guten Ruf, der von Mund zu Mund weitergegeben wurde. Die Kathedrale von Strassburg sah sich gezwungen, ihre Strebepfeiler zu verbarrikadieren, weil unzählige Arme dort Schutz suchten. Die «Volksküchen», die «Gassenküchen», die heute in Detroit, Amsterdam oder Paris eröffnet werden, sind Überreste dieser alten Wohltätigkeit. Im Winter 1982/83 wurde ihre Anzahl vermehrt, und je mehr es davon gibt, desto mehr erzählen es sich die Bettelarmen, die Vagabunden weiter und gehen dorthin.
Abbé Pierre ist zweifellos das jüngste Beispiel einer Wohltätigkeit mit solcher Anziehungskraft. Jener Winter, in dem er die Stimme erhob, war ein grosser Moment in der Geschichte der Kirche. Durch Abbé Pierre wurde die Liebe Christi verwirklicht, die Letzten wurden die Ersten und die Reichen ihre Diener. Man muss übrigens wissen, dass zur gleichen Zeit andere Priester und Laien ähnliche Sammelbewegungen ausgelöst haben. So sprachen die Armen zum Beispiel von Abbé Pineau in Tours. In der Gegend hiess «nach Tours gehen» zu einem vertrauenswürdigen Menschen gehen. Es gab solche Menschen im ganzen Land, und Abbé Pierre war ihre Galionsfigur.

Dass Hunderte von Familien den Toren von Paris zuströmten, gereichte der Kirche aber nicht zur Ehre.

Ist das die entscheidende Frage – festzustellen, ob die Christen früher hätten handeln können und so dem Elend der Obdachlosen vorbeu-

gen? Welche Mittel hatten sie, und wer hörte schon auf die Kirche in jener Nachkriegszeit? Ich behaupte, dass Abbé Pierre die vielen Menschen guten Willens, die überall zerstreut waren, in einer einzigen Bewegung sammeln konnte. Er strahlte eine so intensive Liebe aus, eine solche Empörung darüber, dass das Recht auf Wohnung mit Füssen getreten wurde, einen solchen Willen, die Regierung bei ihrer Verantwortung zu behaften.
In einer meiner Pfarreien in der Region Aisne kam die ärmste Familie damals zu mir: Sie wollte zu Abbé Pierre gehen. Ich gestehe, dass meine Pfarreiangehörigen nicht lange brauchten, um das Reisegeld zusammenzubringen. Sie waren nur allzu froh, dass diese lärmigen Nachbarn mit ihren vielen Kindern wegzogen. Andere Pfarrer handelten wie ich. Dies erklärt übrigens, wieso ich, als ich später selbst in diese Siedlungen kam, so viele Männer und Frauen angetroffen habe, die mit der Kirche vertraut waren. Abbé Pierre hatte eine bestimmte Kundschaft angezogen, wenn ich so sagen darf: das arme Kirchenvolk. In den Siedlungen, die in der Folge vom Amt für sozialen Wohnungsbau in Paris gebaut wurden, traf ich deutlich weniger Familien an, die eine Beziehung zur Kirche gehabt hatten. Aber das Wesentliche ist, dass die öffentliche Meinung und die Regierung auf den Aufruf von Abbé Pierre geantwortet haben. Die Obdachlosen wurden gemeinsam untergebracht – mehr schlecht als recht in all den Not- und Durchgangssiedlungen, die damals und noch während einiger Jahre gebaut wurden. Sie wurden immer in der Vorstellung gebaut, dass die Obdachlosen nur vorübergehend dort bleiben würden.

Nur vorübergehend? Existieren gewisse dieser Siedlungen nicht immer noch? Hat man in bezug auf sie nicht oft gesagt, dass nur das Provisorische Bestand hat?

Die Notsiedlungen hatten Bestand, und manche halten sich immer noch. Es gibt keine Region in Frankreich, in der sich nicht eine sogenannte «Abbé-Pierre-Siedlung» befindet. Diese Wohnungen stehen immer auf der Abbruchliste und werden doch immer neu bevölkert. Die Familien dort haben gewechselt. Am Anfang glaubten die Behörden, Familien unterzubringen, die zeitweilig Pech hatten, die wegen

des Baurückstands in Frankreich keine Wohnung gefunden hatten. Wer nur aus diesem einen Grund ohne Obdach war, erhielt im Laufe der Jahre eine andere Wohnung. Es blieben die Ärmsten, die Menschen ohne Arbeit und ohne Einkommen. Es blieben auch die jetzt leerstehenden Notwohnungen. Dorthin wiesen die Gemeinden jene Einheimischen- oder Gastarbeiterfamilien, mit denen sie nichts anzufangen wussten.
So waren die lokalen Behörden in den sechziger Jahren mit Ansammlungen konfrontiert, die sie nicht gewünscht hatten. Ich war damals schon sehr engagiert im Kampf – nicht bloss für Wohnungen, sondern für die Aufhebung von menschenunwürdigen Zuständen. Ich behalte eine schmerzliche Erinnerung an jene Jahre. Wir wohnten interministeriellen Sitzungen bei, in denen unendlich diskutiert wurde über die ideale Zahl von Familien, die «im semiurbanen Bereich verstreut» werden konnten. Das war die Sprache jener Zeit. Beamte liessen sich durch Soziologen oder Psychologen über die «Toleranzschwelle» in einer grossen Überbauung aufklären. Betrug sie 5, 10 oder 12% «asozialer» Familien? Wieviel «Problem»-Haushalte konnte eine Siedlung ertragen, die für andere Bürger geplant war? Das war eine Expertenfrage. In Wahrheit suchten die Behörden wie immer die Balkanisierung, die Aufsplitterung einer störenden Bevölkerung. In diesen Sitzungen bin ich mir bewusst geworden, was es für die Armen heisst, keine politische Vertretung zu haben.

Die Umsiedlung konnte aber doch nicht ohne das Einverständnis der betroffenen Familien geschehen?

Niemand fragte sie, und auch heute denkt niemand daran, sie zu fragen. Den Familien der Vierten Welt wird die freie Wahl des Wohnortes heute wie gestern vorenthalten. Auch andere Bürger haben diese Wahl nicht immer oder nicht in genügendem Ausmass. Aber die subproletarischen Familien haben überhaupt keine Bewegungsfreiheit. Das darf man nicht vergessen, wenn man wissen will, wo man sie finden kann. Sie sind nicht frei, den Ort oder die Art der Unterkunft zu wählen. Öffentliche oder private Instanzen zwingen ihnen entwürdigende und erniedrigende Wohnbedingungen auf. Eine Hilfsorganisation, die um

Unterstützung bei der Umsiedlung der Familien des Lagers von Noisy-le-Grand angegangen wurde, sprach zu mir von «Infra»-Unterkünften für «Infra»-Familien. Das war in den sechziger Jahren. In Tours baute die Stadt zur selben Zeit enge Wohnungen, in denen Matratzen auf Betten aus Zement den Bewohnern als Lager dienten. Die Türen waren aus Eisen; die Fensterläden aus Holz wurden in letzter Minute entfernt, aus Angst, die Familien könnten sie als Feuerholz verwenden. Seit etwa fünfzehn Jahren leben die Familien noch abgelegener als vorher. Sie werden in kleiner Zahl in Siedlungen mit niedrigstem Standard zusammengepfercht, wo sie möglichst wenig gesehen und gehört werden. Vor den Stadtsanierungen fand man sie in der Unterstadt, in möblierten Unterkünften, in Bruchbuden, die zwischen einen Bahnhof und ein Schlachthaus oder zwischen einem Kai und einem Lagerhaus eingezwängt waren. Nach diesen Renovierungen kann man sicher sein, sie auf einem schmalen Gelände zwischen einem Kanal und einer Autobahn, zwischen einer Fabrik und einer Müllhalde, hinter dem Friedhof oder entlang der Bahnlinie anzutreffen. Die Familien halten sich dort oft auf vorläufiger Basis auf, und ihre Mietverträge enthalten ungewöhnliche Klauseln. Das ist eine weitere Besonderheit, die festzuhalten ist. Fragen Sie in einem Rathaus, wo sich die Siedlungen mit einem besonderen Nutzungsstatus befinden, dann wissen Sie, wo Sie die ärmsten Mieter suchen müssen.

Das gilt für diejenigen subproletarischen Siedlungen, die intakt geblieben sind. Neubauten der gleichen Art sind nicht mehr vorgesehen. Aber für diejenigen, die noch bestehen, weiss ich nicht, wie sie in den kommenden Jahren zerstört werden könnten. Ihre Bewohner sind wie sesshaft geworden. Ich könnte noch nicht sagen, weshalb. Selbst die Familien, die erst kürzlich eingezogen sind und die sich noch nicht lange in der Situation des Subproletariats befinden, bringen Probleme mit, die ich früher nicht kannte. Sie scheinen gleichzeitig verängstigter und weniger darauf erpicht, ihrem Leben allem und jedem zum Trotz einen Sinn abzugewinnen. Als ob das finanzielle Elend, das früher grösser war, den subproletarischen Familien eine Überlebenskraft gegeben hätte, die sie heute nicht mehr haben. Das ist nur so ein Gefühl; man muss da sehr vorsichtig sein und keine übereilten Schlüsse ziehen. Ich will nur sagen, dass ich diese Schwere, diesen

Lebensüberdruss auch in manchen Strassen oder Siedlungen in Deutschland oder in den Niederlanden antreffe. Auch da scheinen die Familien heute mehr Einkommen zu haben, aber weniger Lebenskraft. Wir sprechen hier über das Erbe an alten Siedlungen, zu denen billige Mietskasernen und staatseigene Wohnungen hinzugekommen sind, die sich in einem zu schlechten Zustand befinden, als dass sie andern Mietern angeboten werden könnten. Aber ich glaube, dass heute wieder eine Zeit der Zersplitterung, der «Zerstreuung» angebrochen ist. Zwar denken die Verantwortlichen für das Wohnungswesen vielleicht, den am meisten benachteiligten Familien einen Dienst zu erweisen, wenn sie sie in Wohnungen verteilen, die sie auf die Dauer nicht bezahlen können. Aber es ist auch eine Art, ein Problem zum Verschwinden zu bringen, sich seiner provisorisch zu entledigen. Abgelegene Siedlungen zu bauen war eine Art, diese Familien dem Blick zu entziehen; sie zu zerstreuen ist eine andere.

Versuchen Sie, sie aufzufinden?

Natürlich, und die Familien, die in den alten Siedlungen geblieben sind, weisen uns den Weg. Oft handelt es sich um Verwandte oder ehemalige Nachbarn. Ich glaube übrigens, dass es reicht, in einer Siedlung zu leben, die Nachbarn, die Geschäftsinhaber, die Sozialarbeiterinnen reden zu hören, um zu wissen, wo die Vierte Welt ist. Etwas hat sich seit den Hirten von Betlehem und durch die ganze Geschichte hindurch nie verändert. Arm sind nur die «guten Armen». Die Allerärmsten sind definitionsgemäss schlechte Arme und werden deshalb auch anders genannt: «Faulenzer», «Asoziale», «schwierige» Familien, nicht «Familien in Schwierigkeiten». Ich sagte Ihnen, welche Chance es für einen Arbeiterpriester wäre, einen Arbeitskollegen nach Hause zu begleiten und in seiner Nachbarschaft eine Familie ohne Arbeit, die vielleicht sogar zum Subproletariat gehört, anzutreffen. Er müsste nur hinhören, was die Leute reden, um zu wissen, wo die am meisten vom Elend geprüfte Familie wohnt.

Leben nicht immer mehr subproletarische Familien in der Pariser Region?

Das glaube ich aufgrund der jüngsten Geschichte nicht. Paris behält seine am meisten Benachteiligten nicht mehr. Die Hauptstadt speit sie aus. Sie behält höchstens ihre ausländischen Arbeiter. Ich habe selbst gesehen, was für ein Kuhhandel getrieben wurde, um die alteingesessene subproletarische Bewohnerschaft des Pariser Stadtzentrums auszubürgern, die man bei der Stadtsanierung entdeckt hatte. Der Staat intervenierte, um die Ansiedlung dieser Bevölkerungsgruppe in umliegenden Gemeinden zu bezahlen. Jetzt zerbrechen sich diese Gemeinden den Kopf, wie sie sie wieder loswerden können. Es gibt in der Pariser Region Siedlungen, die in den sechziger Jahren fast ausschliesslich von einem einheimischen Subproletariat bewohnt waren. Heute haben sie zu 85% Gastarbeiterfamilien. Da diese die Miete regelmässiger bezahlen, konnte der Anstrich erneuert und die Umgebung ein wenig gestaltet werden. Der Ruf der Siedlung hat sich nicht verbessert, aber die Ärmsten sind weggezogen.
Mit Ihrer Frage nach Zahlen schneiden Sie indessen ein grundlegendes politisches Problem an. Die Vierte Welt ist wie ein politisches Nichts. Wer will sie schon kennen, wer will ihr Ausmass wissen? Die subproletarische Bevölkerung ist eher ein statistisches Missverständnis als ein blosser Rechenfehler. Sie erscheint immer in allgemeineren Rubriken, wo es unmöglich ist, sie vom Rest zu unterscheiden. Es kann auch anderen geschehen, dass sie ohne Arbeit, ohne richtige Wohnung, ohne Einkommen oder ohne viel Schulbildung sind. Indem man die Kategorien und die Zahlen verallgemeinert, wie es Autoren wie Lionel Stoléru, René Lenoir und kürzlich Serge Milano und Robert Lion getan haben, verschleiert man die hoffnungslosesten Situationen. Die öffentliche Meinung nimmt es hin; niemand will wissen, wer von unseren Mitbürgern gleichzeitig ohne Wohnung und ohne Arbeit, ohne Einkommen und ohne Schulbildung, krank und ohne politische Vertretung ist.
In dieser allgemeinen Gleichgültigkeit kann sich der Staat, der es nicht wissen will, hinter der Unsicherheit der Zahlen verschanzen, um nichts zu unternehmen. «Sagen Sie uns, wie viele es sind, dann wollen wir

sehen, was wir tun können ...» Das bekomme ich oft zu hören; es kann soweit gehen, dass meine Gesprächspartner mir meine mangelnden Kenntnisse vorwerfen. «Sie sind unpräzis, die Leute von ATD Vierte Welt ...» Dabei gibt jeder aufrichtige Beamte zu, dass das in Frankreich und in der Europäischen Gemeinschaft verfügbare statistische Material keine Antwort geben kann auf die Frage: Wieviel Arme gibt es? Die Frage wurde nicht vorgesehen, und nichts wird getan, um die Antwort möglich zu machen.

Es gibt aber doch Zahlen: Die Presse hat von acht bis zehn Millionen Subproletariern in der Europäischen Gemeinschaft und von zwei Millionen in Frankreich gesprochen.

Diese Schätzungen, die sich in Dokumenten der Europäischen Gemeinschaft finden, stammen von der Bewegung ATD Vierte Welt. Wir haben sie sehr vorsichtig, mit Hilfe komplexer Interpretationen aufgestellt. Zwei Millionen für Frankreich 1971 war absichtlich zu tief geschätzt. Wir wollten jede Übertreibung, jeden Vorwurf von Demagogie vermeiden. Heute wiederholen die Massenmedien diese Zahlen, die nie aktualisiert worden sind. Es sind Grössenordnungen, und damals blieben wir absichtlich unter der Wirklichkeit.
Ehrlich gesagt, was waren all diese Berechnungen schon wert? Wo sind sie, wieviel sind sie, waren das wirklich die zentralen Fragen? Ich habe mehr und mehr gelernt, sie als Fangfragen zu betrachten, als Fragen, hinter denen wir Schutz suchen, um uns nicht fragen zu müssen, was diese Familien bedeuten. War das Wesentliche nicht, dass sie, ungeachtet ihrer Anzahl, unseren Verrat aufdeckten und unsere Schummeleien anprangerten, dass sie uns zwangen, mit unseren Überzeugungen konsequent zu sein? Die wirkliche Frage war, zu welchen Veränderungen sie uns bringen konnten. Sich hinter Zählungen zu verschanzen ermöglichte es, über den Protest der Armen hinwegzugehen. Das hat sich kaum verändert.

Haben Sie der Anwesenheit der Vierten Welt auf dem Land nachzugehen versucht?

Wahrscheinlich befindet sich die Mehrheit der am meisten benachteiligten Familien am Rand der Städte. Aber wir begegnen ihnen auch in fast allen Dörfern Frankreichs und sicher in allen Marktflecken. Kürzlich haben mir Freunde in der Nähe von Poitiers ein Dutzend alter Landarbeiterwohnungen gezeigt. Früher brachten die Bauern dort ihre Hilfskräfte unter. Heute vermietet sie die Gemeinde, um dort subproletarische Familien unterzubringen. Derartige kleine Inseln existieren fast überall in Frankreich. Die meisten Familien haben übrigens in mehreren Gemeinden gelebt. Es kommt vor, dass jedes Kind einer Familie in einer andern Gemeinde geboren ist. Heute sehe ich, wie mehr und mehr Familien versuchen, in ein Dorf zurückzukehren, in dem ein Elternteil familiäre Beziehungen bewahrt hat. Es ist nicht unbedingt das Dorf, in dem sie geboren sind, dort sind sie manchmal nicht lange geblieben. Es ist ein Ort, wo sie Verwandte, Bekannte zurückgelassen haben. Ich weiss nicht genau, weshalb sie zurückkehren. Die Familien hoffen natürlich, dass sie dort aufgenommen werden, aber darin werden sie oft enttäuscht. Eine sehr arme Familie hat oft mehr Mühe, sich in einem Dorf zu integrieren, als sich in der Stadt niederzulassen.
Es bleibt am Ende schwierig, die Herkunft der Familien zu kennen. Stammen sie aus der Stadt oder vom Land? Sie selber können nicht immer ohne weiteres antworten; oft muss man geduldig gemeinsam der Vergangenheit nachgehen, denn es ist nicht immer erhellend, bloss den Geburtsort zu kennen. Sie sind oft soviel umhergezogen, jahrelang hin- und hergetrieben von der Furcht, die Kinder könnten weggenommen werden, von Ausweisungen oder Drohungen der Nachbarschaft, von Mietrückständen oder Schulden. Es kommt vor, dass sie sich in einer der Siedlungen niederlassen, von denen wir gesprochen haben. Wenn die Behörde sich anschickt, sie niederzureissen, werden die Familien in andere Siedlungen gewiesen, die ebenfalls vom Bulldozer bedroht sind. Von Provisorium zu Provisorium verliert man manche Familien aus den Augen; sie suchen auf eigene Faust eine Unterkunft. Sie suchen Obdach bei einem Bruder, einem Kollegen, sie

ziehen in eine verborgene Baracke in einem Wäldchen ein oder mieten sich eine alte Garage. Zur Zeit scheint es, dass ihre Zahl zunimmt, aber die Stationen ihrer Irrfahrt sind, seit ich sie kenne, offenbar die gleichen geblieben: einander ablösende Notunterkünfte, die sie mit viel Kopfzerbrechen finden oder improvisieren, weil es jenseits einer bestimmten Armutsgrenze keine von der Nation vorgesehene Wohnung mehr gibt.

Die Kampagne von Abbé Pierre und der Enthusiasmus des ganzen Landes haben also zu keinem Ergebnis geführt?

Abbé Pierre wusste das Land zu mobilisieren und wies die Behörden auf ihre Verantwortung hin. Nach ihm konnte niemand mehr sagen, dass Wohnung für alle keine Aufgabe des Staates sei. Für ihn waren die Notsiedlungen, das Notunterkunftslager in Noisy-le-Grand wirklich nur provisorische Einrichtungen. Seine Statur und sein Charisma, «zuerst dem am meisten Leidenden zu dienen», trieben ihn übrigens zu einer streitbaren Weltverantwortung, von der die alleinstehenden Männer, die zu Unrecht Clochards oder Vagabunden genannt werden, berichten könnten. Er ist ihr Gefährte geworden, und ihre Stimme wurde in aller Welt gehört. Auch das kann nicht vergessen werden.
Die Entdeckung eines Volkes im Elend, das hauptsächlich aus Familien besteht, ist später gekommen. Diese Familien haben die Bewegung ATD Vierte Welt dazu gebracht, ihren eigenen Weg zu gehen.

Damit sind wir in Noisy-le-Grand – einem Lager, das von Abbé Pierre errichtet wurde.

Einem Lager, das von den Lumpensammlern von Emmaus errichtet worden war und von dem Abbé Pierre nicht gewollt hätte, dass es fünfzehn Jahre lang stehenblieb. Es war nicht einmal eine provisorische Einrichtung. Es war eine Art Feldlager: zweihundertfünfzig «Iglus», kleine Schuppen aus Eternit, auf dem blossen Erdboden, ohne Strom und Wasser. Die Familien sollten dort für einige Wochen bleiben, bis für sie eine provisorische Siedlung erstellt wäre.

Das Lager von Noisy-le-Grand ist schnell so etwas wie der Inbegriff eines Volkes geworden, das zu elend ist, um Aufnahme zu finden. Die Familien kamen von ziemlich überall in Frankreich: vor allem aus dem Westen, dem Zentrum und dem Norden. Sie kamen aus Städten und Dörfern, und manche stammten aus dem Herzen von Paris. Allein die Tatsache, dass sie eine so dürftige Unterkunft akzeptierten, die in Frankreich gewöhnlich für Tiere verwendet wurde, war ein Zeichen. Andere Familien, die auf den Aufruf von Abbé Pierre herbeigeeilt waren, hatten sie nicht akzeptiert. Einige der weniger Armen, die zufällig dort gestrandet waren, konnten in den folgenden Jahren noch eine andere Wohnung finden. Die anderen sind nicht nur dageblieben, sie sind zu etwas geworden, was Abbé Pierre nicht hatte vorhersehen können: zu einem Gastland, in dem weiterhin die ärmsten Familien von Frankreich eintrafen.

Die öffentliche Meinung war aber doch wach. Hat sie sich nicht empört?

Die öffentliche Meinung hat getan, was wir alle tun, wenn es um die Ärmsten geht. Sie hat die Sache besiegelt, indem sie die Schuld den Familien gab. Sie kamen aus allen Teilen Frankreichs und waren nicht gewohnt, zusammenzuleben oder eine grössere Gemeinschaft zu bilden. Sie fielen schnell auf durch ihre Armut und ihre Unwissenheit. Der Gipfel der Ungerechtigkeit war, dass man ihnen mangelnde Hygiene vorwarf in einem Lager, wo es nur ein paar Brunnen gab. Die Behörden und die Umgebung warfen ihnen vor, dass sie die paar Quadratmeter Lehm, die als «Garten» dienten, nicht umgruben. Als ob diese Menschen es sich in ihrem jämmerlichen Gesundheitszustand hätten leisten können, ihre letzten Kräfte darauf zu verschwenden, auf einem Boden, der ihnen für einige Wochen geliehen wurde, Salat oder Geranien zu ziehen. Ihr «Garten» diente ihnen als Abstellraum in Ausdehnung der 46,8 Quadratmeter, auf denen Frau und Kinder zusammengepfercht waren; das Lager nahm das Aussehen eines grossen Schuttabladeplatzes an; das war unverzeihlich in den Augen der Umwelt.

Jedermann beschuldigte die Familien der Defizite, mit denen sie behaftet waren: mangelnder Gemeinschaftssinn, Mangel an Ordnung,

Harmonie und Sauberkeit. Wenn sie im Dreck lebten, unter einem halbmondförmigen Dach, auf dem gestampften Erdboden, so war das ihr Fehler, sie fühlten sich wohl so und wollten nichts anderes.
Ihnen die Schuld geben für ihr Elend, sie als «Sozialfälle» ansehen, das konnte man um so leichter, als es ihnen unmöglich war, ihren Zustand zu rechtfertigen. Sie waren keine gewöhnlichen Obdachlosen, aber warum? Sie konnten nicht sagen, sie seien Opfer des wirtschaftlichen Niedergangs einer bestimmten Region oder Branche; sie waren keine alten Leute und auch nicht Geschädigte einer Naturkatastrophe. In der Reihe der geläufigen Erklärungen des Elends blieben nur noch Geisteskrankheit, Charakterschwäche und böser Wille übrig. Sie alle wurden gleichzeitig verwendet. Das machte aus dem Lager von Noisy-le-Grand etwas Zufälliges, einen zusammengewürfelten Haufen von Sozialfällen, von schlechten Armen.
So habe ich es 1956 kennengelernt, als mein Bischof mir vorschlug, nach Noisy zu gehen und ihm zu sagen, ob ich dort bleiben wolle.

VERBÜNDETE SETZEN IHREN RUF AUFS SPIEL

Gilles Anouil – Sie sind 1956 im Lager von Noisy-le-Grand angekommen und sind geblieben. Wie sind Sie auf die Idee gekommen, eine Bewegung zu gründen? Zu welchem Zeitpunkt haben Sie beschlossen, nicht einfach als Einzelperson zu wirken, sondern eine Organisation zu gründen? Und weshalb?

Père Joseph – 1956 hatten die 252 Familien des Lagers keinen Kontakt zur Pfarrgemeinde. So wandten sich die kirchlichen Behörden an verschiedene Bistümer, damit eines von ihnen einen Priester freistelle. Mein Bischof dachte an mich. «Du bleibst, solange du willst, du kommst zurück, wann du willst, du gehörst weiterhin zum Bistum und kannst jederzeit zurückkehren.» Ich liess sieben Dörfer in der Aisne hinter mir, in die ich allerdings jeden Sonntag zurückkehrte, um die Messe zu feiern und Religionsunterricht zu erteilen. Das ging vier Monate lang so. Aber wie ich Ihnen sagte: Schon bei den ersten Kontakten mit der Bevölkerung kam mir der Gedanke, dass ich es mit einem Volk zu tun hatte. Sicher bekamen meine Erfahrungen als Kind, als Lehrling, als junger Arbeiter, die Jahre als Seminarist und später als Pfarrer so endlich einen Zusammenhang und eine Bedeutung. Als Kind war ich in einem Arbeiterviertel, das an ein Elendsviertel grenzte, aufgewachsen. Im Seminar ging ich, sooft ich konnte, in ein Elendsviertel von Soissons. Ich hatte als Beschäftigter in den Kellern der Farbenfabrik Valentine subproletarische Arbeiter angetroffen. In meinen Landpfarreien hatte ich mit unendlich armen Familien Kontakt gehabt. Ich bekam langsam den Ruf, «der Priester des Packs» zu sein. In Noisy-le-Grand bekam all dies einen Sinn. Ich sagte mir: Das ist ein Volk, das Volk des Elends. Sie sind nicht für ein bestimmtes Ziel zusammen oder weil es sie glücklich macht, sondern einzig aufgrund ihres Leidens. Es hält sie zusammen, hält sie gefangen und demütigt sie.

Haben Sie damals daran gedacht, eine Organisation zu gründen?

Noch nicht. Ich musste zuerst unter diesen Familien leben. Nach und nach haben gewisse Realitäten sich mir aufgedrängt. Zuallererst die der Besitzlosigkeit. Von Anfang an haben mich die Familien zu Verzichtleistungen gezwungen, für die ich von mir aus die Kraft nicht gehabt hätte. So kam eines Tages im Februar 1957 eine Familie im Lager an, auf Anweisung der Stadtverwaltung von Versailles. Vater, Mutter und fünf Kinder, durchfroren und ohne Gepäck. Da gab es nur eines: Ich musste ihnen meine Decken geben. Ich sagte mir, dass ich am folgenden Tag oder in den Tagen danach andere finden würde. Aber die Dinge renkten sich nicht so einfach ein, und ich blieb mitten im Winter in einer eiskalten Baracke mit nichts als meinem Priesterrock und meinem Umhang, um mich zuzudecken.
Als Landpfarrer hatte ich Armut gekannt. In den ersten Monaten nach der Ankunft in meiner Pfarrei in Dhuizel hatte ich nicht viel zu essen. Ich war ohne viel Gepäck angekommen und ass lange Zeit direkt aus dem Kochtopf. Aber all dies ist ein oberflächlicher Besitzverzicht. In meiner Umgebung gab es immer Leute, die mir aushelfen konnten. In Noisy war der Verzicht echt, weil alle Familien, die dort lebten, gleich mittellos waren. Ich hatte keinen Rückhalt. Das hat mich innerlich tief mit der Bevölkerung verbunden.
Dann hat sich mir eine andere Einsicht aufgedrängt. Ich erinnere mich an eine alleinstehende Mutter, die bei Einbruch der Nacht mit fünf Kindern ankam: zwei Söhne und drei Töchter. Ich hatte ihnen nichts anzubieten als ein halbes Iglu: viereinhalb Meter mal fünf Meter zwanzig. Von zwei Männern begleitet, führte ich die Mutter in den einzigen Raum, den ich ihr geben konnte. Die Frau schaute das Iglu mit seinem gestampften Boden nicht an, sie fixierte die unheimlichen Gesichter dieser beiden Männer, und ihr Gesicht erstarrte vor Schreck. Sie entdeckte, dass sie in eine Welt der Hoffnungslosigkeit eintrat, aus der sie nie wieder hinausfinden würde. Ich sagte ihr: «Hören Sie, ich habe Ihre Kinder angesehen und nachgedacht. Ich habe mich gefragt, was meine Mutter getan hätte – sie hätte ihre Kinder genommen und wäre auf die Gemeindeverwaltung gegangen. Dort hätte sie mit ihren Kindern den Eingang besetzt und gesagt: ‹Ich werde von hier nicht weggehen,

bevor Sie mir eine Wohnung gegeben haben.›» Beim Nachdenken über meine Mutter hatte ich verstanden, dass es für alle Familien keine andere Lösung gab, als die Gesellschaft zu nötigen, die Ärmsten aufzunehmen. Dieser Familie habe ich ein Hotel bezahlt, aber der Gedanke, dass ich die Gesellschaft nötigen müsste, ihrer Verantwortung nachzukommen, hat mich seit jenem Abend nicht mehr losgelassen.

Gab es denn im Lager keine andere Organisation, die das hätte tun können?

Es gab 27 Organisationen und Institutionen, und keine, ausser Emmaus, kämpfte um Wohnraum für die Ärmsten. Ich hatte das Gefühl, dass sie sich der Familien bemächtigten. Einzig Abbé Pierre hatte das Format dazu, aber seine körperlichen Kräfte hatten ihn im Stich gelassen. Das hat mir übrigens deutlich gemacht, wie sehr die Armen den Personen ausgeliefert sind, viel mehr als den Organisationen. Es genügt, dass eine Person verschwindet, und schon löst sich das bisschen Sicherheit, das sie haben, in nichts auf.
Im Lager wurden die Familien von den Händlern, die ihnen die Nahrung brachten, ausgebeutet. Sie bezahlten dafür teurer als in der Stadt Noisy. Sie wurden auch von gewissen Hilfsorganisationen ausgebeutet. Besonders eine forderte die Eltern auf, ihre Kinder nicht zu waschen und nicht sauber anzuziehen, wenn sie sie fotografierte. Sie wollte sie in einem mitleiderregenden Zustand zeigen, da die Bilder bei ihren Spendern ihre Tätigkeit rechtfertigen sollten. Wie viele andere verteilte sie Kleider, Milch für die Säuglinge und Geld – und verteilte damit vor allem Ehrlosigkeit. Es gab auch eine Suppenküche. Inmitten von soviel Elend war sie vollkommen sinnlos. Männer und Frauen, die mit ihrem Essgeschirr hingingen, machten einen Bogen um das Lager, damit sie nicht an meiner Baracke vorbeigehen mussten, so sehr schämten sie sich und wussten, dass ich mich für sie schämte. «Es ist für meinen Hund», sagten sie, wenn sie mir trotzdem begegneten. All diese Hilfsgesten besagten ausnahmslos, dass man die Familien im Stich liess, dass man sie in diesem Leidenslager gefangenhielt, dass man sich weigerte zu tun, was nötig war. Sie vergrösserten nur Tag für

Tag die Armut und die Erniedrigung der Familien. Das brachte mich zum Entschluss, mit den Bewohnern des Lagers einen Verein zu gründen. Wir mussten es unter allen Umständen schaffen, nur notwendige und annehmbare Hilfe an Ort und Stelle zu belassen; wir mussten fähig werden, die Eindringlinge zu vertreiben.

Sie haben also die Bewegung mit den Betroffenen selber gegründet?

Was blieb mir anderes übrig? Sie dürfen nicht glauben, dass ich frühzeitig Mitbestimmung betrieb. Ich gehörte zu ihnen, zu ihrer Gemeinschaft. Ich fror, ich hatte Hunger wie sie. Ich wurde von ihnen verlacht, weil ich meine Stellung als Priester nicht ausnutzte. So sass ich einmal am Boden, und eine Familienmutter sprach mich um Geld an. Ich hatte nichts, das ich ihr geben konnte, und sagte ihr das. Da wandte sie sich an die Vorbeigehenden und begann auszurufen: «Seht nur diesen Pfarrer, der nichts hat, das er mir geben kann ...» Auch einem Familienvater, der mich um Kohle bat, musste ich sagen, dass ich selber fror, dass ich nichts zu geben hatte. Er hat mich beinahe niedergeschlagen. Ich war schneller als er und streckte ihn zu Boden. Das brachte mir den Ruf ein, den schwarzen Gürtel zu besitzen.
Mit wem sonst hätte ich mich verbünden sollen? Mit den Familien zusammen machte ich Unerträgliches durch. Was ich Ihnen eben erzählte, sind keine aussergewöhnlichen Episoden. Es war unerträglich, weil es andauerte. Sechs Monate, das wäre auszuhalten gewesen, ein Jahr war es schon nicht mehr, und nach zwei Jahren wäre es entweder zum Aufstand gekommen, oder wir hätten aufgeben müssen und ich wäre mit der Bevölkerung untergegangen. Aus dieser Furcht heraus ist eine erste Vereinigung entstanden. Das war eine Art, dieses tägliche Drama gemeinsam zu tragen. Alles, was folgte, entstand übrigens auf die gleiche Weise, aus der Realität heraus, aus einem Übermass von Ungerechtigkeit, aus der Furcht, gemeinsam unterzugehen. Alles ist aus dem gemeinsamen Leben heraus entstanden, niemals aus einer Theorie.
Fast sofort kam der Gedanke an eine neue Art von Freiwilligendienst, und ohne dieses Volontariat, das im Elend von Noisy-le-Grand geboren wurde, wäre nichts geschehen. Was konnten die Familien und ich

selbst schon ausrichten, wenn nicht Männer und Frauen an unsere Seite traten, die das gleiche wollten wie wir: das Elend und seine Schmach auslöschen. Ich fühlte, dass dies lebensnotwendig war; aber ich hatte noch keine klare Vorstellung von diesem Freiwilligenkorps für die Ärmsten, das im Entstehen begriffen war.
Unterdessen kamen die Familien mit ganz konkreten Anliegen zu mir. Wegen der Kleinkinder zum Beispiel: Man konnte sie nicht im Schlamm herumpatschen lassen – im Sommer waren sie durstig und im Winter krank. Es fehlte zudem am Lebensnotwendigen: Nahrung, Kleidung, Kohle. Es kam nicht in Frage, auf die Suppenküche, die Kleiderverteilung zu verzichten, ohne an deren Stelle einen Plan zur Bekämpfung dieses Elends zu setzen. Aber um einen Kindergarten, eine gemeinsame Aktion für Kohlebeschaffung, einen Secondhandshop auf die Beine zu stellen, brauchte es Unterstützung und Organisation und somit eine Einwilligung der Familien und Mithilfe von aussen.
Einige Menschen aus dem Lager kamen 1957 bereits in einem «Familienausschuss» zusammen. Sie waren sich bewusst, dass das Leben so nicht weitergehen konnte. Mit ihnen wurde die erste Vereinigung gegründet. Ich weiss nicht, aus welcher Vorahnung heraus wir den Namen «Gruppe für europäische Aktion und Kultur» angenommen haben. Wir waren in der Tat dabei, eine internationale Vereinigung zum Schutz der Menschenrechte zu gründen. Aber wir waren uns dessen noch nicht bewusst. Welche Perspektiven hatten wir überhaupt in diesem Lager, wo in jenem sehr kalten Winter 1957/58 völlig mittellose Familien ankamen? Zumindest hatten wir alle sehr stark das Gefühl, dass wir die Mauern der Isolation durchbrechen mussten. Und da in jenen Jahren sehr viel von Europa die Rede gewesen war, konnten wir mit der Bezeichnung «Gruppe für europäische Aktion» an die vorherrschenden Denkrichtungen anknüpfen, uns nicht als Bedürftige, sondern als Menschen- und Bürgerrechtler situieren. Für mich war dies sicher eine konkrete Weise zu sagen: Eines Tages werden diese Familien die Stufen des Vatikans, der UNESCO, des Elyséepalastes, der UNO, der IAO emporsteigen.

Aber welche Kraft, welche Macht konnten die Bewohner des Lagers von Noisy haben? War ihr Unternehmen nicht von vornherein zum Scheitern verurteilt?

Ich habe sehr schnell erfahren, dass wir allein nichts erreichen würden. Kaum war die Vereinigung gegründet, da wurde ich vom Nachrichtendienst des Innenministeriums vorgeladen, der eine Erklärung verlangte. Einige Mitglieder des Vorstands waren vorbestraft, sie hatten im Gefängnis gesessen und sogar ihr Wahlrecht verloren. Was führte ich da im Schilde? Eine Vereinigung von Übeltätern, von Aufständischen? Der Eintrag wurde uns verweigert. Ich musste mindestens einige Personen vorzeigen, die nicht mit der Polizei in Konflikt geraten waren. Ich wandte mich an einen protestantischen Freund, und wir gründeten eine neue Vereinigung. Mein Freund wollte sie «Aide à Toute Détresse» (Hilfe in grösster Not) nennen. Die Familien waren einverstanden, das änderte nichts an unseren Zielen.

Welche Ziele waren das?

Die Enge des Lagers durchbrechen, eine Wohnung finden, in die Provinz zurückkehren für die, die dies wollten. Aber auch: das Leben verstehen, die Ereignisse und uns selber verstehen, lernen überhaupt. Wir hatten längst nicht die Sprache, die wir heute haben. Wir sahen überhaupt nicht voraus, welches Spektrum von Bemühungen in Angriff zu nehmen war. Wir wollten, dass das Unrecht ein Ende nehme. Wir wussten nicht, was auf uns zukam, wenn wir daran festhielten und uns wirklich vom Leben leiten liessen. Aber ich glaube, dass die Bewegung im Kern bereits da war: in der Absicht, gemeinsam bessere materielle Lebensbedingungen zu schaffen, Räume für Kultur aufzubauen, Verbindungen mit der Aussenwelt anzuknüpfen und durch all das zu zeigen, dass es uns gab – auf die kollektive Existenz der Armen aufmerksam zu machen, damit diese ihren angemessenen Platz in der Geschichte der Menschen und in ihrer Zukunft einnehmen könnten.

Wir fingen an, Brunnen anzulegen (es gab nur etwa zehn für mehr als 250 Familien). Wir legten Zementböden, versahen manche Iglus mit

Strom, isolierten in anderen die Wände und legten Wasserleitungen. Gleichzeitig begannen wir, Bildungsstätten zu schaffen: einen Kindergarten, eine Bibliothek und später einen Familientreff. Denn die Sorge um die Familie, von der sich die Vierte-Welt-Bewegung leiten lässt, war der Ausgangspunkt ihrer gesamten Tätigkeit. Im Elend zeigt sich das unbedingte Bedürfnis der Menschen nach Schutz der Familie. Im Lager von Noisy war dieses Bedürfnis ausschlaggebend: die Familie war von überallher bedroht, sie wurde durch Eingriffe von aussen zerbrochen. Die Eltern mussten sich erbittert verteidigen. Wir waren übrigens ständig Feuersbrünsten ausgesetzt. Der erste Familientreff, eine umgebaute Baracke, brannte am Tag seiner Einweihung nieder. In den folgenden Monaten begannen wir, ein neues Gebäude zu errichten. Schon bewiesen die Familien Ausdauer – während das Innenministerium die Eintragung unseres Vereins noch immer verweigerte. Wir lebten nicht gerade in der Illegalität (denn wir taten niemandem etwas zuleide), aber sozusagen ausserhalb des Gesetzes. Ich konnte mir ausmalen, dass uns ein langwieriger Kampf bevorstand. Fürs erste verlangten Würde und Sicherheit der Familien, dass wir zumindest einige Grundlagen legten hinsichtlich der folgenden drei Ziele: in einem menschenwürdigen materiellen Rahmen leben, seinen Geist entwickeln und von den Mitbürgern anerkannt werden.

Was konnten Sie tun, ohne offiziellen Status und ohne Mittel? Brachte es Ihnen nicht zusätzliche Scherereien ein, wenn Sie ohne Genehmigung vorgingen?

Dieses Risiko mussten wir eingehen, denn es war unmöglich, nichts zu tun. Wir eröffneten ein Bankkonto und stellten eine Buchhalterin ein: Frau Fouchet, eine Familienmutter aus dem Lager, führte nach der Arbeit Buch über Einnahmen und Ausgaben. Ich selbst begann, Aufrufe zu verbreiten. Diese erzählten vom Leiden und von der Würde der Familien. Sie fanden einen gewissen Widerhall und trugen dazu bei, den Fortbestand des Elends ans Licht der Öffentlichkeit zu bringen. So bildete sich eine Bewegung, die uns unterstützte und Öffentlichkeitsarbeit leistete. Ich kannte in Paris eine einzige Person, Mademoiselle Lucile Sumpt, eine ältere Dame, die ich ganz zufällig

in der Abtei von Cîteaux getroffen hatte. Sie war eine Generalstochter und hatte zwischen den beiden Weltkriegen als Sozialarbeiterin im 15. Arrondissement miterlebt, wie die Tuberkulose unter den armen Familien wütete. Sie hat mich mit zahlreichen gutsituierten Familien in Kontakt gebracht.
War ich so auf ganz traditionelle Pfade zurückgekehrt, wo die Reichen den Armen Wohltätigkeit erweisen? Das war sicher nicht, was wir wollten. In Wirklichkeit haben die Reichen begonnen, zugunsten der Armen ihren Ruf aufs Spiel zu setzen. Denn das Lager war schon allzu bekannt, die Familien hatten einen schlechten Ruf, wir verkrachten uns mit zahlreichen Hilfsorganisationen. Es war wirklich kein Zufall, dass das Innenministerium seine Genehmigung verweigert hatte. Es brauchte also einen recht unabhängigen Geist, man musste gewissermassen über den Dingen stehen, um sich mit uns einzulassen. Vergessen Sie nicht, dass das Revolutionäre an der Botschaft von Abbé Pierre hier in Paris nicht durchgedrungen war. Er sagte, die Welt müsse das Elend mit anderen Augen betrachten; dies würde notwendigerweise eine Neuausrichtung der Gesellschaft mit sich bringen. Aber das war es nicht, was Paris im Gedächtnis behielt; und in den Armensiedlungen betrieb Emmaus wieder Suppenküchen, sobald Abbé Pierre fort war. Für die Familien kam es, wie gesagt, nicht mehr in Frage, es dabei bewenden zu lassen, aber wer dies aussprach, wurde wenig geschätzt.

Viele Leute haben geglaubt, dass Sie zuerst zu Emmaus gehörten und sich später von dieser Organisation getrennt haben.

In Wirklichkeit hatte mein Bischof mich den Familien des Lagers zur Verfügung gestellt; ich habe nie zu Emmaus gehört. Gewiss bedeutete nach Noisy zu gehen für mich auch, zu Abbé Pierre zu gehen, so wie ich früher auf der Suche nach den Ausgebeuteten und Unterdrückten zu Abbé Godin und Abbé Depierre gegangen war. Diese Männer waren in meinen Augen eine grosse Hoffnung für die Armen, und ich war stolz auf die Kirche, die fähig war, Menschen von diesem Format hervorzubringen. Ich fühlte mich als Erbe dieser Kirche, die von Liebe zu den Ärmsten überströmt. Als junger Landpfarrer bekam

ich wesentliche Anstösse von diesen Priestern, die Zeugen und kritische Stimme der Unterdrückten sein wollten.
Kommen wir ein letztes Mal auf die Geschichte zurück. Denken Sie daran, was für eine Zeit die fünfziger Jahre in Frankreich für die Armen gewesen sind. Die bestehenden Wohnungen befanden sich seit dem Krieg in einem unvorstellbaren Verfallszustand. Was noch bewohnbar war, wurde von Familien bewohnt, die zumindest ein wenig begütert waren, während die Ärmsten unter jämmerlichen Bedingungen überlebten. Die Mechanisierung der Landwirtschaft vertrieb sie von der Scholle in die Städte, wo der Stellenmarkt nicht genügend entwickelt war, um diesen Binnenwanderern Arbeit zu bieten. Die Politiker hatten andere Sorgen; die Verwaltung gab vor, von Elend nichts zu wissen. Ganz zu schweigen von Indochina und Algerien, von wo viele Männer krank, ohne Arbeit und Zukunft zurückkehrten (die Armee und die Fremdenlegion waren lange Zeit einer der Zufluchtsorte der Armen Frankreichs gewesen). Gegen 1955/56 konnten Hunderte von Kindern sich nicht satt essen.
Das konnte nicht andauern, ohne dass Menschen aufstanden, um nein zu all dem zu sagen. Abbé Pierre war eine dieser Galionsfiguren. Aber er hatte nicht genügend Zeit, um das Unheil in seinem ganzen Ausmass zu erkennen. Er entdeckte kinderreiche Familien, die im Freien übernachten mussten, und Männer wie Périer-Daville. Er brachte eine breite und langfristige Öffentlichkeitsarbeit in Gang, um anzuprangern, dass sich die Gesellschaft in massiver Weise der unterlassenen Hilfeleistung gegenüber gefährdeten Personen schuldig machte. Ich habe es vorhin gesagt, Abbé Pierre wurde schwer krank, bevor er seine Entdeckung in all ihren Konsequenzen erfasst hatte, aber niemals werden die Familien seine Botschaft vergessen.

Hatten Sie den Anspruch, die Lücke auszufüllen, das Schicksal zu wenden?

Nein. Es ging darum, weiterzuführen, was andere auf andere Weise getan hatten, sich dagegen zu wehren, dass nichts geschah. Das Elend erdrückte die Familien, und die Behörden gaben vor, nichts davon zu wissen. Kinder suchten ihre Nahrung in den Mülleimern. Andere gingen in der Herbstkälte halb nackt durch die Strassen. Mehr als ein Drittel der Schulpflichtigen nahm nicht am Unterricht teil. Von den Vätern hatte kein einziger Arbeit, die Mütter brachten grosse Opfer, manche prostituierten sich am Samstagabend für ein paar Francs, um die Kinder zu ernähren. Derweil warfen die Behörden uns vor, zu übertreiben.

Ich glaube zutiefst, dass unsere Bewegung zwangsläufig entstehen musste, nachdem die Familien so ans Tageslicht gebracht worden waren, ohne dass jemand für sie eintrat. Im Lager von Noisy – und wie sich bald zeigen sollte, auch in den Notsiedlungen, die damals erstellt wurden – waren sie so völlig im Stich gelassen: das musste einfach Anlass zu neuen Initiativen, einer neuen Analyse geben. Jemand musste einfach anfangen, laut und deutlich zu sagen, dass das Elend nicht nur eine Wohnungsfrage ist und sich auf Einzelpersonen beschränkt, sondern dass es alle Lebensbereiche beeinträchtigt und eine ganze Gruppe von Familien trifft, eine Bevölkerungsschicht mit ihren Erwachsenen, ihren Kindern, ihren Betagten, ihren Alleinstehenden. Es musste dazu kommen, die Geschichte der Ärmsten drängte darauf hin. Der Zeitpunkt war gekommen, dass sie diese Anfragen an die Gesellschaft richten, sie vollständig in Frage stellen und sich gegen sie auflehnen konnten. Es ereignete sich so etwas wie eine Konjunktion zweier Planeten: ein Zusammentreffen zwischen einer verzweifelten Bevölkerung und entschlossenen Männern und Frauen, die sich weigerten, diese Verzweiflung ihrer Mitmenschen hinzunehmen.

Die Ereignisse kamen uns zu Hilfe, und es entstand jenes seltsame Bündnis zwischen einer verrufenen Bevölkerung und reichen Pariser Kreisen, die glaubten, niemandem Rechenschaft schuldig zu sein. Ich denke oft daran zurück, und ich glaube, wir müssen daraus eine Lehre ziehen. Diese Pariser Persönlichkeiten – ein hoher OECD-Beamter und andere bekannte Personen – glaubten vielleicht am Anfang, sie hätten es mit einer gewöhnlichen Hilfsaktion zu tun. Aber sie haben schnell gemerkt, dass sie dabei waren, ihren Ruf aufs Spiel zu setzen. Nicht genug damit, dass sie eine Bevölkerung verteidigten, die nicht zu verteidigen war, sie stiessen mit ihren Initiativen in gewissem Sinne auch die bestehenden Hilfsorganisationen vor den Kopf. Manche regten sich denn auch darüber auf: hatten sie sich hereinlegen lassen? Manche verkrachten sich mit bewährten Institutionen. Diese Institutionen waren in den Händen von Leuten, die ihnen nahestanden, Verwandten oder Freunden. Wohin würde das führen, wenn sie sich so ihrem eigenen Milieu gegenüber kompromittierten? Sie erhielten Drohungen.

Persönlichkeiten, die sich gegenüber ihrem eigenen Milieu in einer peinlichen Lage befinden – konnte das lange gutgehen?

Einige haben uns verlassen. Andere sind entschiedene Freunde geworden. Alle haben, glaube ich, Bescheidenheit gelernt. Sie hatten geglaubt, sie seien einflussreich und vor übler Nachrede geschützt. An der Seite der Ärmsten war das gar nicht mehr so sicher. Entscheidungen, welche die Armen betreffen, werden im allgemeinen auf niedrigen Stufen der Verwaltung gefällt. Der Beamte, der im Gesundheitsministerium über das Schicksal der Familien des Lagers von Noisy bestimmen konnte, hatte keinen hohen Rang. Diese Beamtenmacht auf niedriger Stufe war um so gefährlicher, als es keine, nicht einmal eine befristete, politische Kontrolle gab. Die vom Volk bestimmten demokratischen Institutionen interessierten sich nicht für eine Bevölkerung, die so wenig «leistungsfähig» war (das war ein oft verwendeter Ausdruck). Folglich standen Leute, die daran gewöhnt waren, mit Ministern und Generaldirektoren zu verkehren, plötzlich ganz verlegen einfachen Beamten gegenüber, die zwar oft voll guten Willens waren, denen es aber an Kompetenz und Weitblick fehlte. Ein Mitglied unseres Verwaltungsrates, stellvertretender Generaldirektor eines Luftfahrtbauunternehmens, sah sich aufgefordert, das Büro eines Direktors im Gesundheitsministerium zu verlassen: andernfalls würde er vom Amtsdiener hinausbefördert. Er stürzte sich dann in Unkosten, um eine untergeordnete Beamtin zu treffen: Er lud sie zum Mittagessen in Restaurants ein, die sie ohne das Notunterkunftslager vielleicht nie kennengelernt hätte. Ich habe viele scheinbar komische Situationen gesehen, über die wir heute lächeln. Damals lächelten wir überhaupt nicht darüber. Die Lektion in Demut, das Mitbetroffensein – wenn auch in bescheidenem Masse – von der üblen Nachrede, unter der die Familien litten, waren real für diese wohlhabenden, an Sicherheit und Prestige gewöhnten Leute.

Diese Teilhabe an der Schmach charakterisiert noch heute die sogenannten Verbündeten, die Aktivmitglieder der Vierte-Welt-Bewegung. Aber heute wissen sie das, sie sind darauf vorbereitet. Die ersten Verbündeten haben dafür ihr Lehrgeld bezahlt, wenn sie in ihrem eigenen Milieu in ein schlechtes Licht gerieten, ohne dafür immer die Gründe zu sehen.

Ich kann mir schlecht vorstellen, dass diese Leute ins Lager kamen. Hatten sie Kontakt mit den Familien?

Sie kamen ins Lager und begegneten den Familien. Die Dinge waren sehr einfach in jenen Jahren. Niemand konnte mich aufsuchen, ohne der Bevölkerung um mich herum zu begegnen. Einige unserer Pariser Freunde kamen auch zur Messe. Wir benutzten zuerst ein Iglu als Gebetsstätte. Dann errichteten wir eine Kapelle.
Aber wenn diese Freunde zu uns kamen und ein dermassen himmelschreiendes Elend mit eigenen Augen sahen, gerieten sie in anderer Weise in Gefahr. Wie konnten sie darauf verzichten, ihrerseits zu Verteilern von Geld, Kleidern und Nahrung zu werden? Die Versuchung war gross, denn wie kann man Zeuge von soviel Unglück sein, ohne etwas zu geben? Doch wenn wir die Menschen nicht mit Almosen demütigen wollen, können wir ihnen höchstens uns selbst, unser Leben anbieten. Was die Verbündeten der Vierte-Welt-Bewegung bis zum heutigen Tag auszeichnet: Sie suchen sich nicht mit der Verteilung materieller Güter ein Alibi zu verschaffen. Während die Volontäre, die ihr Leben geben, in der vordersten Linie stehen, begnügen sie sich mit einem Platz in der zweiten Reihe.
Was mir letztendlich von diesen Freunden, die immer noch Freunde sind, in Erinnerung bleibt, ist ihr praktizierter Glaube. Ich finde kein anderes Wort, um ihr Vertrauen zu bezeichnen. Sie sahen die Familien gegen äusserste Not ankämpfen, sie hörten die Schreie, sie nahmen die Gerüche des Elends wahr. Sie sahen mich in meinem abgenutzten Priesterrock. Sie sahen, wie ich die Vesper unterbrach, weil ich nach draussen geholt wurde, um einen Streit zu schlichten, und wie ich selber Schläge einsteckte. Sie kamen, um in der Kapelle zu beten, und wurden von drängelnden Kindern gestört. Während der Predigt

meldete sich der eine oder andere Familienvater, um mir sein Einverständnis zu bekunden. Das alles hätte diese Leute, die an die Strassen des 16. Arrondissements, an die inbrünstige Stille der Spanischen Kapelle an der Rue de la Pompe gewöhnt waren, aus der Fassung bringen können. Sie haben nie etwas gesagt. Es gab unter uns ein Einvernehmen, ein tiefes gegenseitiges Vertrauen, das Erklärungen überflüssig machte.

Und mit diesen Menschen haben Sie es schliesslich geschafft, eine anerkannte Bewegung zu gründen?

Die Bewegung ist später gekommen, nachdem sich eine Gruppe von ständigen Volontärinnen gebildet hatte. Zunächst haben wir einen eingetragenen Verein gegründet. Für den Vorsitz brauchte es einen Mann mit einigem Mut. Dieser Mann war André Etesse, stellvertretender Generaldirektor eines grossen Unternehmens. Wir schrieben damals das Jahr 1960.
André Etesse hatte durch einen Artikel in einer Wochenzeitschrift von der Existenz des Lagers erfahren. Er kam am 14. Juli 1960, um ein Paket Kleider abzugeben. Ich sah ihn aus seinem Wagen aussteigen, und ohne abzuwarten, was er von mir wollte, bat ich ihn, mir einen dringlichen Dienst zu erweisen. Ein Mann war seit mehreren Stunden tot, er ruhte auf einer Bettstatt in glühender Hitze, am Rücken bereits von Würmern zerfressen. «Sie haben ein Auto. Holen Sie uns doch schnellstens den Gerichtsmediziner; er ist unauffindbar ...» André Etesse tat, worum ich ihn bat, dann kümmerte er sich beim Bürgermeister um ein Begräbnis für den Mann. Inzwischen half er mir, ihn in die Kapelle zu transportieren, denn er konnte nicht im Iglu bleiben, unter den Augen der Kinder. Wir mussten mehrere Tage auf das Begräbnis warten, denn die Gemeinde weigerte sich, die Beisetzung zu bezahlen. Ich feierte die Messe in der Kapelle, André Etesse war dabei; er sah die Ratten um die Leiche streichen.
Da war ein Mann gekommen, um Kleider abzugeben, und hatte ein Elend angetroffen, das einen Menschen bis in seinen Sarg hinein verfolgte. Am folgenden Tag bat ich ihn, den Vorsitz unseres Vereins zu übernehmen. Er bat seine Frau um ihre Einwilligung, denn er war sich

bewusst, eine Verpflichtung einzugehen, die aus dem Rahmen fiel. Einem toten Mann, dem eine Behörde das Begräbnis verweigerte, haben wir es zu verdanken, dass wir unseren ersten Vereinspräsidenten gefunden haben. Das war für die Familien und für das Volontariat der Eintritt ins öffentliche Leben.

Gab es andere Verbündete wie ihn?

Sie sind recht schnell zahlreich geworden, denn jeder brachte wieder andere mit. Eine der ersten war Madame de Brancion, eine Freundin von Mademoiselle Sumpt und von Geneviève de Gaulle. Als diese letztere im Winter 1958 die aneinandergereihten Iglus in dem vor Kälte erstarrten Lager sah, glaubte sie sich ins Konzentrationslager Ravensbrück zurückversetzt, in dem sie während des Krieges gefangen gewesen war. Auch sie hat uns nie mehr verlassen. Geneviève ist heute unsere Präsidentin in Frankreich.
Wenn ich die damaligen Verbündeten einzeln betrachte, sehe ich bei ihnen zwei Gemeinsamkeiten. Es waren keine «Wohltätigkeitsleute», die bereits in Hilfsorganisationen wirkten. Und es waren auch keine Leute, die eine Funktion in der Kirche innehatten. Das erklärt, warum sie sich noch keine Meinung gebildet, sich noch kein eigenes Bild gemacht hatten, wie dies bei erfahreneren Leuten der Fall gewesen wäre. Unsere Verbündeten hatten sozusagen keine Vergangenheit auf der Ebene der Fragen, die das Lager von Noisy-le-Grand ihnen stellte. Das gab ihnen viel Natürlichkeit, Frische und Einfallsreichtum. Das gleiche könnte ich von den ersten Volontären sagen, die das Volontariat aufgebaut haben. Was mich betrifft, so war ich völlig unbedarft in Strukturangelegenheiten, juristischen Fragen und in den Vielschichtigkeiten des wohlorganisierten öffentlichen Lebens.

Sie scheinen den «Wohltätigkeitsleuten» nicht sehr geneigt zu sein?

Darum geht es nicht. Die Vierte Welt verlangte von uns etwas noch nie Dagewesenes. Wir mussten wie eine leere Seite sein, auf der die Familien niederschreiben konnten, was sie zu sagen hatten. Wir mussten empfänglich sein, ganz Ohr, und zugeben, dass diese Fami-

lien unsere Lehrmeister waren. Unsere Verbündeten waren völlig unvoreingenommen. Manche waren übrigens Ingenieur, wie Roger Siot. Sie urteilten aufgrund von Fakten und nicht nach einer Doktrin. Sie hatten einen offenen Geist und waren nicht in Theorien verhaftet.
Ich wollte übrigens damit nicht sagen, dass wir nicht auch in den bestehenden Institutionen sehr gute Freunde gefunden hätten. Aber für diese warf die Existenz einer so armen Bevölkerungsgruppe schwierige Fragen auf. Oder vielleicht war es dieser zerbrechliche Verein ATD «Hilfe in grösster Not», der durch sein Auftreten bei ihnen Fragen aufwarf. Wir verunsicherten sie, so zerbrechlich wir waren. Denn wir hinterfragten alles, was ohne die Ärmsten geschaffen worden war, und wir gaben keine Antworten. Vielleicht haben wir heute einige Vorstellungen, in welcher Richtung jede Institution Antworten suchen kann. Um 1960 hatten wir Mühe genug, selber zu bestehen, wir konnten nur unser eigenes Suchen anbieten. Das reichte nicht immer aus, um Freunde aus anderen Organisationen zu halten.

Sie konnten also etablierte Organisationen wie die Katholische Aktion oder die JOC (christliche Arbeiterjugend) nicht für eine Zusammenarbeit gewinnen?

Einige ihrer Mitglieder sind auf privater Ebene dabeigeblieben; wirkliche Bündnisse mit anderen Vereinigungen hat es erst viel später gegeben. Um so grösser ist das Verdienst derer, die als erste geblieben sind. Sie waren hin- und hergerissen zwischen einer langjährigen Treue und einem neuen Engagement. Einige haben ihre Organisation verlassen, um sich uns anzuschliessen. Ich habe in jenen Jahren gesehen, wie dieser Zwiespalt manchen das Herz zerriss; und ich glaube, das kommt auch heute noch vor.
Wenn ich darüber nachdenke, sage ich mir, dass es die Zuneigung zu den Familien war, die jene, die blieben, so fest zusammenhielt. In Noisy und in den anderen Siedlungen, in die wir später gegangen sind, war der letzte Schutzwall des Menschen, seine letzte Zuflucht, ganz offensichtlich die Familie. Sie war seine letzte Abwehr gegen Missgeschick, Demütigung und Ausgrenzung, gegen die Selbstzerstörung.

Selbst die Volksküche, selbst unsere ungeschicktesten Hilfeleistungen konnten sie nicht kleinkriegen.

Die Kirche hat Zeit gebraucht, um die Familie neu zu entdecken.

Die Kirche entdeckt sie nicht neu, sie hat seit jeher die Familie Jesu, seine Familie auf der Flucht, zum Vorbild. Sie *ist* diese verfolgte Familie in ihrer ganzen Verwundbarkeit.
Jedenfalls war es dies, was uns Gläubige und Nichtgläubige zusammenhielt: dass wir die Zerstörung der Familien nicht akzeptierten. Sie wissen, was man damals sagte – man sagt es noch heute: «Bei den Eltern ist nichts mehr zu machen. Aber es gibt noch Möglichkeiten, die Kinder zu retten.» Dass die Kinder durch die Zerstörung der Eltern und der Familie gerettet werden sollten, das war unerträglich.
Die Idee der Familie hielt uns in diesen ersten Jahren zusammen. Das Volk, die Ärmsten als Volk, das spielte bereits eine Rolle für die Volontärinnen, für einige Verbündete der ersten Stunde, nicht aber für die meisten unserer Freunde. «Wenn das ein Volk ist, dann ändert das wirklich alles», sagte mir jemand einmal. Er wollte damit sagen, dass es alles veränderte, bis auf den Grund seines eigenen Lebens – alles, was er bis dahin gewesen war und getan hatte, musste neu überdacht werden. Nicht alle Freunde der Vierte-Welt-Bewegung haben das entdeckt. Ganz sicher lag ihnen dies Anfang der sechziger Jahre fern, als die Zahl unserer Mitglieder zu wachsen begann. Was uns verband, war das unerträgliche Elend, das so weit ging, die Familie zu zerbrechen und Liebe unmöglich zu machen.
Ich sehe das, wenn ich meine Aufrufe aus jener Zeit lese oder alte Briefe durchgehe. Davon sind mir viele geblieben, denn wir bauten diese Bewegung durch Briefe auf und pflegten jede persönliche Beziehung. Für mich als Priester zählt natürlich jede Person namentlich, und das wirkte sich sicher auf die Art aus, wie ich die Post erledigte. Das geschah oft nachts, bis ein oder zwei Uhr früh, mit Frau Fouchet und Frau Paget. Sehr schnell erhielt ich viele persönliche Briefe, auf die ich persönlich antwortete. Das war nicht einfach Pflichterfüllung. Für mich war jeder neue Briefpartner ein potentieller Freund. Es stimmt auch, dass ich im Namen der Familien gar nicht

anders handeln konnte. Für sie war jede einzelne Person jemand, der gewonnen werden musste, der unentbehrlich war. Das ist auch heute noch der Fall, und das brachte der Bewegung eine sehr persönliche – heute würde man sagen, eine sehr «persönlich gestaltete» – Korrespondenz ein. Eine ganze Generation, ja sogar mehrere Generationen äussern sich in diesen Briefen. Diese Korrespondenz geht übrigens weiter, aber wenn ich mich in die Vergangenheit vertiefe, frappiert mich, wie die Leute reagierten, wenn ich ihnen etwas über die Familie schrieb.

Heute besinnt sich die Kirche wieder neu auf ihren Einsatz für die Familie. Meiner Meinung nach hat dieses Anliegen sie nie in Ruhe gelassen, auch wenn sie nicht immer so davon zu sprechen wagte, wie sie es heute tut. Ich glaube übrigens nicht, dass dieses Anliegen überhaupt einen Menschen kaltlassen kann. Jedenfalls sind die treuen Freunde der Vierte-Welt-Bewegung seit 1957 jene, die ungeachtet ihrer religiösen oder politischen Überzeugung an die Familie glauben. Vielleicht hätte die Idee der Familie allein ausgereicht, um unseren Kampf zu begründen. Ich kann es nicht sagen, denn einige von uns teilten bereits jene andere Überzeugung: Diese Familien bilden ein Volk, für das es sich lohnt, sein Ansehen aufs Spiel zu setzen. Ein Volk, das ein dringendes Bedürfnis hat nach einer neuen Art von Freiwilligendienst, bestehend aus Menschen, die ihm ihr ganzes Leben widmen.

«FAHRE HINAUS AUF DIE HOHE SEE, UND WIRF DEINE NETZE ZUM FANG AUS»

Gilles Anouil – *Reden wir vom Volontariat. Sie haben es gegründet, und die Volontäre in der Vierten Welt liegen Ihnen – glaube ich – ebenso am Herzen wie die Familien. Und doch reden Sie von ihnen, als ob Sie nicht zu ihnen gehörten. «Sie haben alles getan ... Dank ihnen konnten wir ...»*

Père Joseph – Gewiss habe ich sie gerufen, aber sie haben selbst etwas aus sich gemacht; sie haben selber eine verbindliche Gemeinschaft von Freiwilligen geschaffen. Bei meiner Priesterweihe hatte ich als Leitsatz gewählt: «Fahre hinaus auf die hohe See, und wirf deine Netze zum Fang aus.» Für mich bedeutete das, dass es nicht beliebig war, wo ich hinging. «Fahre hinaus auf die hohe See», fasse also den ganzen Horizont ins Auge, und dann «wirf deine Netze aus». Mich in Noisy «zu vergraben» und mit den Ärmsten zu sterben war in gewisser Weise das Gegenteil. Zweifellos widersprach es meiner Wesensart. Jedenfalls habe ich es aufrichtig gewollt, aber Gott, der in diesen Dingen kundiger ist, hat anders entschieden. Er hat mich dazu geführt, öffentlich auszusprechen, was ich gesehen und gehört hatte, und aus allen Ländern Freiwillige zu rufen.
Auf der einen Seite also der Wille, «mich zu vergraben», auf der anderen das «Fahre hinaus auf die hohe See ...» – das ist übrigens weniger widersprüchlich, als man denken könnte. Ich war wirklich ins Elend von Noisy-le-Grand eingetaucht, und die ersten Volontäre bat ich, dasselbe zu tun. Aber der ernstliche Wille, mich mitten unter einer so armen Bevölkerung zu vergraben, der Versuch, diesen Weg bis ans Ende zu gehen, führte mich zur Einsicht, dass es nicht möglich ist, mit den Ärmsten zu sterben, wenn dieser Tod sich nicht in ihre Auferstehung verwandelt. Sie selbst mussten zu Boten der Menschlichkeit werden. Im Grunde heisst mit ihnen sterben auch mit

ihnen hoffen, mit ihnen auferstehen, um der Welt die Gute Nachricht zu bringen. Mittel- und wehrlos an einer Elendsstätte vergraben, war ich gezwungen, mehr denn je «auf die hohe See hinauszufahren».

Sie haben Volontäre gerufen, diese sind gekommen und Ihrem Vorbild gefolgt. Warum sagen Sie, dass sie ihre Freiwilligengemeinschaft selber gestaltet haben?

Sie haben auf meinen Aufruf geantwortet. Aber ich war nicht sie, und sie mussten selber Gestalt annehmen. Ich kam nicht, von wo sie kamen. Ich konnte ihnen das Leben und das Denken der Armen vermitteln, aber sie selbst mussten für ihr Leben und ihr Denken die Konsequenzen daraus ziehen. Ich konnte ihnen Leitlinien geben, ich konnte nicht an ihrer Stelle erfinden. Ich konnte sie nicht einmal in aller Ruhe Gestalt annehmen lassen, ich habe sie immer gestört. Kaum waren sie angekommen, musste ich sie auffordern, ihrerseits auf die hohe See hinauszufahren, nach anderen Elendsstätten auszuschwärmen. Sie konnten nicht unter sich bleiben, ihren eigenen Klub bilden, sich einschliessen. Auf die hohe See hinausfahren, das heisst immer unterwegs sein, allen Winden ausgesetzt. Es heisst auch als Männer und Frauen jeden Alters, mit ganz unterschiedlichen gesellschaftlichen Stellungen und religiösen Überzeugungen miteinander leben. Können Sie sich vorstellen, was es heisst, unter diesen Umständen eine Freiwilligengemeinschaft aufzubauen?
Ich lege Wert darauf zu sagen, dass sie ihre Gemeinschaft aufgebaut haben und dass sie dabei weder Hilfe noch Vorbilder hatten.

Ihr Vorgehen, zu einem Freiwilligendienst aus allen religiösen Überzeugungen aufzurufen, ist aus zwei Gründen widersprüchlich. Zunächst sagen Sie, die Kirche sei Kirche der Armen – da versteht man nicht, dass Sie einen Freiwilligendienst ausserhalb der Kirche gegründet haben. Und zweitens: Was heisst es, allen Überzeugungen anzugehören, angesichts einer Armutsproblematik, die notwendigerweise nicht nur nach Taten, sondern auch nach einer Weltanschauung verlangt?

Die Dinge sind einfacher, wenn Sie den Standpunkt der Ärmsten und der Menschen im allgemeinen einnehmen. Ein Freiwilligendienst, der sich aus allen Bekenntnissen und Weltanschauungen zusammensetzt, ist ein Grundbedürfnis der Menschen. Ein Bedürfnis und auch ein Recht. Das Recht der am meisten Benachteiligten, im Mittelpunkt aller Überzeugungen und Weltanschauungen zu stehen, und das Recht der Menschen, trotz ihrer Unterschiede vereint zu sein. Ich bin überzeugt, mit der Gründung einer Bewegung, in der alle sich begegnen können, im Namen der Kirche gehandelt zu haben, gemäss dem Gebet Jesu Christi zu seinem Vater: «Dass sie eins seien …» Das war nicht leicht zu verstehen, weder für mich noch für die Volontäre, noch für andere, die uns beobachteten. Ehrlich gesagt glaube ich, dass nur die Familien es verstehen konnten. Als Kirche zu handeln und dabei neben ihr zu bauen, eine verbindliche Gemeinschaft gründen zu wollen, die wirklich allen gehört, das setzte ein grenzenloses Vertrauen in die Menschen voraus, ein Vertrauen, das ansteckend wirkt. Und das hatte die Kirche mir gegeben. Ich liess mich von ihr leiten, und eines Tages zeigte sich, dass ich ausserhalb ihrer Mauern baute. Ich war auf freiem Feld und zog andere mit, und es gab kaum etwas in der Nähe, auf das wir uns stützen konnten.

Obwohl Sie sich ausserhalb der Kirche ansiedelten, haben Sie an der Kirche gebaut?

Ich hoffe es. Aber in der Vierte-Welt-Bewegung bauten andere mit mir, so wie es ihren Ideen und Überzeugungen entsprach. Wir waren von Anfang an völlig gleichgestellt, und ich hoffe, das wird immer so bleiben! Die Christen versuchen, in ihrem Glauben konsequent zu sein, indem sie sich mit dem Elend Christi identifizieren. Die andern sind ebenso konsequent in dem, was sie glauben und hoffen. Was uns eint und unsere Unterschiede übersteigt, ist die Wahl eines gemeinsamen Zeugen für unsere Aufrichtigkeit. Die Ärmsten sind nicht Zeugen für unsere Vernunft und unsere Intelligenz, sondern für unsere Aufrichtigkeit und somit für unsere Qualität als Menschen.
In dieser Bewegung sind wir keine Experten für Ökumene. Wir versuchen, die Einheit Tag für Tag zu leben, nicht im Inhalt des Glaubens,

sondern in der Aufrichtigkeit, in der Konsequenz, mit der jeder einzelne sein Engagement mit den Ärmsten lebt. Die Einheit ist von vornherein gegeben. Sie ist da, wo die ärmsten Familien sind. Solange wir uns nach ihnen ausrichten, sind wir sicher, dass wir vereint und alle gleichwertig sind.
Die Idee einer Plattform, auf der alle Menschen guten Willens sich begegnen können, ist mir gleich bei meiner Ankunft in Noisy gekommen. Ein Christ ist sich nicht immer bewusst, welches Glück er hat, dass er von der Wiege auf lernt, dem anderen nicht bloss zu dienen, sondern sich ihm innig verbunden zu wissen. Ganz klein schon lernt er, dass der andere er selbst ist, dass er ihm nicht nur Dienst, Solidarität oder Engagement schuldet, sondern dass er sich selbst aus der Hand geben muss, damit der andere wachsen kann.

Ist das nicht spezifisch für die Katholiken?

Es ist ein spezifischer Charakterzug, der ihnen eigen ist, eine Chance, die sie haben, die aber allen Menschen zusteht. In der Vierte-Welt-Bewegung und im Volontariat wird jeder angenommen, so wie er ist; und jeder teilt das, was er ist, mit den anderen. Was zählt, ist einzig die Aufrichtigkeit der Leute. Keiner hat den anderen zu belehren, alle haben zu lernen, und zwar vom selben Meister. Die Armen als Lehrmeister zu nehmen, das ist nicht nur eine kirchliche Devise. Das Volontariat ATD Vierte Welt bemüht sich, dies zum Kriterium seiner Glaubwürdigkeit zu machen.

Das sagen Sie heute, nach fünfundzwanzig Jahren Erfahrung. Was sagten Sie den ersten Volontären?

Was immer wir gesagt und getan haben, wurde unmittelbar vom Leben der Familien bestimmt. Wir mussten leben, wir mussten auf die Realitäten ihres Leben reagieren. Später konnten wir uns die Dinge besser erklären. Zu Beginn teilten wir einfach den Willen, alle zusammen mit den Familien verbunden zu sein. Unsere Einheit beruhte darauf, dass wir alle begriffen hatten: Eine Verbundenheit mit den Familien ohne Verbundenheit untereinander hat keinen Sinn. Das Bedürfnis

der Vierten Welt nach einer verbindlichen Gemeinschaft von Freiwilligen war so greifbar, so offensichtlich, dass diese Lebensform geschichtliche Wirklichkeit werden musste.
Die ersten Volontärinnen waren junge Frauen. Man brauchte viel Liebe und Risikobereitschaft in dieser ersten Zeit; und Weitblick, um nicht nur das Leiden der Familien zu erahnen, sondern auch die Zukunft dieser Eltern und ihrer Kinder. Im Namen einer erdachten, erhofften Zukunft musste man im Hier und Jetzt zum Verzicht bereit sein, das Risiko eines persönlichen Scheiterns eingehen. Die Umgebung hielt mit Kommentaren nicht zurück: «Ihr verpfuscht euer Leben, euer Unternehmen hat keine Zukunft …» Diese ersten Volontärinnen hatten keine Antwort, keinen Beweis für das Gegenteil. Sie setzten auf den Menschen, auf das Leben. Es brauchte eine aussergewöhnliche Vorstellungskraft und Erfindungsgabe. Ist dies der Grund, weshalb die Männer erst von 1965/66 an kamen, als die Zeit der grössten Gefahren vorüber war?
Was diese Frauen betrifft, so unterschieden sie sich in vielen Dingen: gesellschaftliche Herkunft, Bildung, Glaube, Nationalität. Jede führte in der Gesellschaft ein ausgefülltes Leben; alle waren daran gewöhnt, Verantwortung zu tragen und mit anderen zusammenzuarbeiten. Sie haben sich nie in Rivalitäten, persönliche Konflikte, abstrakte Diskussionen verstrickt. Sie haben Tag für Tag die Grundlagen für das Volontariat gelegt, sie haben die Bewegung ins Leben gerufen.
Ich sagte Ihnen, dass diese Frauen aus verschiedenen Ländern kamen. Bernadette war Französin, Erika Deutsche, Francine Belgierin, Alwine de Vos Niederländerin. Bernadette Cornueau, die Französin, zwang uns zu äusserster Konsequenz in der Einheit. Nicht nur glaubte sie nicht an die Kirche, sie konnte sie nicht ertragen, und ich war Priester – welche Ironie! Sie kam jeden Samstag und Sonntag als Freiwillige. Ihre Ferien widmete sie den Kindern des Lagers. Wie alle anderen Volontäre brauchte sie Zeit für den Entschluss, ihre Stelle aufzugeben und mit dem Team zu leben. Für sie, wie für alle anderen, war der Weg ins Volontariat eine Bewährungsprobe. Keine konnte in diesen ersten Jahren wissen, was sie erwartete, aber jede ahnte es. Bernadette liess sich auch Zeit, weil sie ehrlich war. Sie sagte mir: «Ich kann nicht bleiben, denn erstens habe ich mein Leben noch vor mir,

und mein Herz ist nicht frei. Und zweitens sind Sie Priester, und ich bin nicht gläubig, ich bin nicht für die Kirche. Wenn die Kinder zu mir von Religion sprechen, bin ich gezwungen, ihnen offen zu sagen, was ich denke. Dann handle ich im Widerspruch zu Ihnen.» Ich sagte ihr, für die Kinder sei es wichtig, verschiedene aufrichtige Überzeugungen anzutreffen, die sich ergänzen, wenn sie nur konsequent gelebt werden. Dennoch hat Bernadette, wie wir alle, zunächst zu fliehen versucht. Sie liess sich von ihrem Betrieb nach England versetzen. Dann kam sie eines Tages plötzlich zurück, liess ihre Familie, ihre Karriere, ihre Liebe im Stich, um sich uns anzuschliessen.
Bernadette verkörpert bis heute die Achtung vor der Meinung des anderen, ja mehr noch: ein solches Vertrauen in den Andersdenkenden, dass wir ihm unsere Zukunft anvertrauen. Denn ein Beitritt zum entstehenden Volontariat bedeutete von Anfang an, sein Leben in die Hände der Ärmsten zu legen, aber auch in die Hände anderer Volontäre, welche die eigenen Ansichten nicht teilten. Es bedeutete, keinen Rückhalt mehr zu haben. Wenige machen sich ein Bild von dem erforderlichen Vertrauen, von dem Wagnis, das derjenige eingeht, der bereit ist, sein Leben mit Andersdenkenden zu teilen. Es ist eine Art, sich zu ergeben, sich völlig auszuliefern, sich in eine Lage zu versetzen, die der Lage der Ärmsten entspricht. Ist dies der Grund, weshalb das Volontariat soviel Bewunderung auslöste und gleichzeitig soviel Hohn?

Sie haben mir von Bernadette Cornueau erzählt. Wer waren die anderen?

Erika Wandelt, Deutsche und Lutheranerin, machte einen Doktortitel in Linguistik. Sie war achtzehn, als sie eines Nachmittags ins Lager kam. Sie war in Frankreich, um ihr Französisch zu verbessern. Danach verbrachte sie während zweier Jahre all ihre Ferien mit uns. Dann bekam sie Angst und kam nicht mehr. Aber am Ende ihrer Studien trat sie dem Volontariat bei. Zwei Jahre später heiratete sie und zog mit ihrem Mann in einen Ort, der die reinste Hölle war: eine ehemalige Kaserne in Rastatt bei Karlsruhe, wo Familien untergebracht waren, die man, wie in Frankreich, «asozial» nannte. Diesen Familien gaben die deutschen

Behörden keine normale Wohnung, sondern eine als provisorisch angesehene Bleibe. In der Kaserne bekam Erika zwei Kinder und trat zum Katholizismus über. Sie ist später an Krebs gestorben. Bis zuletzt liess sie sich mit der ihr eigenen Ruhe und Heiterkeit die Dokumentationen über Familien der Vierten Welt ans Bett bringen und brachte sie auf den neuesten Stand. Sie wusste, dass sie so an ihrer Geschichte schrieb und zu ihrer Befreiung beitrug.
Es gab auch Francine Didisheim, eine Belgierin. Ihr Vater war Jude, und sie trug die ganze jüdische Kultur und Menschlichkeit in sich. Sie war zum Katholizismus übergetreten, genau wie die Niederländerin Alwine de Vos, eine der ersten Diplomatinnen ihres Landes. All diese Frauen hatten ihren Charakter, ihren Sinn für Unabhängigkeit. Alle mussten mit ihrem bisherigen Leben brechen, ohne ihrer Umgebung die Gründe wirklich erklären zu können. Das Volontariat, die Bewegung mussten erst noch geschaffen werden. Weshalb und wozu verliessen diese Frauen ihr Milieu und ihren Beruf? Sie brauchten viel Überzeugung, Unabhängigkeit von der Meinung anderer, Mut, um der Boshaftigkeit und dem Unverständnis zu trotzen. Ich kann nur mit grosser Wärme und tiefer Dankbarkeit an diese ersten Volontärinnen denken.

Wie soll man sich diese Frauen vorstellen, die einen Beruf und einen Lebensstil aufgaben, ohne sagen zu können, dass sie dafür eine andere Stellung wählten? Wie rechtfertigten sie ihren Schritt?

Sie rechtfertigten ihn nicht. Es gab keine einsichtige Erklärung, es gab nur die Familien. Ich sagte Ihnen, dass sie in diesem Lager von Noisy nicht für ein gemeinsames Ziel zusammen waren, sondern wegen ihres Elends, ihres Leidens. Dieses Leiden hielt die ersten Volontärinnen fest, und auch die Spätergekommenen, bis 1968. Bis zu diesem Jahr kamen alle zuerst ins Lager von Noisy-le-Grand; wir hatten nicht genug Räumlichkeiten anderswo. Ich sage nicht, dass alle, die dies erlebt haben, das Volontariat anstrebten und geblieben sind. Hunderte von Erwachsenen und Jugendlichen kamen und gingen. Volontäre wurden, glaube ich, Personen, die das Leiden tief empfanden. Es ist unmöglich, längere Zeit tatenlos zuzusehen, wie jemand neben uns so leidet.

Entweder verwerfen wir ihn, weil er unerträglich wird, oder wir machen uns sein Leiden zu eigen und teilen es mit ihm, um es zu überwinden.

Ich denke an eine belgische Lehrerin, Gabrielle Erpicum. Sie kam an einem 1. November für einen Nachmittag vorbei. Eine Gruppe von Kindern, mit denen sie etwas unternehmen wollte, spielte ihr übel mit. Sie beschimpften sie und warfen mit Steinen nach ihr. Sie kehrte nach Belgien zurück; dann sagte sie sich, sie könne unmöglich länger absahnen und all das für sich behalten, was sie mitbekommen hatte: Familie, Zuneigung, Glaube, Erziehung. Sie hatte soeben Kinder entdeckt, deren Eltern das Elend so zugesetzt hatte, dass sie ihnen niemals auch nur den kleinsten Teil dieser Reichtümer würden schenken können.

Was sie motivierte und was all diese ersten Volontärinnen zum Bleiben anhielt, das war die Ablehnung dieser Ungerechtigkeit: Warum ich? Warum nicht sie? Sie wollten konsequent sein. «Was dir gegeben wurde, wurde dir umsonst gegeben», sagt das Evangelium. «Gib es auch deinerseits umsonst, ohne Profit.» Im Grunde haben die Volontäre ohne Revolution begonnen, eine Gesellschaft zu entwerfen, in der die erste Pflicht ist, weiterzugeben, was wir erhalten haben – eine Gesellschaft ohne Profit. War es das, was Mary Rabagliati sagen wollte? Sie war mit 19 Jahren ins Lager gekommen und weigerte sich, nach London zurückzukehren: um ihr Leben nicht mit Geldverdienen zuzubringen!

Angesichts der Vierten Welt ist nur eine Entscheidung zu treffen. Entweder lehnen wir den anderen ab und schliessen ihn aus unserem Leben aus, weil seine Lage, seine Unwissenheit und sein Verhalten unerträglich werden. Wir anerkennen diesen Menschen nicht; wir beuten ihn höchstens aus, was eine andere Art ist, ihn als Bruder oder Schwester abzulehnen. Oder wir lehnen es ab, mass- und ziellos zu verschleudern, was uns von unserer Familie, unserer Gesellschaft, unserer gesellschaftlichen Klasse, unsern Freunden und Gott gegeben worden ist. Es im anderen anzulegen, der nichts mitbekommen hat, ist eine Art und Weise, mit Gewinn zu verlieren, denn wir ernten dabei einen Überschuss an Liebe, also einen Gewinn für den anderen. Wir wollen, dass er erhält, was wir selbst erhalten haben, und wenn möglich noch mehr. Wir wollen aus der Lage, die uns geschenkt wurde,

keinen Profit mehr schlagen. Wir wollen geben ohne Aussicht auf Gegenleistung. Dieser Wille, die Gerechtigkeit wiederherzustellen, ist keine Utopie. Das Volontariat lebt diesen Willen, es kämpft für diese Gerechtigkeit.
Ein Volontär hat voll anerkannte Rechte, er kann sie für sich geltend machen. Er kann sie auch für andere benutzen, für jene Familien, die in Sozialsiedlungen leben, diese Männer, die keine Arbeit haben und den ganzen Tag lang nichts tun, jene Familienväter, deren Kinder Hunger haben, deren Ehefrauen unendlich unglücklich sind. Sie haben keine Rechte, was beweist, dass unsere Rechte nicht auf die blosse Existenz des Menschen gegründet sind. Unser blosses Dasein reicht nicht aus, damit uns Rechte zuerkannt werden. Diese Rechte verlangen von jedem eine Rechtfertigung. Ein Volontär analysiert und kritisiert dies nicht nur, sondern er kehrt die Situation um. Er gebraucht seine Freiheiten und Rechte, um den Vorrang der Ärmsten zum Grundsatz zu machen in seinem eigenen Leben und im Leben des Volontariats. Es ist derselbe Ansatz, von dem ich vorhin gesprochen habe. Wir teilen das Leiden des Subproletariats nicht, ohne seine Hoffnung zu teilen, ohne zu wollen, dass das Leiden aufhört, dass seine Lage sich verändert, und zwar sofort. Es geht nicht darum, mit ihm zu sterben, ohne seine Auferstehung zu bewirken. Ich denke, dass das Volontariat durch sein Dasein und Wirken die Rechte der Ärmsten begründet, aber auch verwirklicht. Es entwirft die Vision einer neuen Gesellschaft, es ist auch der Beginn ihrer Verwirklichung.

Dieser Begriff erscheint aber doch reichlich abstrakt. Was geschieht wirklich im Leben der Familien? Was tun die Volontäre konkret?

Sehr oft erwarten die Familien von uns, dass wir Erzieher oder Sozialarbeiter seien. Es kommt nicht in Frage, sie zu enttäuschen; so bauen wir mit ihnen Projekte auf, die ihren Wünschen entsprechen. Wir richten Vorschulen ein, Gesundheitszentren, Ateliers für schöpferisches Lernen, Werkstätten, die auf eine Berufslehre vorbereiten, Alphabetisierungskurse. Die Kinderbewegung «Tapori» ist aus diesen Initiativen heraus entstanden, genau wie die Jugendbewegung mit ihren Bildungsklubs. Aus den Zusammenkünften, öffentlichen Grossveranstaltungen und all den Anlässen, bei denen die Familien sich äusserten, sich im Reden und im gemeinsamen Nachdenken übten, sind Interessenvertretungen hervorgegangen.

All diese Aktionsformen zielen darauf ab, den anderen weiterzugeben, was wir selbst als Erbe mitbekommen haben. Der Wille, dass diese Familien zu Rechtssubjekten werden, führt notwendigerweise zu einem konkreten Einsatz unter den Menschen – in der Vierten Welt, aber auch in der übrigen Gesellschaft. In der Tat sehen wir uns gleichzeitig veranlasst, die Verhöhnung der Rechte anzuklagen, selber diese Rechte wiederherzustellen und andere Menschen dazu zu bringen, sie für die Ärmsten anzuerkennen. Es ist immer ein doppelter Schritt: Sie und wir besitzen etwas, die Ärmsten sind mittellos; Sie und wir sind anerkannt, die Ärmsten sind nirgends vertreten. Es ist eine doppelte Frage: Was werden wir tun, was werden Sie und ich tun, damit sie Gerechtigkeit erfahren? Wir haben Überfluss, was werden wir tun, was werden Sie und ich tun, damit diese Familien, die nicht einmal wissen, was sie heute abend essen sollen, ihren Bedarf erhalten? Unsere Kinder gehen an die Universität, was tun wir, Sie und ich, damit ihre Kinder, die nicht einmal lesen und schreiben können, einen Beruf lernen können? Protest allein bewirkt nichts. Die Gesellschaftskritik muss Fleisch und Blut annehmen, muss sichtbar bezeugen, dass die Vernichtung des Elends möglich ist. Die Vierte-Welt-Bewegung handelt, damit andere ihrerseits handeln. Deshalb führt sie Pilotprojekte durch, die beweisen, dass die Wiederherstellung der Rechte möglich ist, da die Familien danach streben, als Rechtssubjekte anerkannt zu werden, und sich auch selber dafür einsetzen, diese Anerkennung zu erhalten. Alle Projekte der Vierte-Welt-Bewegung mit der Bevölkerung sind für die Familien, für das Volontariat und für die Gesellschaft ein Lernprozess der Rechte. Sie klagen Ungerechtigkeit an, indem sie Gerechtigkeit herstellen, indem sie beweisen, dass diese möglich ist.

Ich sagte einmal, die Vierte Welt sei ein Stück Eucharistie, weil sie ständig das Leiden, aber auch die Auferstehung Christi verkörpert. Tatsächlich bezeugt sie unaufhörlich den Willen des Menschen, selbst die schlimmsten Rückschläge immer wieder lebend zu überstehen, aber auch seine Entschlossenheit, seine Würde geltend zu machen. Auf tausend Weisen wiederholt die Vierte Welt unablässig: Kein Mensch, und sei er noch so elend, nimmt es hin, dass er nicht teilen kann, dass er ausserhalb des politischen und kulturellen Lebens und des Evangeliums steht. Ich habe nie einen Menschen gekannt, der es hingenommen hätte, minderwertig zu sein, als minderwertig gegenüber allen anderen eingestuft zu werden. Und die Menschen verlangen keine symbolische Achtung ohne konkreten Inhalt; sie verlangen nicht, «ein Sinnbild Christi» zu sein, wenn ich so sagen darf. Sie verlangen eine Erziehung für ihre Kinder, eine Wohnung, die ihnen ein selbständiges Leben ermöglicht, einen richtigen Beruf, der ihnen eine Identität als Arbeiter verleiht: Ich bin Maurer, ich bin Klempner, ich bin für die Gesellschaft von Nutzen und habe deshalb auch eine politische Rolle zu spielen … Die Anteilnahme am Leiden hat uns dahin geführt, zu kämpfen, damit die Ärmsten wirklich als Rechtssubjekte anerkannt werden.

Ein solches Programm hatten Sie kaum schon in den ersten Jahren in Noisy?

Ich erinnere mich, dass wir, die ersten Volontärinnen und ich, sehr bald sagten: Wir müssen ein Gesellschaftsmodell leben, wir müssen konkret bezeugen, welche Art von Gesellschaft die Familien uns lehren. Sie lehrten uns zwei Erfordernisse: ständig loszulassen, was wir haben, um auf andere Weise bereichert zu werden, und einen Lebensstil zu suchen, eine Art des Zusammenlebens, die bereits Zeichen setzt für eine neue Gesellschaft.
Von daher konzentrierte sich unser Wirken zunächst auf die Familie und alles, was diese stärken konnte. Ich sagte Ihnen bereits: Von Anfang an wollten wir eine Familienbewegung sein, eine Bewegung, welche die Hoffnung der Familien trägt, ihr tiefes Verlangen, einander zu lieben. Wir stiessen auf viel Widerstand von seiten einer Gesellschaft, die immer misstrauischer wurde gegenüber der Familie – und um so mehr gegenüber *diesen* Familien. Die Volontäre glaubten an die Familie; sie waren sich sicher, denn sie sahen mit eigenen Augen, dass ohne ihre Aufwertung eine Befreiung der Vierten Welt unmöglich ist. Das war so klar, dass der Ausdruck «die Familien» in den Wortschatz des Volontariats einging als Bezeichnung für die ganze subproletari-

sche Bevölkerung. Es war sogar das erste Wort einer Sprache, die wir später kräftig weiterentwickelten. «Die Familien», das waren die Ärmsten, das Subproletariat und die Bewegung in einem.

Es stimmt, dass es in der Vierte-Welt-Bewegung eine Art besondere Sprache gibt. Das wird Ihnen auch vorgeworfen; es heisst, dass Sie immer alle die gleiche Rede führen. «Ob man den einen oder den anderen hört, sie sagen alle dasselbe ...»

Das stimmt für eine gewisse Anzahl von Grundsätzen, und das sollte niemand erstaunen angesichts der recht ungewöhnlichen Lage, in der wir uns befanden. Vielleicht ist es für manche, die uns zuhören, störend, weil diese Grundsätze manchmal der allgemeinen Überzeugung zuwiderlaufen.
Abgesehen von dem positiven Vorurteil gegenüber jeder familienartigen Gruppe, beinhalten die Grundsätze den Vorrang für den Ärmsten. Das bedeutet nicht nur, dass die Vierte Welt in unserem Leben Vorrang hat. In ihr wird die am meisten getroffene, am meisten verstümmelte, am meisten verachtete Familie der Strasse oder des Viertels den Prüfstein der Präsenz eines Teams und all seiner Bemühungen bilden. Die Volontäre sagen gern, dass es sich nicht lohnen würde, mit den Familien ein Projekt aufzubauen, wenn dabei die gewandtesten der Gruppe bevorzugt würden, wenn einige wenige auf Kosten des Ganzen profitieren könnten, wenn solidarische Beziehungen zerschlagen und die Starken zum Weggehen veranlasst würden. Welchen Wert hätte ein Projekt in der Vierten Welt um den Preis, dass die Schwachen im Stich gelassen würden? Welchen Sinn hätte es, den selektiven Charakter einer Gesellschaft anzuprangern, wenn wir selber selektiv vorgingen? Um ein Zeichen für eine neue Gesellschaft zu sein, muss unser Einsatz die Stärksten dazu bringen, sich mit den Schwächsten zusammen für deren Sache einzusetzen. Das ist nicht einfach zu verwirklichen, und es gelingt uns nur sehr unvollkommen, aber es ist wirklich das, worauf alle Volontäre erpicht sind. Darauf beruht ihre Stärke, es macht sie in gewissem Sinn unwiderlegbar.

«Fünfzehn verschiedene Spezialisten wollen unsere Probleme regeln,
obwohl sie uns kaum kennen.
Jedesmal, wenn es läutet, hoffe ich, dass ein Freund vor der Türe steht.»

Familie, Vorrang der Ärmsten … Ich würde sagen, dass das in der Wohlstandsgesellschaft der sechziger Jahre hiess, sich grundlos noch mehr Schwierigkeiten aufzuhalsen.

Wir haben uns das nicht selbst ausgedacht. Die Familien und ihre Lage schrieben uns vor, eine Familienbewegung zu sein und die Ärmsten zum Mittelpunkt und zur Triebkraft jeglichen Wirkens zu machen. Die Volontäre erlebten das als eine unbedingte Notwendigkeit, aber sie hatten es sich nicht selbst ausgedacht. Eine andere, ebenso dringende Notwendigkeit kam übrigens noch dazu: Die Existenz der Familien und ihr unablässiges Leiden mussten in der Umgebung geltend gemacht werden. Die Volontäre haben meine quälende Sorge diesbezüglich sogleich verstanden und geteilt.
Zeuge sein, das hiess zunächst Zeuge sein für das, was die Familien durchmachten, für das, was ihnen auferlegt wurde, für das, was sie erlitten und ablehnten. Der Wille, ihre Hoffnungen und ihre Fähigkeiten ins rechte Licht zu rücken, ist erst später hinzugekommen. Zuerst war ich darauf versessen, die Behörden und die öffentliche Meinung davon zu überzeugen, welche Ungerechtigkeit ihre soziologische und historische Wirklichkeit darstellte. Nun hatte ich kein Hochschulstudium hinter mir und war als Mann der Tat zum Studieren wenig geneigt. Ich versuchte, meine Urteilskraft zu steigern, meinen Verstand zu schulen, aber wir brauchten mehr, eine echte wissenschaftliche Gewähr. Als Alwine de Vos van Steenwijk an einem 1. Januar im tiefsten Winter ankam, liess ich sie Kleider sortieren, aber als sie mich dann fragte: «Was kann ich jetzt tun?», sagte ich ihr, sie solle studieren. Das war ein Schock für sie, nicht anders als für André Etesse, der zuerst mit einem Toten und dann mit dem Vorsitz einer Vereinigung betraut wurde, als er kam, um Wäsche abzugeben. Alwine blieb lange in Gedanken versunken, vor allem, weil ich ihr sagte, sie solle studieren, was in anderen Ländern geschehe, da sie Diplomatin war. Am nächsten Tag bat ich sie, mir beim Empfang eines niederländischen Journalisten zu helfen, da sie Niederländerin war. Da begriff sie, dass man eine Sache nur dann überzeugend erklären kann, wenn man sie selber gut kennt. So entstand das erste Forschungsinstitut, das von einer französischen Vereinigung zur Armutsbekämpfung gegründet wurde.

Ein Forschungsinstitut als Antwort auf ein Obdachlosenlager – wer konnte das verstehen?

Das Institut entstand nach und nach, nicht ohne Entbehrungen und Tränen und mitten im allgemeinen Unverständnis. Alwine liess sich einen Briefkopf «Sozialforschungsbüro» drucken und begann Schritte zu unternehmen, wie sie es in ihrem Beruf gelernt hatte: Public Relations, Verbindungen zur UNESCO, eine Studienreise in die Niederlande, ein internationales Kolloquium. Sie lud Experten ein, die wir gezwungenermassen im Lager von Noisy empfingen. Arbeitsgruppen wurden in einer Baracke abgehalten, wo wir uns auf Stapel von Matratzen setzten.
Aber Sie haben recht, daran zu erinnern, dass Armutsstudien 1960 in Frankreich nicht populär waren. Selbst der Ausdruck «Armut» war schlecht angeschrieben. Auf der Zentralkasse für Familienzulagen in Paris, wo der Ausdruck Asozialität geläufiger war, hiess es von unseren ersten Volontärinnen: «Das sind sicher Damen, die noch für ihre Armen stricken.» Andere sagten, Armutsstudien seien eine Ausbeutung der Familien. Solche Anfeindungen und Widerstände trugen viel dazu bei, das Volontariat, das noch sehr wenig Mitglieder hatte, zusammenzuschweissen.

War es nicht hin- und hergerissen? Liess es sich nicht von der Verunsicherung überwältigen?

Jeder Volontär hat sicher viele Zweifel gehabt. Einige sind mehrmals weggegangen und wieder zurückgekommen. Aber wenn einer zweifelte, hielten andere durch; die einen hielten die anderen, und das Ganze hat überlebt und ist gewachsen.
In den frühen sechziger Jahren, die bei uns die schrecklichen Jahre heissen, hat eine besondere Disziplin, die wir uns auferlegten, den Willen zum Weitermachen aufrechterhalten: das gemeinsame Forschen mit dem täglichen Beobachtungsbericht. Ich hatte diesen Bericht nach einer Reise nach Grossbritannien vorgeschlagen. In Saint-Barnado's Home, einem Haus für Familien in Schwierigkeiten, hatte ich Akten von Familien gesehen. In meiner Vorstellung ging es darum, jeden

Abend aufzuschreiben, was die Familien uns tagsüber gesagt oder aufgezeigt hatten. Nachdenken über jede Geste, jedes Wort oder Ereignis und sie durch das Aufschreiben in uns aufnehmen. Ich dachte an eine Art Gewissenserforschung, die ganz auf die Familien ausgerichtet wäre. Dann kam Jean Labbens. Er brachte uns bei, wie wir aus dieser regelmässigen Übung eine systematischere Forschung machen konnten. Wir beschlossen gemeinsam, alle Freundschaften, alle erwiesenen Gefälligkeiten, alle Gespräche zu notieren. In jener Zeit, gegen 1963, gingen wir auch daran, alles zu notieren, was mit der Geschichte des Subproletariats zu tun hatte. So begannen wir, es in die Geschichte der anderen, in die Geschichte der Menschheit einzuführen.
Für uns «gehörte das zur Aktion», wie wir sagten. Wenn wir uns gemeinsam mit den Familien auf einen weiten Weg machen wollten, war es wichtig, dass sie von ihrer Geschichte, von ihren Eltern und Grosseltern sprechen konnten, dass wir ihnen halfen, auf ihre Lebenserfahrungen stolz zu sein. Die Familien machten uns dies deutlich, indem sie uns mehr und mehr über ihre Vergangenheit Aufschluss gaben. Je aufmerksamer wir waren, desto mehr vertrauten sie uns von ihrer Geschichte an. Die Geschichte nicht mehr als Schande erleben, sondern als Ehre, stolz sein auf die eigene Lebenserfahrung – für den pädagogischen Ansatz der Bewegung war das eine Blütezeit. Den Volontären vor Ort kommt das Verdienst zu, dass sie die betroffene Bevölkerung dafür gewinnen konnten. Sie konnten sie überzeugen, dass es in ihrem Interesse war, ihr Herz zu öffnen. Sie hatten schon so vielen Befragern antworten müssen. So viele amtliche Umfragen hatten sie gezwungen, ihre Mängel offenzulegen; die Befrager hatten es den Leuten gegenüber an jedem Respekt fehlen lassen, sie hatten ihr Schamgefühl verletzt und ihnen Fallen gestellt: «Verstehen Sie sich gut mit Ihrem Nachbarn, möchten Sie, dass er mit Ihnen zusammen umzieht?»... Nie hat sich die Universität so mit Schande bedeckt. Sie machte mit der Verwaltung gemeinsame Sache, die entschlossen war zu beweisen, dass Frankreichs Arme keine gemeinsame Geschichte hatten und dass sie auch gar nicht arm waren, sondern eher krank oder schwachsinnig. Wie konnten wir nach diesen geradezu skandalösen Befragungen, die bei den Familien Beschämung als Nachgeschmack zurückliessen, einen neuen Dialog mit ihnen aufnehmen? Ihnen selbst

und den damaligen Volontären kommt das Verdienst zu, dass sie sich geduldig daran machten, ihre wahre Lebensgeschichte freizulegen. Das war eine der grossen Zeiten des Volontariats als Geschichtsschreiber der Ärmsten. Es nimmt diese Rolle auch heute noch wahr, und manche Volontäre machen es sich zur Lebensaufgabe, die Geschichte der Vierten Welt zu schreiben. Aber ich weiss nicht, ob in den Teams vor Ort je wieder diese Leidenschaft aufkam, gemeinsam, Familien und Volontäre, eine Vergangenheit zu entdecken, die noch nie korrekt erzählt worden war.
Diese ungewöhnliche Leidenschaft rief auf beiden Seiten Freude hervor. Welch ein Glücksgefühl in der Tat, eine solche Geschichte zu entdecken: eine Geschichte von Menschen, die leben wollen und beharrlich die Würde und das Recht auf Familie verteidigen! Sie waren zu Recht stolz zu berichten, welche Findigkeit sie entwickelt hatten, um zu überleben, um der Willkür der Strukturen und der öffentlichen Dienste zu entgehen!
Ich habe Ihnen vom geteilten Leiden gesprochen. Aber geteilt wurde auch die Freude über diese Entdeckungen und viel Humor. Wieviel Phantasie, wieviel List wurde entwickelt, um einer Befragung eine andere Richtung zu geben, um eine Unterstützung nicht zu verlieren, um sich nicht den Zorn einer Hilfsorganisation zuzuziehen. Und wieviel Freude war damit verbunden, freundschaftliche oder verwandtschaftliche Bande neu zu knüpfen, aufgrund der Rekonstruktion der eigenen Lebensgeschichte Vater, Mutter oder Schwester wiederzufinden, die man im Lauf der Jahre aus den Augen verloren hatte – die man für immer verloren glaubte. In diesen sechziger Jahren strotzte das Volontariat von Lebenslust; die Volontäre gingen am Samstagabend am Ufer der Marne tanzen, sie fuhren nach Irland, Israel, Afrika in Urlaub mit wenigen Francs in der Tasche. Wer sie nicht gut kannte, war darauf gefasst, gewichtige Leute anzutreffen; sie entdeckten Menschen voller Jugend, Humor und Kühnheit, die alles wagten.

Sie selbst verliehen Ihren Schritten ein gewisses Gewicht. Ich stelle fest, dass Ihre Forschungsergebnisse durch Vorträge bei der UNESCO hervorgehoben wurden.

In die UNESCO sind wir zunächst durch ein Überraschungsmanöver hineingekommen. Wer dachte Anfang der sechziger Jahre schon daran, einen Kongress über die Armut in den reichen Ländern zu organisieren? Die UNESCO war völlig überrumpelt, sie liess sich überzeugen und ist, nachdem sie einmal gewonnen war, eine wirkliche Verbündete geblieben. Wir haben seither stets Seite an Seite gefochten, die Vierte-Welt-Bewegung und diese Spezialorganisation der UNO. Einige Jahre später gewährte sie uns einen offiziellen Konsultativstatus.
Aber mit diesen Kongressen haben wir nicht unsere Forschungsergebnisse herausgestellt, sondern vielmehr unseren Aktionen Nachdruck verliehen. Wir mussten bekanntmachen, überzeugen, und wenn wir etwas erreicht hatten, mussten wir unwiderlegbare Fakten schaffen – Ereignisse, bei denen andere sich mit uns an einen Tisch setzten und damit angreifbar machten. Der Kampf war hart genug, so dass wir das Bedürfnis empfanden, Erreichtes in Sicherheit zu bringen, unwiderlegbar zu machen. Nach jedem Kongress – von 1963 bis 1983 haben wir deren fünf bei der UNESCO oder mit ihrer Mitwirkung veranstaltet – konnten wir sagen: «Nicht nur wir behaupten das; diese Dinge wurden auf einem Kongress bei der UNESCO gesagt.»
Das Vorgehen mag naiv erscheinen, aber es hat sich als wirksam und auf politischer Ebene völlig realistisch erwiesen. Es war eine Möglichkeit, als seriös angesehene Menschen und Institutionen dazu zu bringen, ihr Prestige zugunsten derer, die keines haben, aufs Spiel zu setzen. Wissenschaftler wie Jean Labbens und Christian Debuyst, Institutionen wie die UNESCO, das IAA und die UNICEF legten nach und nach ihr Gewicht in die Waagschale und liessen sich mit uns auf Risiken ein. Die UNESCO ist kürzlich so weit gegangen, den Analphabetismus in den Industriestaaten anzuprangern, wobei sie sich zu einem guten Teil auf Informationen stützte, die unsere Teams vor Ort gesammelt haben.

Sie sprechen oft von dem Risiko, sich zu kompromittieren. Kompromittiert sich denn überhaupt noch, wer heute von Armut spricht?

Es geht darum, einzugestehen, was andere nicht sehen wollen, und sich durch dieses Eingeständnis angreifbar zu machen. Ich glaube sagen zu können, dass wir im Laufe all dieser Jahre gewisse nationale und internationale Behörden richtiggehend eingekreist haben, indem wir systematisch jeden einzelnen Beamten zu gewinnen versuchten. Dabei haben uns die Kongresse viel geholfen.
Ich erinnere mich an das erste Kolloquium, 1961, bei dem wir, um offiziell zugelassen zu werden, einen sprachlichen Kompromiss mit den französischen Instanzen eingegangen waren. Sie hörten uns nicht gern von Armut sprechen, und wir lehnten die in ganz Westeuropa gebräuchlichen Ausdrücke «asozial» und «Problemfamilien» ab. Wir akzeptierten einen Ausdruck, der dazwischen liegt: «unangepasste Familien». Nach diesem Kolloquium konnten wir eine offizielle Arbeitsgruppe ins Leben rufen, in der Behördenvertreter mitwirkten. Die Idee der Armutsforschung war von nun an akzeptiert, und wir begannen für unsere Teams die Bezeichnung «Wissen und Dienen» zu verwenden. Aber gewisse Leute verunglimpften die Volontäre auch weiterhin als «Wissenschaftler», die sich der Familien bedienten. Und der Ausdruck «Armut» kam erst 1970 wirklich auf. Der «Krieg gegen die Armut», der in den Vereinigten Staaten ab 1966 von der Regierung geführt wurde, half uns beträchtlich bei der Einführung dieser Änderungen im Sprachgebrauch, die Veränderungen im Bereich der Vorstellungen unterstützte.
All die geduldigen Kämpfe, die es für die Anerkennung eines armen Volkes führen musste, haben das Volontariat geprägt, geformt und gefestigt. Eines Tages, 1968, entdeckte es, dass bei ihm nicht mehr so sehr «Wissen und Dienen» im Zentrum stand, sondern der Einsatz für die Menschenrechte. Es wurde politisch aktiv, einmal mehr getrieben durch das gemeinsame Leben mit der betroffenen Bevölkerung.

Ein armes Volontariat unter den Armen wird aktiv für die Menschenrechte. Manche könnten da einen Widerspruch sehen.

Das Volontariat hat verschiedene Stadien durchlaufen. Zuerst erlebte es die innige Verbundenheit mit den Familien, das gemeinsame Leiden. In jener Zeit hiess es übrigens, es fände geradezu Geschmack am Elend. Wozu konnte es gut sein, sich so in Elend, Sumpf und Chaos einzugraben? In den sechziger Jahren hatten wir in zwei weiteren Elendssiedlungen bei Paris Fuss gefasst («La Campa» in La Courneuve und «La Cerisaie» in Stains) und kurz darauf auch in New York. Damals sprachen wir soviel vom Leiden der Familien, dass man uns für Masochisten halten konnte.

Haben Sie sich seither etwa verändert?

Wir haben Fortschritte gemacht, wie mir scheint. Vor allem seit 1968, einem Jahr, das wir nicht so erlebt haben wie andere. Ein guter Teil der Arbeiterschaft glaubte, wie schon 1936, die Zeit einer neuen Befreiung sei angebrochen, es gehe vorwärts auf dem Weg zu einer gerechteren Gesellschaft. In den Armensiedlungen entdeckten wir, dass das Subproletariat nicht nur keine Rechte hatte, sondern dass es von den Kämpfen für die Menschenrechte ausgeschlossen war. Es war nirgends dabei und auch nirgends vertreten. 1968 begannen wir, öffentlich vom «Volk» und seinem Recht auf Vertretung zu sprechen.

Die Subproletarier gingen also nicht auf die Strasse?

Einige junge Subproletarier gingen hin, glücklich über diese Gelegenheit, sich unter die anderen zu mischen. Die Bevölkerung als solche verhielt sich still und war im übrigen dem Hunger ausgesetzt. Da verstanden wir, dass nicht der am Kampf teilnehmen kann, der «nichts zu verlieren» hat, sondern im Gegenteil, wer noch einige Vorräte zu verlieren hat. Die Ärmsten verloren den Arbeitsplatz, den sie mit viel Mühe gefunden hatten, alle Beihilfen waren unterbrochen. Ich habe gesehen, wie ganze Siedlungen während mehr als eines Monats

von Diebstahl und Wohltätigkeit, von Almosen lebten. Die Gemeindebehörden, die diese Familien in erster Linie hätten unterstützen müssen, verweigerten jegliche Zahlung unter dem Vorwand, dass sie keiner regelmässigen Arbeit nachgingen.
Gelegentlich kamen Studenten, die noch etwas übrig hatten, nachdem sie streikende Arbeiter mit Lebensmitteln versorgt hatten, in einem Bidonville vorbei. Sie schütteten Nahrungsmittel aus, die grösstenteils bereits verdorben waren. So habe ich eine Ladung von bereits recht verdorbenem Fisch ankommen sehen. Er wurde auf den Boden geworfen, und die Bewohner schlugen sich untereinander, um ihren Anteil zu bekommen. Selten habe ich so stark das Gefühl gehabt, inmitten eines Volkes zu sein, das an eine gemeinsame Entbehrung, eine gemeinsame Erniedrigung gefesselt ist.
Mai und Juni 1968 waren in den Armensiedlungen Hungermonate, und am 14. Juli organisierten wir unser erstes Menschenrechtsfest. Das war in «La Cerisaie» in Stains. Von Mai an hatten wir unter Studenten eine Bewegung «Das Wissen auf der Strasse» initiiert. Am 14. Juli führten sie ein selbst geschriebenes Stück auf, das vom Platz der Ärmsten in der Französischen Revolution erzählte. Unser Volontariat machte sich für die Menschenrechte stark.

Warfen Sie damit nicht das Prinzip über Bord, sich auf keinen Kampf einzulassen, der ausserhalb der Reichweite der Familien liegt? Diese hatten doch sicher das für solch einen Kampf erforderliche politische Bewusstsein nicht erreicht?

Das mangelnde politische Bewusstsein der Armen ist ein Mythos, den die Reichen erfunden haben. Natürlich spricht unsere abstrakte Art, politische Fragen im Namen unserer jeweiligen Doktrin zu behandeln, diese Männer und Frauen nicht an. Denn sie sind gezwungen, unablässig konkreten Schwierigkeiten die Stirn zu bieten, um ihre Existenz und ihre Würde zu bewahren. Aber es genügt, diese konkreten Lebenssituationen zu teilen und sie gemeinsam zu analysieren, um den politischen Realismus der Vierten Welt zu erkennen. Sie bringt zum Vorschein, welch ein Grad von Abstraktion und Irrealismus in anderen gesellschaftlichen Kreisen erreicht ist.

Sie werden mich fragen, weshalb wir dann das Thema Menschenrechte nicht schon früher angegangen sind. War es nicht schon viel früher offensichtlich, dass die Ärmsten nicht gefragt und nicht gebraucht wurden, dass sie im politischen Leben nicht vorkamen? In der Tat, wenn die Kinder der Vierten Welt in der Schule nicht vorankamen, störte sich die Schule nicht daran, sie machte weiter wie vorher. Genau wie das gewerkschaftliche Leben weiterging, obwohl die subproletarischen Arbeiter nicht dabei waren. Und wenn diese nicht in der Kirche waren, hinderte das den Ablauf der Gottesdienste nicht. Für den Handel war ihre geringe Kaufkraft nicht von Bedeutung. Es gab so etwas wie einen Zustand chronischer Abwesenheit, eine Situation, die sich schon so lange eingebürgert hatte, dass wir uns fragen konnten, von welcher Seite wir sie angehen sollten. Um etwas in Bewegung zu bringen, mussten wir erst gemeinsam das Schlimmste sehen und erleben: dass die Ärmsten selbst von den Verfechtern neuer politischer Freiheiten übergangen, im Stich gelassen, ja sogar erniedrigt wurden.

Diese unerträgliche Lage hat uns zu einer Wende gezwungen. Wir haben sie mit dem vollen Einverständnis der Familien vollzogen; sie waren dabei die treibende Kraft. Der Hunger hatte uns dazu getrieben, Geld und Lebensmittel zu sammeln. Die Familien wurden eingeladen, lokale Komitees zu bilden, um diese gemäss den Bedürfnissen eines jeden zu verteilen. Das war das erste Mal, dass in den ärmsten Siedlungen Frankreichs eine kollektive Verantwortung im strengen Sinn des Wortes übernommen wurde. Die Debatte über den Vorrang des Ärmsten, des Hungrigsten, des am meisten vernachlässigten Kindes war auf der Tagesordnung und wurde überall geführt. In allen Siedlungen, in die wir in diesen Wochen gehen konnten, haben die Familien ihre Aufgabe auf sehr ehrenhafte Weise erfüllt. Auch haben sie bestätigt, dass sie ein Volk bilden. Diejenigen Familien, die uns seit langem kannten, fanden es ganz natürlich, dass wir unser Wirken auf bis dahin unbekannte Siedlungen ausdehnten. Alle sprachen miteinander über die Beschwerden, die sie anzubringen hatten. Wir wussten seit Jahren, dass es unsere Aufgabe war, ein Volk aus seinem Schattendasein herauszuführen, ihm zu einer historischen Identität zu verhelfen und es dazu zu bringen, seine Aufgabe gegenüber seinen Mitbürgern wahrzunehmen. Mai und Juni 1968 waren eine intensive

Zeit, in der wir gelernt haben, diese Zielsetzung als Wirken für die Menschenrechte zu umschreiben. Das hat das Volontariat gestärkt: es hat eine andere Grundstimmung, ein neues Instrumentarium und eine neue Strategie bekommen.
Das Volontariat erwarb sich damit auch eine weitere Eigenart. Es konnte es von nun an nicht mehr dulden, dass die Menschenrechte systematisch auf die bürgerlichen und politischen Freiheiten verkürzt wurden. Die Vierte Welt sagte uns, dass diese Verkürzung, die auch in den achtziger Jahren noch verbreitet ist, vollkommen künstlich ist. Von den politischen Freiheiten zu sprechen, ohne die wirtschaftlichen, sozialen und kulturellen Rechte in Betracht zu ziehen, mag für die begüterten Kreise angehen, nicht aber für die Arbeiterklasse und noch weniger für die Armen. Seit 1968 übt ATD Vierte Welt Kritik am ausschliessenden Charakter von Kampagnen, die angeblich für die Menschenrechte geführt werden, sich aber lediglich auf die politischen Rechte beziehen.

So haben Sie eine politische Ausrichtung angenommen. Konnten Sie die Gefahren abschätzen, vor allem die Gefahr, den Armen gewisse politische Entscheidungen aufzudrängen?

Ich weiss nicht, wo genau die Grenze liegt zwischen Politik und Parteipolitik. Die Vierte-Welt-Bewegung und das Volontariat haben ihre politische Bedeutung nicht erst 1968 erhalten. Sie hatten sie von Anfang an gehabt. Sonst hätten sie nicht soviel Anstoss erregt, sie wären nicht dermassen verunglimpft worden. Ab 1968 hat sich das Volontariat vorbehaltlos auf die Politik eingelassen und auch politische Forderungen gestellt. 1968 trat es in die Fussstapfen von Dufourny de Villiers mit seinen Beschwerdeheften für die Generalstände. In allen Armensiedlungen von Frankreich zirkulierten Hefte, in denen die Familien ihre Klagen aufschrieben, und wir haben sie unter dem Titel «Ein Volk spricht» veröffentlicht. Die Vierte-Welt-Bewegung blieb nie mehr einer Wahlkampagne fern, sei es auf kommunaler, nationaler oder europäischer Ebene. Aber die Frage ist vielleicht nicht, wieweit wir uns auf die Politik einlassen, sondern inwiefern wir in einer kollektiven Hoffnung verankert bleiben. Was verbürgt uns, dass wir stets das

Niveau halten und auf der Ebene der wesentlichen Anliegen bleiben? Was bewahrt uns davor, in eine engstirnige Interessenpolitik abzusinken und damit die Ärmsten politisch zu beherrschen?

Wie lautet Ihre Antwort heute? Was für Garantien gibt sich das Volontariat?

Ich weiss nicht, ob es definitive Mittel gibt. Wir könnten sagen, die Familien selber seien eine Garantie, aber das ist nicht so sicher. Ich sagte Ihnen, dass alles, was mit Strukturen zu tun hat, ihnen unbehaglich ist. Sie sind nicht einmal wirklich mit den bestehenden Strukturen konfrontiert, denn diese funktionieren ganz gut ohne sie. Sie können uns also nicht ohne weiteres sagen, welchen Strukturwandel, welche politischen Veränderungen sie nötig haben.
Auch die Gesellschaft kann das nicht sagen, denn sie erprobt ihre Strukturen nicht im Hinblick auf die Ärmsten. Um deren Situation zu regeln, bedient sie sich ständig persönlicher Eingriffe: Jemand wird auf eigene Initiative versuchen, die Dinge einzurenken. So ist das Subproletariat zwar in den Institutionen abwesend, nicht aber im Leben der Personen. Der Mensch verwirft weniger schnell einen anderen Menschen, als es die Strukturen tun. Ein Lehrer, eine Sozialarbeiterin, ein Pfarrer wird eingreifen, zum Guten oder zum Schlechten und manchmal auch, indem er sich der Kinder bemächtigt. Wir könnten hier von einer biologisch verwurzelten Anteilnahme des Menschen für den Menschen sprechen. Gegenüber dem Mitmenschen aus Fleisch und Blut kann er niemals völlig gleichgültig bleiben. Das ist sicher der Grund, weshalb sich die Leute so ins Leben und in die Zukunft der Familien einmischen. Sie handeln nicht konsequent, nicht reiflich überlegt, aber sie tun etwas. Weil der Mensch nicht zugeben kann, dass bei anderen Menschen Chaos herrscht oder dass er sie nicht versteht. Wie oft habe ich Leute sagen hören: «Ich kenne diese Familien genau, ich weiss alles von ihnen ...» In Wirklichkeit kennt die Sozialarbeiterin oder die Ordensschwester, die so spricht, sie gar nicht, aber wie könnten sie das zugeben? Das würde bedeuten, dass ihnen ein Teil des Menschseins abgeht. Ich bin überzeugt, dass ungeschicktes Verhalten und Zwangsmassnahmen zum grössten Teil daher kommen, dass wir

nicht verstehen, was für ein Mensch der andere ist – dies aber unmöglich zugeben können. Wenn er sich nicht so verhält wie wir, dann muss seinem Menschsein etwas abgehen, und das macht es uns in gewissem Sinne zur persönlichen Pflicht, ihm zu helfen oder sogar ihn wieder auf den rechten Weg zu bringen.

Das Fehlen adäquater Strukturen bedeutet also nicht, dass es im Leben der Familien an Personen fehlt. Sie selber sind im übrigen ständig auf der Suche danach. Im Grunde sagt dieses Suchen doch wohl, dass jeder Mensch Personen braucht, als eine nicht nur naturhafte, sondern wesenhafte Ergänzung für sein eigenes Leben. Die Ärmsten, die nicht zu anonymen, unpersönlichen Strukturen Zuflucht nehmen können, sagen uns vielleicht besser als andere, dass der Mensch aus Fleisch und Blut so oder so immer hofft, mit anderen Menschen in Kontakt zu kommen. Deshalb kann ich immer weniger verstehen, dass die Kirche in der Welt des Elends nicht stärker präsent ist. Die Bevölkerung hat es so nötig, Priester und Ordensfrauen aus Fleisch und Blut anzutreffen, engagierte Christen, Katecheten, Personen, die sie zu ihren Gunsten beeinflussen kann, bei denen sie wenn nötig mit List etwas erreichen kann, die sie als Vermittler gebrauchen kann. Es war ein grundlegender Irrtum, jede direkte Beziehung der Nächstenliebe auszuschliessen. Ich spreche hier von der Nächstenliebe, die sich in gegenseitiger Hilfe äusserte, in einer Beziehung, in der selbstverständlich geholfen wurde, weil sowohl die Ärmsten als auch die Leute, die ihnen etwas gaben, zum Überleben darauf angewiesen waren. Mit ihrem Verzicht auf persönliche Hilfe verzichtete die Kirche auf eine Antwort von Mensch zu Mensch in konkreten Situationen. Statt diese durch andere Formen von persönlichem Einsatz zu ersetzen, hat sie die organisierte Hilfe, eine Struktur geschaffen. Das ist viel schlimmer als die Beziehungen von früher. Diese waren sicher nicht die bestmöglichen, aber sie beinhalteten doch einen persönlichen Kontakt, und den haben die subproletarischen Familien auch heute nötig. Aber auch die Kirche hat ihn nötig, wenn sie wissen will, wie sie diesen Familien in ihren irdischen Strukturen ihren bevorzugten Platz geben kann.

Ich komme zurück auf die Frage der Strukturen und der Gefahren einer Politisierung, denen das Volontariat ATD Vierte Welt ausgesetzt ist. Wenn die Volontäre wirklich mit den Familien aus Fleisch und Blut verbunden bleiben und wenn sie weiterhin Tag für Tag von ihnen lernen wollen, dann werden diese sie notgedrungen immer wieder zu diesem Hautkontakt zurückführen, der einen daran hindert, sich in Theorien zu flüchten und in Strukturveränderungen einer Theorie zuliebe. Ich sage nicht, dass die Volontäre immun sind gegen eine solche Flucht. Jedermann ist immer dazu geneigt, vor dem Elend zu fliehen. Wir können in einer Siedlung oder einem Viertel leben und uns einrichten, um nicht der Bevölkerung ausgeliefert zu sein. Es genügt manchmal, unser Familienleben, unsere Freizeit, unsere Ferien, unser Sabbatjahr zu organisieren, um uns nicht mehr wirklich zu stellen. Dann hören wir nicht mehr wirklich ein Volk sprechen, wir sind ihm nicht mehr ausgeliefert, es ist für uns nicht mehr lebensnotwendig, es zu hören.

Wenn nicht einmal das Leben unter den Familien eine Beziehung von Mensch zu Mensch garantieren kann, sind Sie nicht besorgt für die Zukunft?

Ich bin sehr besorgt, und doch habe ich Vertrauen. Wenn es eine Garantie gibt, dann kann das nur das Volontariat als verbindliche Gemeinschaft sein. Die einen müssen für die anderen bürgen. Ich glaube, die Volontäre lernen das auf ihren jährlichen Klausurtagungen. Jeden Sommer versammeln sich alle, die seit mehr als fünf Jahren im Einsatz sind und die bereit sind, ihre Verantwortung gegenüber dem Volontariat als Ganzem wahrzunehmen. Sie denken zusammen darüber nach, nicht was sie tun müssen, sondern was sie sind, was sie sein müssen. An dieser Klausurtagung teilzunehmen heisst, eine persönliche Verantwortung dafür zu übernehmen, dass das Volontariat als Ganzes den Ärmsten treu bleibt. Und nur das Volontariat als Ganzes kann für die Treue, die Aufrichtigkeit, die Menschlichkeit jedes einzelnen Volontärs bürgen. Die Familien fordern diese Eigenschaften, aber sie können nicht dafür bürgen.
Das setzt einen stets offenen und wachen Geist voraus, viel Demut, einen kühlen Kopf, ein Fehlen von Eigenliebe. Neben den Klausurtagungen haben wir Treffen zur «Planung und Auswertung» eingeführt. Jahr für Jahr sich die Disziplin auferlegen, präzise Ziele zu formulieren, «die Hoffnungen der Familien vorausplanen», sich der Auswertung

der Resultate seiner Bemühungen zu unterziehen, das alles sind für das Volontariat Mittel und Wege, sich gegen seine eigene Zerbrechlichkeit zu schützen. Sein Hauptverdienst ist vielleicht, dass es seiner selbst nicht sicher ist.

Bleibt noch die Frage, ob dieses Volontariat, das zur Befreiung des Subproletariats beitragen will, bereit ist, sich überflüssig zu machen, auf sein eigenes Verschwinden hinzuarbeiten.

Das haben wir uns während der ersten Jahre ständig gesagt: Eines Tages werden sie frei sein, dann werden sie uns nicht mehr brauchen. Wir hatten vielleicht unrecht, die Freiheit so am Ende des Weges zu sehen. In Wirklichkeit muss das Subproletariat, jede einzelne seiner Siedlungen und seiner Familien, von Anfang an unabhängig sein. Vom ersten Moment an gehen die Familien und das Volontariat eine Lebensgemeinschaft ein, in der die Freiheit gewährleistet ist. Nicht nur die Freiheit einer bestimmten Familie oder Siedlung, sondern die von anderen Familien, anderen Gruppen, die wir noch nicht kennen. Ich sagte Ihnen, dass ein Armer immer einen noch Ärmeren verbirgt. Hinter den Siedlungen Frankreichs verbargen sich die der Bundesrepublik Deutschland und Englands; und hinter diesen verbergen sich die ausgehungertsten und verrufensten Lager Westafrikas.
Als wir in die Vereinigten Staaten gingen und später nach Lateinamerika, nach Afrika, in den Fernen Osten, warfen uns manche vor, wir würden uns verzetteln. Sie hatten unrecht. Es war höchste Zeit, dass wir den Horizont der Familien Europas erweiterten, damit sie sich bewusst darauf einlassen konnten, sich an der Seite der ärmsten Familien der Elfenbeinküste oder Obervoltas[4] aufzurichten. Sie hatten ein Recht darauf. Die Ärmsten, Apostel der Menschheit, das kann keine Idee bleiben, das muss sich in Fakten äussern. Die Familien aus den subproletarischen Siedlungen von Versailles und Créteil und die aus den benachteiligtsten Vierteln von Glasgow und Rotterdam haben das gute Recht, beim umfassenderen Kampf für eine Welt ohne Ausgrenzung in den vordersten Reihen zu stehen.

[4] Heute Burkina Faso (Anm. d. Übers.).

Als ich 1965 nach Indien ging, sammelten die Familien des Lagers von Noisy-le-Grand, die sich mit abgetragenen Sachen kleideten, selber Kleidung und Nahrung für die Ärmsten von Bombay. Sie sprachen vorhin von der Gefahr der Politisierung. Diese ist immer real, und ein Volontariat wie das unsere läuft immer Gefahr, sich an der unmittelbaren Gegenwart festzubeissen. Aber die Lösung ist nicht, ausserhalb des politischen Tagesgeschehens zu verbleiben. Man muss darüber hinausgehen. Wenn wir es geschafft haben, uns mit den Ärmsten auf der Ebene der Welt und ihrer Gestaltung anzusiedeln, werden sie selbst ihre lokale Gemeinschaft, ihre nationale Gesellschaft entsprechend wählen. Das ist letztlich der Befehl «Fahre hinaus auf die hohe See, und wirf deine Netze zum Fang aus»: nicht an den Grenzen der Gesellschaft, die wir bewohnen, haltmachen, sondern die Welt einnehmen.

DEN ÄRMSTEN DEN VORRANG GEBEN – WAS HEISST DAS?

Gilles Anouil – Sie legen Wert auf das Wort «Bewegung»: «Mit den ersten Verbündeten habe ich eine Vereinigung gegründet; das Volontariat hat mich dazu gebracht, eine Bewegung zu gründen.» Wo liegt der Unterschied?

Père Joseph – Sicher in dem, was der Begriff «Bewegung» beinhaltet. Eine Vereinigung kann sich in einem bestimmten Status, einer Rolle oder Methode gewissermassen einrichten. Das heisst nicht, dass sie stehenbleibt, veraltet oder verknöchert, aber der Preis für ihre Stabilität und Sicherheit ist doch eine gewisse Schwerfälligkeit in dem Bemühen, mit der Zeit zu gehen. Zu Beginn mag sie neue Wege beschreiten, aber auf die Dauer fällt ihr dies schwer. Eine Bewegung richtet sich meiner Ansicht nach darauf ein, unterwegs zu bleiben, im Zelt zu leben. Sie ist darauf angelegt, auf Wanderschaft zu sein, ihr Gepäck ist leicht: eine Überzeugung, eine Erfahrung, ein Wissen, weiter nichts.
Diese Absicht hatte das Volontariat, das für die Rechte des Ärmsten dasein wollte. Es musste einem Volk zu einer Existenz verhelfen, indem es ihm als Spiegel und Wortführer diente. Es wusste noch nicht, wer diese Familien waren, noch, wohin sie gehen wollten. Das ist immer noch so. Wir sagen: Die Gesellschaft und vor allem die Arbeitswelt müssen die Vierte Welt anerkennen und zum Hauptthema ihrer Kämpfe machen. Das Volontariat muss dieses Ziel verfolgen, indem es ständig Grenzen überschreitet. Auf beiden Seiten der Grenze befinden sich Menschen, und an diese Menschen müssen wir uns halten. Das Volontariat muss in die Geschichte und ins Denken von Menschen aus Fleisch und Blut eingehen. Auf beiden Seiten hat es keine Möglichkeit, Entscheidungen aufzuzwingen, es muss überzeugen. Dazu müssen sein Vorgehen und seine Sprache flexibel sein, verständlich am jeweiligen Ort, im jeweiligen Moment. Volontär zu sein ist schon in

Amsterdam oder New York nicht genau dasselbe wie in der Pariser Gegend. In Dakar oder Ouagadougou wird es sogar völlig anders sein. Ausser in der Hauptsache: dem Willen, die Ärmsten zu finden, mit ihnen zu gehen und zu entdecken, wie die Menschen in ihrer Umgebung sich um sie zusammenschliessen können. Wer in der Vierte-Welt-Bewegung eine Aktion vorausplant, der plant mehr Fragen als Antworten voraus, pflegen wir zu sagen. Wie werden wir uns verhalten, um eine Bevölkerung in die Lage zu versetzen, uns zu zeigen, was sie wirklich will hinsichtlich der Arbeit, der Gesundheit etc.? Wie werden wir vorgehen, um Unerwartetes zu entdecken?
ATD Vierte Welt ist eine Suchbewegung und keine Antwort. Sie ist eine ständige Einladung, bei einer Suche mitzuwirken. Bei der Suche nach den Ärmsten, nach den Menschen, die ihnen nahe sind, aber auch bei der Suche nach ihrer eigenen Identität. Was heisst es, eine interkonfessionelle Bewegung zu sein, in der sich alle religiösen und philosophischen Richtungen wohl fühlen? Was wird diese Bewegung morgen sein?

Heisst das, dass Sie keine Strukturen haben? Gewisse Leute werfen Ihnen vor, Sie seien unorganisiert.

Gewisse Leute erwarten, bei uns klassische Strukturen zu finden, Hierarchien, eine Infrastruktur, eine gewisse Kontrolle, wie anderswo üblich. Sie wundern sich, zu hören, dass wir im Generalsekretariat der Bewegung nicht bis ins letzte Detail wissen, was in einem bestimmten Projekt an Ort und Stelle geschieht. Ist denn die Bewegung ein Chaos? Die Lage ist um so verwirrender, als man in gewissen Momenten dasselbe Generalsekretariat wegen einer scheinbaren Kleinigkeit in eine lokale Aktion eingreifen sieht. Das verwundert manchmal selbst unsere eigenen Verbündeten.
Es ist kein Chaos, es ist eine andere Ordnung, die auf anderen Prioritäten beruht. Eine Ordnung, die das Wesentliche schützt, ohne uns mit einem Gepäck zu beladen, mit dem wir dann festsitzen würden. Der Vorrang für die Ärmsten, die absolute Notwendigkeit, ihnen zu begegnen, sie zu kennen, all unsere Bemühungen auf sie zu gründen, ihr Bedürfnis nach einer verbindlichen Gemeinschaft von Freiwilligen, die ihnen völlig zu Diensten steht, das ist das Wesentliche.

In diesen Punkten dürfen wir nicht abweichen, auch nicht bei Kleinigkeiten. Aber keine Struktur oder Bürokratie scheint das gewährleisten zu können. Das sagen uns die Geschichte unserer westlichen Gesellschaften und die Geschichte der Kirche. Unzählige Institutionen wurden im Laufe der Zeiten zugunsten der Armen geschaffen. Wie viele davon sind ihnen treu geblieben? Sie haben feste Kontakte zu Menschen geknüpft und sie weitergebracht, indem sie sich mit ihnen weiterentwickelten. Dass sie für die Armen erdacht und gegründet worden waren, hat sie nicht daran gehindert, ihren Weg mit Menschen fortzusetzen, die nicht mehr arm waren. Die Vierte-Welt-Bewegung behauptet nicht, dass sie fähig sei, es besser zu machen. Wir möchten aber aus der Erfahrung der anderen lernen und uns einige Sicherheiten geben. Also versuchen wir, die Treue zum Wesentlichen zu gewährleisten durch Weiterbildung, durch die jährliche Klausurtagung der Volontäre, durch ihre Planungs- und Auswertungstreffen, wo alle ständigen Mitarbeiter zusammenkommen und jeder sich dem Blick aller anderen aussetzt. Gemeinsam erarbeiten, entwickeln und verändern sie die Leitlinien. Die Verbündeten übernehmen sie aus dem einfachen Grund, dass sie den Volontären vertrauen, weil diese den Familien näher sind als sie selbst. Sie glauben an den aufrichtigen Willen des Volontariats, ständig die Botschaft eines Volkes zu entziffern, um sich danach auszurichten. Ohne dieses Vertrauen sind sie keine Verbündeten.
All dies bedeutet nicht ein Fehlen von Hierarchie, sondern eine andere Hierarchie. Der Vorrang gehört den Ärmsten und denen, die ihnen in einer ganz bestimmten Perspektive ihr Leben geweiht haben. Die beruflichen Hierarchien gelten nicht bei uns: die Engagiertesten, die am längsten im Umgang mit dem Elend und im Teilen Geschulten führen den Kampf an.

Hindert Sie das nicht daran, Programme mit öffentlicher Unterstützung durchzuführen? Wie sollen die Behörden akzeptieren, dass Engagement mehr Gewicht hat als berufliche Kompetenz?

Ich habe nicht von beruflicher Kompetenz, sondern von beruflicher Hierarchie gesprochen. Die üblichen beruflichen Schulungen und

Hierarchien, die ohne Kenntnis und Einbezug der Ärmsten entwickelt worden sind, gewährleisten keine Kompetenz in bezug auf sie. Ohne Engagement und Schulung für die Vierte Welt ist ein Lehrer, ein Arzt, eine Sozialarbeiterin nicht kompetent. Die Behörden und die Berufsgruppen teilen diese Ansicht in bezug auf die erforderliche Schulung, aber nicht immer in bezug auf das Engagement.
Übrigens steht nichts einer öffentlichen Unterstützung unserer Programme im Weg. Wir versuchen, in unserer Verwaltung die nötige Genauigkeit zu besitzen, ohne dadurch das Tätigkeitsfeld einzuengen. Mit staatlichen Behörden zusammenzuarbeiten, aber auch all denen, die uns unterstützen, Rechenschaft abzulegen, das erfordert eine gute Geschäftsführung. Aber eine der schlimmsten Gefahren, die auf die Vierte-Welt-Bewegung lauern, ist die des Managements. Es beruhigt, es banalisiert, es vereinfacht die Probleme und die Antworten. Die Befreiung der Menschen ist komplex und schreitet nicht gleichmässig fort. Sie macht zwei Schritte vorwärts und einen zurück oder zur Seite. Dass wir immer die Schritte zurück oder zur Seite einplanen wollen, hat uns den Vorwurf eingebracht, komplizierte Leute zu sein. Wir selbst sind verpflichtet, unser Wirken nicht zu einem System, einer Methodologie werden zu lassen. Jedoch fürchten wir Akten, Karteien oder Elektronik überhaupt nicht. Aber wir stellen an sie die gleichen Anforderungen wie an uns selbst: sie müssen so direkt wie möglich dazu beitragen, dass das Leben der Ärmsten anders wird. Sie müssen sich ständig anpassen.

Gewisse Leute sagen tatsächlich von Ihnen: «Jedesmal, wenn ich sie besuche, hat sich etwas verändert.» Sie werfen Ihnen auch die häufigen Ortswechsel der Volontäre vor.

Die Ortswechsel sind nicht häufig genug. Manche Volontäre bleiben zu lange an derselben Siedlung hängen. Es ist schwer, sie zu überzeugen, dass sie weggehen müssen.
Ich sagte Ihnen, vor welche Wahl uns das Elend stellt. Wir verwerfen den, der es trägt, oder aber wir nehmen sein Leiden auf uns. Es gibt noch eine dritte Möglichkeit, nämlich das Elend nicht mehr wahrzunehmen. Wenn wir uns lange genug darin vergraben, können wir

soweit kommen, dass wir seinen Gestank nicht mehr riechen, dass wir nicht mehr bemerken, wie das Elend den Menschen aufreibt. Um das Elend zu verstehen, muss man sich manchmal aus ihm herauszwängen können. Um wirklich in der Liebe bestärkt zu werden, muss man Distanz erfahren. Menschen, die keinen Abstand voneinander nehmen können, leben zuletzt in einer Art Gewöhnung. Der andere fehlt ihnen nicht mehr, und so können sie auch nicht mehr erkennen, worin er ihnen fehlt.

Die ständigen Mitarbeiter der Vierte-Welt-Bewegung sind Leute, die der Gewöhnung abgesagt haben. Diese lässt einen zuletzt selber randständig werden, verelenden, und das ist das Gegenteil von dem, was die Ärmsten verlangen. Nur in dem Masse, als wir auf intellektueller und spiritueller Ebene ganz wir selber sind, können sie sich selbst als anders erkennen und uns achten. Wenn die Vierte Welt uns nicht ein ständiger Anlass ist, auf intellektueller und spiritueller Ebene reicher zu werden, dann ist die Armut, in der wir leben, blosse Nachäffung. Das ist eine Beleidigung für die Armen: Wir übernehmen ihre materielle Lage wie Lumpen und machen daraus ein Statussymbol.

Dem Elend gegenüber braucht es zugleich Nähe und Distanz. Nähe, weil die ganz Armen unser gemeinsamer Nenner sind, der uns zusammenführt, unsere Existenzberechtigung. Distanz insofern, als sie in der Lage sein müssen, uns ständig weiterzubringen in dem, was wir selber sind. Zu ihrem grössten Glück hat die Vierte-Welt-Bewegung mit Menschen zu tun, die zugleich leiden und doch auch ein Volk sind, das unterwegs ist und uns zwingt, vorwärtszugehen.

Die Personen hindern uns daran, das Volk zum Streitobjekt, zum Vorwand, zum Alibi zu machen. Sie zwingen uns, in ihrem Rhythmus zu leben, uns ihren Herzschlag, ihre Hoffnung und ihr Denken zu eigen zu machen. Das Volk seinerseits zwingt uns, wir selber zu bleiben, Männer und Frauen, zu denen es sagen kann: «Ihr könnt machen, was ihr wollt, aber ihr werdet nie verstehen können, weil ihr nicht erlebt habt, was wir erleben.» Wenn es uns das nicht sagen könnte, wären wir nicht gezwungen, ihm das Wort zu geben. Die Ärmsten haben das Recht zu kontrollieren, zu korrigieren; sie können es nur ausüben, wenn jeder auf seinem Platz bleibt. Um unsern und ihren Platz nicht aus den Augen zu verlieren, muss sich jeder von uns

Funktionsveränderungen auferlegen, Zeiten, in denen er sich zurückzieht, um zu schreiben, Aufgaben ohne direkten Kontakt mit dem Elend, in der Öffentlichkeit oder bei den Behörden.

Wie bleiben die Volontäre, die auf diese Weise weggehen, der gelebten Wirklichkeit nahe? Wie wird das Engagement der Verbündeten aus dieser Wirklichkeit gespeist?

Wir haben eine bestimmte Art, die Aufmerksamkeit auf bestimmte Themen zu richten. Die Teams vor Ort werden regelmässig aufgerufen, Fragen zu beantworten, z. B.: Was erleben die Familien im Bereich der Schule, oder was wollen sie auf der Ebene der Arbeit? Diese Teams werden so wach gehalten, sie wissen, dass sie gegenüber der Bewegung Zeugen sind für das, was die Familien erleben und erhoffen. Die andern Volontäre und die Verbündeten haben die Aufgabe, das Zeugnis weiterzuvermitteln. Nun vermitteln wir aber nicht weiter, was wir nicht wirklich verinnerlicht haben; wir sind verpflichtet, nachzudenken und die Realitäten auf uns und in uns wirken zu lassen, um andere zu überzeugen. Sonst führen wir sehr bald einen anderen, unsern eigenen Kampf. Die Armen werden dann zum Streitobjekt, sie sind nicht mehr Mitstreiter und haben ihre Sache nicht mehr in der Hand.

Nach dem, was Sie mir sagen, ist die ganze Bewegung ständig auf der Suche, und diese Suche hat nicht den Charakter einer wissenschaftlichen Untersuchung. Andererseits sprechen Sie seit 1960 von wissenschaftlicher Forschung. Welches ist deren Platz? Ist es nicht ihre Aufgabe, die Realität des Elends an den Tag zu bringen?

Alles hängt vom Zweck der Untersuchung ab. Grundsätzlich läuft die wissenschaftliche Forschung immer Gefahr, eine Bevölkerung zum Objekt ihrer Studien zu machen. Sie will alleiniger Meister ihres Unternehmens bleiben, einzig ihren eigenen Anforderungen und Fragestellungen unterworfen. Gegenüber den Ärmsten scheint sie eine gesunde Distanz zu halten, aber es ist die Distanz des Voyeurs, nicht von jemand, der ganz auf Begegnung eingestellt ist. Die Wissenschaft, wie die Welt sie kennt, hat sich selbst zu ihrem Meister erkoren und kann nicht gleichzeitig einem andern dienen. Im Volontariat versuchen die Forscher zu entdecken, was es für sie bedeutet, dass «die Ärmsten unsere Meister» sind. Sie bemühen sich intensiv, auf die Familien zu hören. Forschung ist Sache aller Volontäre; die Forscher bringen die Fähigkeit zu Analyse und Synthese, ohne den Anspruch, das Sammeln und die Deutung der Informationen zu lenken. Sie bieten die Sicherheit eines gut strukturierten und gut informierten Denkens; sie sind unser Schutz gegen intellektuelle Missstände und Vorurteile. Kurz, die Forscher sind in der Vierte-Welt-Bewegung in der gleichen Lage wie die Manager und alle andern Berufsleute. Alle müssen einen Beruf neu erfinden, der ohne eine gute Kenntnis der Ärmsten geschaffen wurde. Unsere Forscher innovieren.

Sie haben verschiedene Gefahren genannt: lähmende Strukturen, zu grob vereinfachendes Management, eine Wissenschaft, welche die Ärmsten unterwirft. Welche weiteren Gefahren sehen Sie?

Die Gefahr des Aktivismus, gegen die keiner von uns gefeit ist. Aktivität beruhigt und befriedigt: Schaffen wir's heute nicht, so schaffen wir's morgen. Sie kann unseren Sinn für die Zerbrechlichkeit des anderen und für die Hindernisse, auf die er stösst, beeinträchtigen. Wir sehen die Widerstände in ihm nicht mehr, wir machen ihn nicht mehr wirklich zum Subjekt unseres Wirkens, er wird zum Objekt unseres Erfolgs. In Befreiungskämpfen glauben wir allzu oft, wir würden den anderen befreien, dabei befreien wir uns selbst. Die Frage ist nicht, wer befreit wird, sondern ob sich die Ärmsten zusammen mit uns befreien.

Aus diesem Grund ist die erste Tugend eines Volontärs in einer Siedlung das Schweigen. Er muss sich auch von andern Volontären befragen lassen: Zu was für einer Befreiung führt dein Wirken? Können die Familien sich als Glieder einer Gemeinschaft sehen, die bestrebt ist, dafür zu kämpfen? Der heilige Vinzenz von Paul sagte: Wir müssen um Verzeihung bitten für das, was wir den Armen geben. Ich möchte hinzufügen, dass wir auch für unsere Befreiungsbemühungen, die sie unterdrücken, wie dies so oft der Fall ist, um Verzeihung bitten müssen. Für die Volontäre vor Ort besteht auch die Gefahr zu vergessen, dass andere Mitarbeiter daran leiden, nicht bei den Familien zu sein. Sie sind als Stütze, Heimat und Hinterland für den Kampf unentbehrlich. Sie wirken ohne die Sicherheit, die der tägliche Kontakt und der gemeinsame Kampf mit der Bevölkerung vermitteln. Sie können nicht sagen: Ich kämpfe für diese bestimmte Siedlung, für dieses bestimmte Viertel und kenne seine Schwierigkeiten aus eigener Erfahrung.

Diese Bewegung scheint mir ein Maximum von konfliktträchtigen Situationen zu vereinen: zwischen Bekenntnissen oder Weltanschauungen, zwischen Verbündeten und Volontären, zwischen Berufen, zwischen denen, die vor Ort sind, und jenen, die in Büros arbeiten. Haben Sie Spaltungsversuche gekannt? Sie scheinen unvermeidlich.

Das, worum es uns gemeinsam geht, ist so eigentümlich, so intensiv. Sicher ist das Elend selber ein Konflikt, der uns gegeneinander aufhetzen kann, je nach unserer ideologischen oder beruflichen Brille. Aber die Hoffnung oder der Wille, dem Ärmsten den Vorrang zu geben, kann uns vereinen. Da liegt die Kraft der Vierte-Welt-Bewegung. Der Primat der Ärmsten reisst uns aus jedem Klan- oder Schubladendenken hinaus und schleudert uns ins Weite. Er lässt uns an der Basis leben, im krassesten Elend und zwingt uns dazu, uns in ungeahnte Höhen zu erheben. Gibt nicht dies unserem Leben eine Einheit? Wir sind bei weitem keine religiöse Gemeinschaft, und wir sind nicht, was man eine Lebensgemeinschaft nennen könnte. Die Volontäre sind eher so etwas wie Kampfgefährten, fest verbunden im Engagement, mit allem, was das an Freiheit und Kraft der Ausdrucksweise mit sich bringt.

Wir haben keine Spaltungen gekannt. Viele Menschen haben, ausgehend von dem, was sie bei uns fanden, Bewegungen oder Vereinigungen aufgebaut. Sie haben es nie gegen uns getan. Es ist übrigens schwierig, sich aufrichtig gegen die Vierte-Welt-Bewegung zu erklären. Diese ist ein ständiges Angebot, das man annehmen oder ausschlagen kann. Man kann sich schwerlich gegen die Befreiung der Ärmsten aussprechen, es sei denn, es werde einem ein besonderer Kult, eine Strategie im Gegensatz zu einer anderen aufgedrängt. Wir haben kein Dogma und kein gemeinsames Programm.

Ist aber die Einheit nicht grundsätzlich um Ihre Person herum zustande gekommen? Sind nicht Sie der Archimedische Punkt, der Konfliktentschärfer?

Ich weiss nicht genau, welche Rolle ich spiele, aber ich glaube, dass die Dinge komplizierter sind. Die Vierte-Welt-Bewegung bleibt grundsätzlich ein Ort nicht kontrollierter Freiheit, da spielen die Lorbeeren des Gründers kaum eine Rolle. Wenige Organisationen bieten ihren Mitgliedern eine solche Freiheit. Diese müssen auch keinem mythischen Gründer Tribut zollen. Ich habe nichts Mythisches an mir, und sie brauchen auch nicht mein Image zu pflegen. Ich mache Marmelade ein, ich gehe zum Wirtschafts- und Sozialrat, ich nehme an einem Treffen der Familien teil, ich feiere Gottesdienst, und ich lese Berichte, ich bin genauso frei wie sie, und ich habe nichts von einer bedeutenden Persönlichkeit.

Sie sind doch eine Autorität.

Ich bin es einzig wegen meines Gespürs für die Vierte Welt, wegen meiner feinen Nase. Die Leute vertrauen mir; ich glaube, sie identifizieren mich mit der Vierten Welt, mit allem, was diese an Glück und Pech zu tragen hat. Sie wissen, dass ich alles akzeptiere, nur nicht, dass den Familien Unrecht getan wird. Deshalb akzeptieren sie von mir mehr, als sie von einem andern akzeptieren würden. Ich habe kein Diplom, ich bin weder brillant noch bestechend. Aber sie glauben wirklich, dass ich Träger des Bewusstseins einer Bevölkerungsschicht bin. Nicht als persönlichen Reichtum oder als unübertragbares Recht, nicht durch Erbschaft oder Ernennung. Sondern einfach, weil die Geschichte gewollt hat, dass jemand dieses Bewusstsein verkörpere.
Ich habe Ihnen gesagt, bei uns gibt es keine Kontrolle, keine Macht, keine Imagepflege. Die Vierte-Welt-Bewegung kann sehr wohl in eine Richtung gehen, die ich nicht ausgesucht hätte. Aber alle wissen: Wenn

sie je die Familien verrieten, würde ich weggehen und eine andere Bewegung gründen. Ich habe für Menschen dazusein, nicht für eine Organisation. Aber gerade das Bewusstsein, dass sie über alle anderen Aufgaben hinaus einen Auftrag dieser Art hat, macht die Einheit von ATD Vierte Welt aus.

Sie sagen: wenn die Vierte-Welt-Bewegung die Familien verraten würde. Sie wollen damit wohl sagen: wenn sie nicht mehr ihr Sprachrohr wäre. Das erinnert mich an politische Parteien , die auch sagen, dass sie eine Bevölkerungsschicht verkörpern, wie die sozialistische oder die kommunistische Partei. Sie könnten sogar sagen – und ich denke, in manchen Ländern sagen sie es – , sie verkörpern das Proletariat und das Subproletariat. Wo liegt der Unterschied zur Vierte-Welt-Bewegung?

Diese Parteien sind aufrichtig mit einer Bevölkerungsschicht verbunden. Aber sie haben von ihr Grundannahmen abgeleitet, die diese selbst letztlich nicht mehr in Frage stellen kann. Sie behaupten, eine Wahrheit, die richtige Interpretation zu besitzen. Diese Gefahr lauert auf alle, die sich für eine Bevölkerungsgruppe entscheiden. Wenn sie diese wählen, müssen sie deren Befreiung konsequent betreiben, auf die Gefahr hin, von ihr verworfen zu werden, wenn sie einmal befreit ist. Sie müssen bereit sein, ihre eigene Freiheit zu verlieren, einer Bevölkerung die Kühnheit vermitteln, sie zu widerlegen. Sonst laufen sie Gefahr, ihr falsche Hoffnungen zu machen und sie früher oder später auszubeuten. Wehrlose Menschen sind nun einmal unserer Grosszügigkeit ausgeliefert. Wenn diese nicht wächst und zu wirklichen Befreiungstaten führt, bleiben wir auf halbem Weg stehen und versteifen uns auf eine abstrakte Idee, statt uns immer wieder von Menschen aus dem Konzept bringen zu lassen. Diese werden dann zum Vorwand. Sie sind Objekt und nicht Subjekt.
Die Vierte-Welt-Bewegung kann von Glück sagen, dass sie keine im voraus feststehende Idee hat, der eine Bevölkerungsschicht unterworfen werden könnte. Andauernd trägt sie ihre Entdeckungen zusammen und stellt sich Fragen. Sie glaubt nicht, dass sie *die* Antwort hat, *die* Aussage des Subproletariats. Das Volontariat will nichts anderes sein

als ein ständiger Dolmetscher, der mit seinen dauernden Fragen ein Volk dazu bringt, sein Denken und seine Zielvorstellungen nach eigenem Gutdünken zu entwickeln. Am Tag, an dem die Bewegung eine subproletarische Wahrheit aufstellen wollte, würde sie zum Krebsgeschwür im Fleisch der Allerärmsten, wäre sie überflüssig wie ein Kropf.

Ich habe gesagt, dass Weiterbildung, Klausurtagung und Planung die Grundstrukturen der Bewegung sind. Es sind Strukturen, die zum Fragen, zum Zusammentragen, zum Herausarbeiten einer Kenntnis anhalten. Sie werden da kein Programm finden, das nicht in erster Linie um «das Volk» kreist. Die Bewegung, die Weichenstellungen für ein Engagement kommen immer an zweiter Stelle. Keine Ideologie, kein Gesellschaftsprojekt drängt sich vor die betroffene Bevölkerung. Die Befreiung hat keine im voraus festgelegte Gestalt; sie ist immer in Arbeit und muss ständig im Licht des Denkens und des konkreten Lebens einer Bevölkerung, die unterwegs ist, überprüft werden. Es ist ein wenig wie mit den Schatten bei Plato: Das Licht liegt hinten, in der Kenntnis des Vorausgegangenen; der Schatten liegt vorne, in dem, was das Volk uns heute und morgen beibringen wird. So findet eine dauernde Kulturrevolution statt.

Haben Sie konkrete Beispiele dafür, wie die Bestrebungen einer Bevölkerung das Vorwärtsgehen bestimmen?

Ich habe Ihnen von Mai 68 erzählt, als die Familien ihre Bestürzung darüber äusserten, dass sie aus der ganzen Hoffnung einer Gesellschaft ausgeklammert blieben. Manche subproletarische Arbeiter waren davon so gepeinigt, dass sie vorgaben zu streiken, während sie in Wirklichkeit schon viel länger ohne Arbeit waren. Das zwang uns dazu, uns eingehend mit der Frage nach den beiden Grundrechten auf politische Vertretung und auf gesellschaftliche Teilhabe und Mitgestaltung auseinanderzusetzen.

Aber die Familien haben uns auch in anderen Bereichen dazu geführt, Position zu ergreifen, zum Beispiel in dem des Unterrichts und des Wissens. Ich könnte Ihnen etwas über das Wissen sagen. Die Familien hatten immer unter ihrer Unwissenheit gelitten, und wir hatten mit ihnen Bildungsstätten eingerichtet. Aber das geschah auf lokaler Ebene, in einzelnen Niederlassungen. In den siebziger Jahren verbesserten sich die materiellen Lebensbedingungen der ärmsten Bevölkerungsschicht vorübergehend in fast allen Ländern der Europäischen Gemeinschaft. Da gaben uns die Familien beinahe überall Zeichen, dass die Zeit gekommen sei, eine wirkliche nationale und internationale Bildungskampagne zu starten. So forderten wir 1977 die Öffentlichkeit heraus: «In zehn Jahren soll es in unseren Siedlungen keinen einzigen Analphabeten mehr geben. Jeder muss einen Beruf haben. Wer etwas kann, soll es jenen beibringen, die es nicht können.» Die Vierte Welt wollte das und war im grossen und ganzen bereit, für die Verwirklichung dieses tiefen Wunsches zu arbeiten. Wir selber hätten uns diese Herausforderung früher ausdenken können, und die Bevölkerung hätte zweifellos vorgegeben, uns zu folgen, ohne aber wirklich daran zu glauben. Wir hätten auch die Zeichen nicht beachten und den richtigen Zeitpunkt verpassen können. Zum Glück waren wir offen und aufmerksam für die Hinweise, die in den Siedlungen gegeben wurden.

Diese Tagungen des Volontariats, die Sie mit solcher Regelmässigkeit abhalten, erscheinen fast wie eine Art Kur für die Vierte-Welt-Bewegung.

Sie sind ihr Lebensstil und entstanden schon in den allerersten Jahren in Form von einfachen Zusammenkünften. Wie Sie wissen, ist es überhaupt zur Gründung der Vierte-Welt-Bewegung gekommen, weil uns das Anliegen keine Ruhe liess, ein Volk zu verstehen, um es bekannt zu machen und ihm die Mittel zu verschaffen, für sich selber zu sprechen. Diese Tagungen, auf denen das jeweils Erreichte wieder in Frage gestellt wird, sind, wenn man so will, die Atmung des Leibes, den die Volontäre gemeinsam bilden. Sie sind ganz langsam grösser geworden und auch heute noch wirkliche Begegnungen von Mensch zu Mensch. Es sind «horizontale» Begegnungen mit dem Ziel weiterzukommen. Sie hindern diese Bewegung daran, sich wie eine Kaste abzuschliessen oder zu einer Sekte zu werden. Vergessen Sie nicht, dass heute für die Klausurtagungen etwa hundert und für die Planung etwa zweihundert

langfristig Engagierte aus vierzehn Nationen und allen Altersgruppen zusammenkommen.
Das Volontariat leitet auch seit den sechziger Jahren Sommerworkcamps, bei denen Jugendliche aus aller Welt ihre Fragen und Ideen einbringen. Für die Volontäre sind diese Workcamps eher eine Verantwortung als eine Hilfe bei der Arbeit, obschon die Teilnehmer den ganzen Tag lang mit ihren Händen arbeiten. Aber das Volontariat setzt sich dabei den Trends aus, welche die jüngeren Generationen prägen, und erhält so neue Lebenskraft.

Diese Jugendlichen stellen Ihnen sicher die Frage, die ich Ihnen am Ende dieser Überlegung über das Volontariat vorlegen wollte: Was wählen Sie – Reform oder Revolution?

Ist das die eigentliche Frage? Die Ärmsten haben so viele Revolutionen und Reformen gesehen, die ihnen nichts gebracht haben. Beides sind Arten, die Karten neu unter den Spielern am Tisch zu verteilen. Um neue Spieler mitmachen zu lassen, genügt es nicht, die Karten neu zu verteilen, man muss die Spielregeln ändern. Man wirft der Bewegung oft vor, dass sie das Spiel der anerkannten Partner nicht mitspiele. Das stimmt: Sie bringt einen neuen Spieler an den Tisch. Das ist für alle gleich störend.
Wie sollen wir Stellung beziehen in der Debatte zwischen Reformern und Revolutionären? Unsere Aufgabe ist es, beide Seiten zu fragen: Wo sind die Ärmsten? Hierin ist die Vierte-Welt-Bewegung ein Wächter in der Nacht. Indem sie allen die Frage nach den Ärmsten stellt, drückt sie ihre Überzeugung aus, dass alle zur Erfindung neuer Regeln beitragen müssen. Das sind zwei Grundsätze, die heute nicht viel gelten. Die Einsicht in die Anfälligkeit unserer Systeme und Ideologien sowie in die Notwendigkeit, all unsere Unternehmungen aus der Sicht der Ausgeschlossenen zu überprüfen, ist kein neuer Wert für unsere Gesellschaften, aber sie haben ihn nicht umgesetzt. Auch die Aussage, dass all unsere Mitarbeiter, alle Parteien und Gewerkschaften, alle unsere Institutionen und Kirchen zur Suche nach den Ärmsten beitragen und ihnen in ihrem eigenen Leben einen Platz geben müssen, ist nicht neu. Doch auch dieses Bemühen, sich als Teil eines Ganzen zu

verstehen, dessen Mitte die Ausgeschlossenen bilden, gehört nicht zu den Spielregeln in der heutigen Welt.

Übernimmt die Vierte-Welt-Bewegung nicht die Verantwortung für die Suche nach den Ärmsten?

Diese Bewegung verkörpert eine Suche, an der sowohl Reformer als auch Revolutionäre teilnehmen müssen, um so ihre Überzeugungen zu testen. Sie ist ein ständiger Protest gegen alles, was nicht die Vierte Welt begünstigt; sie macht diese zur Zeugin für den ausgrenzenden Charakter unserer Gesellschaften, aber auch unserer Kämpfe für Veränderung. Sie versucht nicht, anstelle von anderen Abhilfe zu schaffen. Jeder ist gehalten, diesen Schritt für sich selbst zu tun. Zugegeben, die Vierte-Welt-Bewegung versucht, mit Verstand zu protestieren. Aus den Äusserungen der Familien erschliesst sie Tag für Tag Leitlinien für eine Schule, eine Berufsbildung, ein System zur Einkommenssicherung, die deren Hoffnungen entsprechen. Jede Gesellschaftsklasse, jedes Milieu hat seine Experten. Die Volontäre versuchen gewissermassen, für die Vierte Welt Experten zu sein. Sie bezahlen dafür mit einem beträchtlichen Einsatz Tag und Nacht. Aber nichts von dem, was sie tun und sind, kann den Einsatz ersetzen, den die andern leisten müssen.
Manche Leute versuchen, das Volontariat von seinen wahren Meistern abzubringen. Ein Ministerium, eine Regierung, eine Sonderinstitution der UNO fordern die Volontäre auf, ihre Vorschläge zu präzisieren: Wir sollen genau angeben, welche Veränderung im System der sozialen Sicherheit nötig ist, wie ein gutes Programm gegen Analphabetismus im einzelnen aussehen muss, was eigentlich für die Gesundheit der Kinder zu tun ist. Die Behörden verlangen oft sehr präzise Antworten, ohne Gegenleistung oder Verpflichtung ihrerseits, ja manchmal ohne jede Bezahlung. Das Volontariat geht in die Falle, aus Angst, dass die Dinge für die Familien nicht vorwärtsgehen. Es fällt auf den Vorwurf herein, es bleibe immer zu vage, es habe keinen Sinn fürs Konkrete. Dieser Vorwurf ist falsch, aber er dient oft als Vorwand, um sich nicht festzulegen: «Wie wollen Sie, dass ich eine Initiative ergreife, solange Sie mir nicht sagen, wie sie im Detail verlaufen muss …»

Weil es sich auf dieses Spiel einliess, um den Prozess zu beschleunigen, hat das Volontariat manchmal Gelegenheiten verpasst, eine Idee oder eine Lösung zusammen mit den Familien reifen zu lassen. Eine Behörde setzte es unter Druck: «Kümmern Sie sich um die Jugendlichen, sorgen Sie für das Wohl der Säuglinge ...» Und dies noch bevor eine Siedlung Zeit hatte, ein Team kennenzulernen, zu sehen, mit wem sie es zu tun hatte ... Die Absicht der Behörden kann ausgezeichnet sein: Sie wollen uns oft helfen. Aber wie ein Direktor des Ministeriums für Zusammenarbeit sagte, als er sich eine Aktion von ATD Vierte Welt in Obervolta[5] ansah: «Der Staat kann Vorbereitungsphasen für die Entwicklung nicht finanzieren.» Das ist sehr schade, denn weil man den Betroffenen keine Zeit und keine Mittel zur Vorbereitung einräumt, geht man manchmal wirklich ungeniert vor und greift in das Leben einer Bevölkerung ein, ohne eine Ahnung zu haben, was sie verletzen könnte und wofür sie ansprechbar ist, und deshalb auch blind für ihre eventuellen Reaktionen. Das zeugt von einem tiefen Mangel an Respekt; Menschen, die so eingreifen, können sich nicht einmal vorstellen, dass ein Denken und Fühlen vorhanden sein könnte, das zu respektieren wäre. Sie denken nicht daran, dass es für eine Bevölkerung wesentlich ist, frei zu entscheiden, ob sie in einem Projekt aktiv wird, ob sie dieses umgestalten, behindern oder ablehnen will. Daran zu denken würde bereits eine Revolution darstellen.

Wenn das Volontariat sich darauf einlässt, auf Ersuchen einer lokalen oder nationalen Behörde detaillierte Unterlagen vorzulegen oder gar selbst ein Projekt aufzubauen, kann man ihm vorwerfen, es arbeite mit den Machthabern zusammen und diene ihnen als Alibi. Das ist nicht immer ganz unwahr, aber das ist nicht die Hauptsache. Die Wahrheit ist, dass alle vorhandenen Kräfte, Reformer wie Revolutionäre, gleichermassen Angst haben, die Spielregeln zugunsten der Vierten Welt zu ändern.

[5] Siehe Anm. S. 199.

Welche Veränderungen machen am meisten angst?

Es geht nicht um die eine oder andere Detailveränderung, die wichtiger wäre als andere und einen schwierigeren Einsatz verlangte. Was angst macht, ist der Verzicht darauf, die Menschen wie Wurst in Probleme zu zerlegen. Die geforderte Veränderung besteht darin, die Würde der Armen ganz ernst zu nehmen, ihr Denken als Richtschnur für unsere Politik zu nehmen und ihre Hoffnung als Richtschnur für jegliches Handeln. Eine solche Revolution im Denken und im Menschenbild, eine solche Gesellschaft, die sich völlig mit den Forderungen der Ärmsten identifiziert, das bringt jedermann aus dem Konzept. Jederzeit, an jeder Strassenecke die Frage anzutreffen: «Was habt ihr mit mir getan?», das zerstört alle intellektuellen und materiellen Sicherheiten. Man müsste auf andersartige Sicherheiten bauen. Das ist die Umkehrung der Prioritäten, von der die Vierte-Welt-Bewegung spricht.

Das ist freilich ein Umsturz im Denken und im Handeln, also eine Revolution.

Auch das wirft man uns vor: Einmal bleiben wir zu vage und fordern nicht genug; dann fordern wir wieder zuviel. In der Tat fordern wir von der nationalen und von der internationalen Gemeinschaft, sich in dieser Vorgehensweise zu üben und deutlich zu bekunden, dass sie es nicht bei ein paar Versuchen bewenden lassen will. Es stimmt, wir fordern einen Umgang mit den Ärmsten, der alle Lebensbereiche im Blick hat: nicht mit der finanziellen Sicherheit beginnen, ohne bereits an die Berufsbildung zu denken; nicht die Sicherung des Arbeitsplatzes in Angriff nehmen, ohne bereits die der Wohnung zu planen.
Es ist schwer verständlich zu machen, dass alle Mitbürger davon profitieren werden. In den sechziger Jahren, zur Zeit der Vollbeschäftigung, haben wir uns heiser geschrien: «Wenn ihr einigen Menschen keine Möglichkeit gebt, sich nützlich zu machen, lasst ihr einen Wurm in der Frucht; morgen wird die Frucht faul sein.» Heute bestätigt sich dies: Die Gesellschaft nimmt eine Ausbreitung der Arbeitslosigkeit hin. Heute entdecken wir, dass die Vollbeschäftigung nicht ein absolutes

Recht war, von unseren Gesellschaften gewollt, sondern nur eine Phase der Konjunktur. Und wenn wir zulassen, dass in allen industrialisierten Ländern Kinder die Schule verlassen, ohne lesen und schreiben zu können, bringen wir alle Kinder in Gefahr. Wir sind bereits eine Gesellschaft, die Analphabetismus hinnimmt. Und wenn morgen alle, die mit den Möglichkeiten der Elektronik nicht zurechtkommen, als Analphabeten dastehen, werden wir uns nicht darüber empören, dass Hunderttausende von Mitbürgern keine Möglichkeit haben, über Computer zu kommunizieren.

Eine Gesellschaft, die das Recht hat, auch nur einen einzigen Menschen ohne Arbeit, ohne Schrift, ohne Wohnung, ohne politische Beteiligung, ohne Gebet oder ohne Kenntnis von Gott zu lassen, wird diese Dinge morgen auch andern vorenthalten. Eine solche Gesellschaft, Schule oder Kirche gleicht einem Haus ohne Fussboden, und Kinder, Menschen können ihr nach unten entgleiten. Den Reichen wird es wahrscheinlich gelingen, sich festzuklammern; die Geringen, die Personen und Familien ohne grosse Reserven, werden in den Abgrund fallen. Das ist ein Grund, alle Kämpfe, die nur das Interesse unserer eigenen Gruppe und die Verteidigung unseres Terrains im Auge haben, aufzugeben und die Prioritäten umzukehren. Wenn wir die subproletarischen Arbeiter zur Quelle unseres Denkens und zum Antrieb unseres Handelns machen, dann bauen wir eine Gemeinschaft, in der es allen wohl ist. Das Subproletariat schreit den Skandal von heute heraus; es ahnt und verkündet auch den Skandal von morgen.

Das ist ein verborgener Skandal. Sie selbst prangern unsere Unkenntnis an. Wie viele unserer Mitbürger kennen die Zahl der Analphabeten in unserem Land?

Ich habe die Frage gestellt, ob Unkenntnis als Entschuldigung dienen kann. Darf man sie durchgehen lassen? Müsste eine Gesellschaft, in der man ohne Schrift nicht leben kann, nicht ständig auf der Suche nach denen sein, die von der Schule vernachlässigt oder vergessen werden? Ist eine Gesellschaft akzeptabel, die angesichts der verzweifelten Lage dieser Menschen schläft?

Das Land kennt nicht die Zahl der obdachlosen Familien, die von einer

Notunterkunft zur nächsten ziehen, weil es seine Wohnungen zählt, ohne zu fragen, wer eigentlich darin lebt. Es unterlässt es, die Familien ohne feste Unterkunft zu zählen. Das Land hat seine statistischen Infrastrukturen und seine Behörden nicht aufgefordert, über das Wesentliche Rechenschaft abzulegen: über das Los der Ärmsten. Das Land weiss, was es wissen will, seine Führungskräfte antworten nicht auf Fragen, die ihnen nicht gestellt werden.
Was machen wir bei all dem mit den Seligpreisungen? «Ich war obdachlos, und du hast mir eine Wohnung verschafft.» Das ist nicht nur ein moralischer, sondern ein politischer Imperativ. Glauben Sie, dass Jesus Christus nur in andern Ländern kein Dach über dem Kopf hat? Er steht als Obdachloser vor unserer Tür und fragt uns, ob die Wohnung eine Frage des Einkommens und der Fähigkeit zu gutnachbarlichen Beziehungen sei oder ob die blosse Existenz einer Familie nicht Grund genug ist, ihr eine Unterkunft zu geben.

Sie meinen also, dass Christus all diese Rechte, mit denen wir ein Minimum an Pflichten verbinden, auf den Kopf stellt?

Jesus Christus entledigt uns nicht unserer Pflichten. Er sagt: «Ich hatte Hunger, und du hast mich gesättigt, ich war verloren, und du hast mich gesucht.» Ich sagte das einmal dem persönlichen Referenten eines Ministers im Zusammenhang mit der Wohnungsfrage. Er antwortete mir, ein garantiertes Recht auf Wohnung für jede Familie, unabhängig von ihren Leistungen und Fähigkeiten, würde das ganze Wohnungswesen in Frankreich grundsätzlich in Frage stellen. Man sagt mir das gleiche auf dem Erziehungsministerium, wenn ich fordere, in den Sonderklassen, die im französischen Schulsystem die letzte Chance für arme Kinder darstellen, elektronische Geräte einzubeziehen. Man hat mich gefragt: «Glauben Sie, dass das Erziehungsministerium nichts anderes zu tun hat?» Ehrlich gesagt glaube ich das wirklich. Viele Probleme würden sich lösen, wenn es nichts anderes tun würde, als eine solide Grundlage zu garantieren im Unterrichtswesen. Nicht irgendeinen Mindeststandard, sondern einen festen Boden, von dem aus die Ärmsten den Sprung nach oben schaffen können. «Wir haben auch noch anderes zu tun», dieses Argument bekomme ich auf allen Ministerien zu hören, aber ich bleibe bei meinem Glauben, dass dies das Wichtigste ist, was sie zu tun haben.

Man wird Ihnen sagen, dass dies zu teuer ist.

Man wird mir vielleicht auch sagen, dass es in der UdSSR oder in Ungarn vergeblich versucht wurde. In Wirklichkeit wissen wir überhaupt nichts. Die Idee der hohen Kosten kommt von unserer Unfähigkeit, uns vorzustellen, dass wir den Armen etwas anbieten könnten, was wir den Reichen nicht auch anbieten. Elektronik in den Sonderschulen stellt eine bescheidene Ausgabe dar. Freilich werden die Kosten höher sein, wenn wir denken, wir müssten sie auch und vielleicht zuerst in allen anderen Schultypen einführen. Die meisten von uns denken das; die Idee des Vorrangs der Armen ist uns kaum vertraut; sie scheint unvereinbar mit jedem Begriff von politischer oder wirtschaftlicher Effizienz.
Was die Wohnung für alle in der UdSSR oder den gleichen Lohn in Ungarn betrifft, waren diese nur von kurzer Dauer und blieben immer irgendwie gekoppelt an eine Vorstellung von verdienstvoller Leistung. Es ging übrigens nicht darum, die Ärmsten zu bevorzugen, sondern allen gleich viel zu geben. Das eine ist das Gegenteil des anderen. Wir kennen keine Gesellschaft, in welcher der Vorrang der Ärmsten erprobt worden wäre. Es gibt dafür kein Modell, sowenig wie es für das Reich Gottes ein Modell gibt. Wir müssen uns wohl oder übel Schritt für Schritt vorwärtstasten.
All dies ist keine Antwort auf Ihre Frage: Reform oder Revolution.

Sie schlagen uns vor, Schritt für Schritt vorwärtszugehen, aber mit einem Kurswechsel um 180 Grad.

Ich denke an eine Mutter. Sie hat acht Kinder und unerhörte Schwierigkeiten, das Familiengeld, eine Wohnung und kostenlose Verpflegung in der Schule zu erhalten. Ihr Mann arbeitet nicht, und sie ist auch nicht formell mit ihm verheiratet. Auf der Gemeinde sagt man von ihr: «Man muss schon eine erbärmliche Person sein und auf alles

pfeifen, um acht Kinder zu haben. Für wen hält sie sich? Geht auf der Gemeinde aus und ein, um Hilfe zu erbitten ...»
Überall, wo sie hingeht, löst diese Frau einen Wirbel aus, sie ist ein Störenfried und bringt die Beamten auf dem Sozialamt oder auf dem Wohnungsamt in Verlegenheit. Mit ihren vielen Kindern und ohne Einkünfte stellt diese Frau in der Tat unsere Gesellschaft und unser Menschenbild vor ein grundlegendes Problem. Sie ist ein Testfall für unsere Ehrlichkeit in bezug auf die Menschenrechte. Ihr Mann ist Analphabet und vom Leben tief verwundet, er kann keine berufliche Verantwortung wahrnehmen. Er war nie in der Arbeitswelt integriert und hat sich deren Anforderungen und deren Logik nicht zu eigen gemacht. Geben wir ihm Arbeit und Ausbildung, weil wir denken, dass er rentabel sein wird, oder weil er ein Recht darauf hat, als nützlich anerkannt zu sein? Sagen wir ihm, wie ich es gern und oft tue: «Du bist da, wir sind da, wir sind durch dasselbe Menschenlos verbunden, und das ist für uns beide eine Chance.»?
In Wirklichkeit werden die Institutionen eine Ausrede finden, um ihm nichts zu geben ausser eine magere Unterstützung von der Sozialhilfe. Die Familie wird weiterhin in jeder Hinsicht als minderwertig behandelt werden. Also Menschenrechte für wen? Befreiung für wen? Sie haben mir Fragen zur Vierte-Welt-Bewegung gestellt. Solange sie sich nach den Ärmsten ausrichtet, solange das Volk der Armen, aufrecht und hoffnungsvoll, ihre einzige Existenzberechtigung ist, können wir zu ihr Vertrauen haben. Solange das Subproletariat ihr sagt: «Was du da sagst, ist genau, was ich denke, aber nicht sagen konnte», ist diese Bewegung auf dem Weg zur Befreiung der Ärmsten.

«Mein Sohn wollte zu Fuss zur Schule gehen, weil die anderen Kinder im Bus ihn ausgelacht hatten.

Da hat ihn sein älterer Bruder mehrere Tage lang im Bus begleitet.»

DIE THEOLOGIE DER BEFREIUNG

Gilles Anouil – *Sie sprechen von Befreiung der Armen. Dieses Thema wird in der Kirche diskutiert, wo eine lebhafte Debatte über die Theologie der Befreiung im Gang ist. Welches ist Ihr Standpunkt? Ich lese Ihnen einige Worte von Mgr. Proaño, Bischof in Ecuador, vor, und Sie sagen mir, was Sie davon halten.*
«Wir sind in Lateinamerika alle mehr oder weniger in einem Zustand der Sklaverei, in unseren mentalen Strukturen und durch den Mechanismus unserer sozialen Strukturen. Christus ist gekommen, um uns nicht nur individuell, sondern auch kollektiv zu befreien. Der Kapitalismus ist eine Situation der Sünde, wie 1968 in Medellin gesagt wurde. Das Evangelium muss sich in der Realität inkarnieren, sonst werden wir zu Komplizen der bestehenden sozialen Ungerechtigkeit. Die Theologie der Befreiung wird nicht nur mit Intellektuellen gemacht, sondern im Volk, das ein wunderbares Gespür hat, um das Wesentliche der christlichen Botschaft zu erfassen. Hier kann man wirklich sagen, dass die Armen uns evangelisieren.»

Père Joseph – Wie sollte man nicht einverstanden sein mit einer Befreiung, die zugleich spirituell und sozial ist? Doch scheint mir, dass in Lateinamerika noch viel Verwirrung herrscht.
Der Papst hat gesagt, dass die Kirche unerbittlich ist gegenüber Ungerechtigkeit. Hartnäckig und kompromisslos lehnt sie sich auf gegen die niedrigen Löhne, die Obdachlosigkeit der Familien, den schulischen Misserfolg der Kinder. Ihre Pflicht ist es, nein zu sagen zu unterdrückenden Systemen, welche die Ärmsten zu Minderwertigen auf Lebenszeit, ohne Hoffnung auf ein besseres Dasein machen. In diesem Punkt sind wir alle einig, und ich verstehe das Nein der Christen in Lateinamerika, die Entrüstung der Priester, die durch das Unrecht, das den Armen angetan wird, selber beleidigt werden. Aber es kön-

nen Meinungsverschiedenheiten auftauchen über die Art, sich den Systemen zu widersetzen. Die Kirche kann es nicht dulden, dass der Mensch angegriffen wird, sei er nun reich oder arm. Aus der Sicht der Kirche bedeutet ein Angriff auf den Reichen auch einen Angriff auf den armen Menschen. Wenn wir die Armen daran gewöhnen, die Reichen zu verachten, wechseln wir nur die Herren aus und schaffen neue Sklaven.

Die Ersten sind die Letzten, diese Worte Christi sind zugleich eine Feststellung und eine Prophezeiung. Jesus Christus hat den Wandel vollzogen, und eines Tages werden die Menschen Ränge und Verantwortung anders unter sich aufteilen. Aber der Herr hat niemals gesagt, die Reichen sollten ihrerseits gedemütigt oder unterdrückt werden. Für Christen ist die Befreiung der Armen sicher ein Kampf, aber es kann nicht jeder beliebige Kampf sein.

Grundsätzlicher betrachtet: Wer Theologie sagt, sagt Wissenschaft von Gott und vom Menschen. Eine Theologie der Befreiung muss also von der Beziehung zwischen der Freiheit des Menschen und der Freiheit Gottes handeln. Um zu verstehen, was ein freier Mensch ist, muss man verstehen, wer der freie Gott ist. In Lateinamerika habe ich ständig die gleiche Frage gestellt: Die Befreiung welches Menschen, in Beziehung zu welchem Gott? Ich habe nie eine Antwort erhalten.

Der Mensch, von dem man mir erzählte, schien übrigens immer ein Mensch zu sein, der sein Stück Brot in der Tasche hat. Er konnte sozusagen Gott, die Kirche und die Gesellschaft verschleudern, im Wissen, dass er immer wieder oben schwimmen würde, da er noch eine Birne für den Durst auf der Seite hatte. Ich sah einerseits Wohnviertel, in denen Männer, Frauen und Kinder allesamt in extremer kultureller, spiritueller und wirtschaftlicher Unterentwicklung versanken. Anderseits gab es diese oft gebildeten Männer mit einem geschärften politischen Bewusstsein. Ich begann zu zweifeln, ob sie wirklich das soziale Gewissen der Gesellschaft in bezug auf die Ärmsten seien, wie sie es von sich behaupteten.

Johannes Paul II. sagt, die Kirche sei das Gewissen der Gewissen. Ich habe diesen Begriff sehr gern, er gilt besonders, wenn Christen sich für die Befreiung einsetzen. Befreiung wird immer von jemandem bezahlt. Ist es wohl, weil ich das Elend gekannt habe und mein Leben

lang mit ihm in Berührung kam? Angesichts dieser Vorstösse gebildeter Menschen fühle ich immer eine Bedrohung und eine Art Reflex der Selbstverteidigung: Vergessen sie nicht, den ärmsten Menschen aufzuspüren und zu befragen? Und um wen weiss ihr Ge*wissen* in diesem Fall?
Ich fürchte, es gibt in diesem Punkt viele Missverständnisse. Nichts verbürgt uns, dass die vorgeschlagenen Befreiungen eine Chance für die Ärmsten darstellen. Wurden diese durch einen langen Umgang mit ihnen, in einer tiefen Lebens- und Schicksalsgemeinschaft entdeckt? Werden die Projekte wirklich mit ihnen ausgearbeitet? Meiner Meinung nach bleiben die Ärmsten auf der Strecke, wie immer – ob es nun um Frieden, Atomkraft, Befreiung oder was auch immer gehen mag. Wir können die Hoffnung des ärmsten Menschen nur durch einen langen Umgang kennen. Darauf baut die Bewegung ATD Vierte Welt: sich vergewissern, dass man alles tut, um den Willen der Ärmsten zu kennen, um zu wissen, was sie sagen und warum sie es sagen. Für mich hat das nichts Fakultatives, es ist eine unbedingte Notwendigkeit. Zu wissen, was die Ärmsten denken, ist das wichtigste Gutachten. Denn dieses Gutachten sagt uns auch, was Jesus Christus von uns erwartet.

Wenn Sie sagen: «Welchen Menschen für welchen Gott befreien?», dann denken Sie also an Gott, wie wir ihn durch seinen Sohn, der in den Ärmsten inkarniert ist, kennen können. Um zu einer christlichen Theologie der Befreiung zu gelangen, bliebe uns nichts anderes übrig, als die Ärmsten zu befragen.

Welchen anderen Weg gibt es, um zu einer Theologie zu gelangen? Wir müssen sowohl unser Denken als auch unser Handeln aus der Erfahrung der ärmsten Bevölkerung ableiten können. Nicht aus einer Vorstellung, die wir uns von ihrem Dasein machen, sondern aus ihrem wirklichen täglichen Leben. Aber wer lebt wirklich Tag und Nacht innerhalb der Elendsgebiete? Und wenn Menschen dort leben, sind sie ständig aufs Hören ausgerichtet, wie sie es in einer Universität wären? Und in welchem Masse informieren solche echten Zeugen unsere Theologie?

Unser Denken und unser Handeln muss so sein, dass Gott sich darin wiederfindet, dass er es nicht verleugnen kann. Das zwingt uns, unsere Erkenntnis von den unbeliebtesten Bevölkerungsgruppen zu beziehen, und das fällt uns sehr schwer, aus einem Grund, von dem wir noch nicht gesprochen haben. In Europa sind diese Bevölkerungsgruppen, wie ich schon sagte, nicht befragt worden; die Geschichte des europäischen Subproletariats ist eine Geschichte des Schweigens. Wir haben uns ihrer entledigt und nicht versucht, an der subproletarischen Mentalität teilzuhaben. Das gleiche gilt mehr oder weniger für die ganz Armen in Lateinamerika, von denen wir doch so viel sprechen. Sie selbst machen keine Aussagen, es sei denn, sie werden geduldig befragt. Da sie zu selten aufgerufen werden, auszusagen, können sie keinen Sinn für das öffentliche Leben, das Gemeinschaftsleben und für die Gemeinschaft aller Menschen entwickeln. Ich sehe nicht, wie die Christen von ihnen eine Theologie der Freiheit hätten beziehen können.

Mgr. Proaño sagt: «Die Armen evangelisieren uns», und Sie fügen hinzu: «Keine Theologie ohne sie.» Das ist doch kein Widerspruch.

Ich möchte eher anfügen, dass es ohne die *Aller*ärmsten keine Theologie geben kann und dass diese uns nicht unter x-beliebigen Umständen unterrichten. Mgr. Proaño erinnert daran, dass sich in Lateinamerika alle mehr oder weniger im Zustand der Sklaverei befinden. Doch um dem Herrn zu begegnen, muss man zum *am meisten* Unterdrückten gehen. Wissen wir, wo wir ihn suchen müssen, und unter welchen Bedingungen wird er zu uns sprechen?
Nehmen wir zum Beispiel Nicaragua. Während der Kämpfe, die dem Umsturz vorausgingen, fanden in Managua aufständische Arbeiter und revolutionäre Guerilleros in der Kathedrale Schutz. Draussen starb ein Volk von Menschen, die zu arm waren, um Revolutionäre oder auch nur einfache Arbeiter zu sein, an Hunger. Die Kirche war damals überall. Priester und Ordensfrauen versorgten nicht nur die Kämpfer in der Kathedrale mit Nahrung – sie brachten medizinische Hilfe und verteilten ihre Lebensmittel in den Elendsvierteln der Stadt, in denen die Märkte keinen Nachschub mehr erhielten. Aber davon sprechen

wir kaum, und die Kirche selber hängt es nicht an die grosse Glocke. Dabei ist es wichtig, wer bei ihr die Bevorzugten sind und wie sie diese zu Bürgen ihrer Theologie macht.
Später, immer noch in Nicaragua, war die Lage anders für die Alphabetisierung. Das Volk ist befreit, wurde uns gesagt – es lernt lesen. Das stimmte nicht ganz. In die allerärmsten Gebiete waren die neuen Alphabetisierer noch nicht gekommen. Sie sind immer noch nicht gekommen, und was heisst es überhaupt, die Armen zu befreien, indem man ihnen das geschriebene Wort bringt? Von wem wird das Wort geschrieben werden?

Wollen Sie sagen, dass Nicaragua kein gutes Beispiel für die Ausarbeitung einer Theologie der Befreiung sei?

Es gibt sicher ausgezeichnete Beispiele in Nicaragua, aber wir sind schlecht informiert. Die Bischöfe Lateinamerikas haben erneut bekräftigt, dass da, wo eine Wahl getroffen werden muss, die Kirche immer auf der Seite der Armen zu finden sein wird. So hat die explosive Lage, die in diesem Teil der Welt herrscht, der theologischen Forschung neuen Schwung gegeben. Aber mit welchem Rüstzeug sich diese Forschung versieht, ist sehr schwierig zu erfahren. Erarbeiten die Gläubigen in Nicaragua womöglich ihre Theologie auf diesem brüderlichen Weg der Alphabetisierung? Bringt diese die Ärmsten dazu, sich zu Wort zu melden, das Tiefste ihres Lebens und Denkens preiszugeben? Das ist stets wieder meine Frage.
In Westeuropa, wo die Schule seit vielen Jahren obligatorisch ist, sehen wir, dass selbst eine Bevölkerung, die lesen und schreiben lernt, unwissend bleiben kann und nicht weiterkommt, wenn man sie nicht aufruft, auszusprechen, was sie erlebt. Und sie wird sich nur aufgerufen fühlen, sich zu äussern, wenn sie mit Leuten zu tun hat, die zutiefst an die Bedeutung ihres Wortes *für sich selber* glauben. Sie wird das Wesentliche denen sagen, die es für sich selber als wesentlich ansehen. Die Bedeutung, die andere dir geben, lässt dich dein Denken als bedeutsam erkennen. Dann bemühst du dich wirklich, deine Ideen zu sammeln, zu ordnen und auszudrücken.
Ohne diesen Aufruf, die erlernten Techniken des Lesens und

Schreibens zu benützen, um zu sagen, was ihr Leben und Hoffnung gibt, ermöglichen wir einer Bevölkerung keinen intellektuellen Fortschritt. Sie wird nicht angehalten, noch mehr zu lernen, um sich noch besser auszudrücken, noch mehr von sich preiszugeben. Für die Armen ist es vorrangig, zu wissen, dass das Zeugnis ihres Lebens der ganzen Menschheit etwas Wesentliches bringt. Und damit sind wir am Kernpunkt einer Theologie der Befreiung.

Sie sagen, für die Kirche sei der Aufbau einer Theologie der Befreiung eine Frage des gemeinsamen Lebens und Denkens mit den am meisten Unterdrückten. Bezog sich Johannes Paul II. vielleicht darauf, als er sagte, dass nicht unbedingt alle Theologien christlich inspiriert seien?

Der Papst hat von der Freiheit gesagt: «Das persönliche und gesellschaftliche Leben muss darauf aufgebaut werden.» Das gilt folglich auch für das Leben der Kirche. Und von der Kirche sagte er uns bei einer Unterredung mit Jugendlichen der Vierten Welt in Rom: «Sie *ist* die Kirche Christi, der im Elend geboren wurde.» Sie ist es unweigerlich durch Christus, der den Lebensbedingungen des Elends unterworfen ist; das haben wir zu Beginn unserer Unterredungen festgestellt. Jetzt müssen wir daraus Schlüsse ziehen für die Theologie.
Bevor wir von einer Theologie der Befreiung sprechen, müssten wir von einer Theologie des Menschen als Kind Gottes sprechen. Die ganze Theologie der Gotteskindschaft steht hier zur Debatte. Ohne tiefes Bewusstsein der Gotteskindschaft hören wir nicht auf den Menschen, der am meisten heruntergekommen, am schwierigsten kennenzulernen und zu verstehen, anzunehmen und als Bruder zu lieben ist. Ohne Meditation über den armen, gelästerten, gedemütigten und heruntergekommenen Christus werden wir diesen Menschen nicht befragen; wir werden für ihn sprechen, wir werden Befreiung auf einer höheren Ebene erwirken, die er niemals erreichen kann.
Weil wir nicht in der Gotteskindschaft verankert sind, zählt die Erfahrung der Menschen so wenig für uns. Es gibt eine Art Geringschätzung, Verachtung oder vielleicht gar Furcht des andern. Vor allem wenn dieser sehr arm ist und wirklich ausserhalb unseres eigenen Lebens lebt, so dass er weder die gleiche Auffassung noch die

gleiche Ausdrucksweise, noch die gleiche Logik hat. Dann betrachten wir seine Erfahrungen und seine Gedanken als wertlos. Ich war oft erstaunt über die Verachtung der Befreier für die Menschen, die befreit werden sollen; nicht für die Menschen ihrer eigenen Schicht und Klasse, aber für die anderen und besonders die ärmsten.
Befreiung, ja, aber wessen Befreiung? Befreiung der Kinder Gottes natürlich, aber seiner am meisten gepeinigten und besudelten Kinder. In bezug auf welchen Gott? Auf den des Evangeliums, anders sehe ich nicht recht, wovon wir sprechen.

Sie denken nicht an eine rein ökonomische Befreiung, eine Befreiung vom Kapitalismus, die an sich gut wäre?

Die Frage bleibt immer, wer sich befreit. In Lateinamerika ist die Rede von dieser ökonomischen und sozialen Befreiung von einem System, das nach Mgr. Proaño alle Menschen mehr oder weniger versklavt. Bei soviel Unterdrückung, welche soll man bekämpfen? Bei soviel Unterdrückten, wer wird uns die Befreiung diktieren?
Wenn wir davon sprechen, der Unterdrückung ein Ende zu setzen, dann muss jede Erscheinungsform von Unterdrückung aufhören. Da kann es nicht um irgendwelche Partikularinteressen gehen, etwa der Minenarbeiter oder der Bauern, die das Land bewirtschaften. Die Unterdrückung als solche muss verschwinden. Die Menschen müssen folglich konsequent sein in der Begegnung mit dem andern, den andern annehmen wie sich selbst, bis hin zum Allerärmsten. Sonst ist nichts gewonnen, die Unterdrückung dauert an, und wir selbst setzen sie fort. Den anderen lieben wie uns selbst, das werden wir tun müssen, in der gegenseitigen Bereitschaft, Federn zu lassen angesichts der Allerärmsten. Wenn wir nicht alle Konsequenzen voll auf uns nehmen, verlagern wir die Ausbeutung nur. Wenn wir dagegen eine ökonomische oder auch eine andere Befreiung konsequent betreiben, indem wir uns mit den Ärmsten verbünden, dann schliessen wir früher oder später auch mit Gott einen Bund.
Dann finden wir zu all den Jugendlichen zurück, unter denen die Rede von der Befreiung am meisten verbreitet ist. Sie zweifeln nicht an der Aufrichtigkeit unserer Grundprinzipien, aber sie verstehen nicht,

warum wir auf halbem Weg stehenbleiben und denjenigen ausgeschlossen haben, der nicht nur die Quelle, sondern die Wirklichkeit unserer Prinzipien ist. Gott ist der Primat der Ärmsten. Er *ist* die Ärmsten. Wir haben ihn aus unserem gesellschaftlichen, wirtschaftlichen und politischen Horizont ausgeschlossen. Wir sagen übrigens gern, das Evangelium sei keine politische Richtlinie. Darum gehen wir zwangsläufig nicht so weit, alle Menschen, namentlich alle Armen, anzunehmen. Wir sind selektiv, wir wählen die Armen aus, die uns passen, und Gott ist abwesend, zusammen mit denen, die wir verwerfen.

Für Sie sind die Armen nicht nur ein Verweis auf Gott; sie verkörpern Jesus Christus in seiner Armut und auch Jesus Christus in seiner Freiheit auf Erden für uns. Aber was ist das, Gott in seiner Freiheit?

Von Gott zu sprechen ist schwierig: es verlangt einen intensiven Kontakt mit der Gemeinschaft, über die Kirche. Sie allein kann von Gott sprechen. Jeder von uns kann es nur stammelnd tun.
Für mich ist der freie Gott wie ein Wildbach, der alles zusammen, jedes Leben, in einer umfassenden Liebestat mitreisst. Im Verhältnis zu ihm ist der freie Mensch einer, der findet, dass kein Mensch uninteressant ist. Er fegt alle Hindernisse, welche uns davon abhalten könnten, uns selber zu geben und den anderen zu verstehen, hinweg. Es ist die Freiheit Gottes, dass selbst die Sünde kein Hindernis mehr darstellt, und ich habe immer gedacht, dass die Revolution nichts anderes sein kann als dies: Selbst die Sünde hindert Gott nicht daran, uns zu lieben. Selbst die Hölle kann nicht völlig schrecklich sein, denn Gott kann nicht vergessen, dass wir seine Kinder sind.
Gott kann nicht anders, als sich zu interessieren. Er ist völlig frei dafür, dies zu tun und dabei konsequent zu sein. Für uns selbst ist es eine Frage von Leben und Tod, ihm hierin zu folgen. Ich sehe keine Theologie der Befreiung, die nicht auf das Wort von Johannes gegründet wäre: «Gott ist Liebe.» Er ist es nicht teilweise. Er ist nur dies. Genauso ist die Befreiung des Menschen, nur noch dies zu sein; befreit zu sein von allem, was ihn daran hindert, den andern zu lieben, den Ärmsten und den Reichsten. Bei unserem letzten Gespräch habe ich Ihre Frage zur Revolution vielleicht nicht wirklich beantwor-

tet. Jetzt kann ich Ihnen sagen, dass es einen solchen Bruch zwischen den Menschen in den Augen Gottes nicht geben kann. Jesus Christus ist gestorben, um dies zu vermeiden.
Jacques Chancel fragte mich einmal am Radio: «Sie wollen überzeugen, aber folgen Ihnen die Leute auch?» Das ist die Frage, mit der man die Kirche ständig in die Falle lockt: Da ihr nicht behaupten könnt, dass die Menschen euch folgen, wird man doch früher oder später Gewalt anwenden müssen, um ihrer Ungerechtigkeit ein Ende zu machen. Meinerseits kann ich ganz ehrlich sagen, dass ich vielen Menschen begegnet bin, die nichts von tiefster Armut wussten. Aber ich habe nie jemanden getroffen, der gleichgültig geblieben wäre, wenn er sie erst einmal entdeckt hatte.

Ist der reiche Jüngling, der Jesus Christus befragte, nicht heimgekehrt?

Er war in seiner Suche nicht konsequent. Aber der Herr hat nicht gesagt, es brauche eine Revolution, weil diese Leute sich doch nie ändern würden. Er hat nur festgestellt, für einen Reichen sei es sehr schwer, durch das Nadelöhr zu kommen. Christus hat nicht aufgehört, ihn als jemanden anzusehen, der eines Tages dazu fähig sein würde. Reiche und Arme sollten nicht erst im Himmelreich zu ihm finden, sondern auf dieser Erde, um die Utopie des Gottesreiches im irdischen Leben in Angriff zu nehmen. Sie können mir Pietismus vorwerfen, eine aufs Jenseits bezogene Sicht der Armen und der Reichen. Das ist überhaupt nicht meine Absicht. Ich glaube einfach nicht, dass wir das Recht haben, an den Menschen zu verzweifeln. Schon in diesem Leben wollen sie zueinander finden, streben nach Frieden, Verständnis und Barmherzigkeit. Es ist wider die menschliche Natur, sich ganz von einem anderen Menschen loszusagen.
Zeit meines Lebens wollte ich die Menschen überzeugen und wurde dabei oft entmutigt. Der Grund war, dass ich von allen dasselbe erwartete, was die Armen von mir erwarten. Ich bedachte nicht, dass in einem Kampf, ganz gleich welcher Art, jeder soviel beiträgt, wie er kann. Ich erwartete, dass sie alle es den Volontären gleichtäten in der Bereitschaft, die Ärmsten als diejenigen anzunehmen, die ihnen als einzige Gott beibringen können. Ich zwang ihnen eine Lebensaufgabe

auf, die nicht unbedingt die ihre war. Weil ich dauernd zuviel von ihnen erwartete, versuchte ich gar nicht festzustellen, welchen Einsatz sie bereits leisteten.
Seither frage ich mich immer: Sind jene, die in Lateinamerika oder anderswo eine Revolution für unvermeidlich halten, sicher, dass sie alle Möglichkeiten ausgeschöpft haben, um die Besitzenden anders zu überzeugen? Wenn wir für die Reichen jene Geduld und Beharrlichkeit aufbrächten, die wir angeblich für die Armen aufbringen, wenn wir uns ebenso bemühten, sie zu verstehen, dann wäre, glaube ich, etwas verändert in der Welt. Wir selbst würden mehr lieben, wir würden uns mehr einsetzen, und die Welt würde sich verändern. Sie werden mich fragen, ob ich denn wolle, dass die Armen bis dahin weiter leiden. Es ist immer wieder die gleiche Falle: Das Unglück der Armen erträgt keinen Aufschub. Das stimmt auch, und deshalb dürfen wir nicht länger damit zuwarten, selber unsere Besitzansprüche aufzugeben und mit ihnen zu teilen. Unsere Geduld mit den Begüterten hat ihren Preis; und wir würden zuerst selbst unsern Anteil davon zahlen, wenn wir unverzüglich das Leiden der Armen auf uns nähmen. Wer wagte zu behaupten, dass sich für die Bewohner der Gebiete tiefsten Elends die Welt nicht vollständig verändern würde, wenn wir uns auf der Stelle zu ihnen gesellten? Wer denkt, dass es das Leben der Ärmsten nicht verändert, wenn wir ihnen das unsere geben, der versteht sie schlecht und tut ihnen unrecht. Was heisst übrigens die Armen befreien, wenn nicht, ihnen unsere persönliche Freiheit zu schenken? Wichtig ist, dass wir diese Freiheit vollständig dafür einsetzen, sie zum Fest mitzubringen: und das heisst, dass sie sich nicht nur der Kirche anschliessen, sondern der Gewerkschaft, dem täglichen Leben und dem Ringen all derer, die für eine neue Gesellschaft kämpfen.
Letzten Endes ist die Gotteskindschaft wie eine Strömung in der ganzen Flut von Gottes Liebe. Und diese Liebe reisst nicht nur einige wenige mit und lässt die andern beiseite. Es ist der Quelle eigen, sich in der Wassermasse zu verlieren. Das Rinnsal an der Quelle des Wildbachs ist nur für den sichtbar, der sich Zeit nimmt, zu schauen und zu warten, bis die Tropfen hervorquellen.
Eigentlich sind die Menschen unendlich anmassend. Sie wollen das Werk Gottes verwirklichen, und sie sagen: In unserer Generation wird

es geschehen oder nie. Das ist absurd. In Wirklichkeit bringt jede Generation ein Stück Befreiung. Man muss nur fähig sein, es zu erkennen, es aufzunehmen und davon guten Gebrauch zu machen. Das ganze Trauerspiel besteht darin, dass wir nicht fähig sind auszuwerten. Wir sagen ständig, dass die Bemühungen scheitern, weil dabei nicht das herauskommt, was wir gewollt haben. Wenn wir die Demut und die Achtung aufbrächten, aus viel grösserer Nähe zu schauen, würden wir die Fortschritte sehen.
Ich habe Leute gekannt, die zur Vierte-Welt-Bewegung kamen und wieder fortgingen und die mir zehn Jahre später sagten: «Wissen Sie, ich bin nicht geblieben, aber ich habe seither die Welt nie mehr so angeschaut wie zuvor.»
So wie die Gesellschaft den Armen ihr Heil aufzwingt: «So und nicht anders sollen Sie es machen ...», genauso wollen wir die Gesellschaft verändern, indem wir ihr eine Veränderung aufzwingen, die wir selber ausgesucht haben. Das heisst nicht Befreiung auslösen, sondern eine Unterdrückung durch eine andere ersetzen.

Die Einsicht, dass wir alle Söhne und Töchter Gottes sind, würde uns also einen Weg weisen, der viel Geduld erfordert. Glauben Sie, dass Christen, die sich über das Elend ihrer Brüder empören, soviel Geduld aufbringen können?

Ich glaube es insofern, als diese Geduld nichts von einer rein abwartenden Haltung oder einem Auf-der-Stelle-Treten in der Aktion hat. Bei Gott sind immer «alle Taue gekappt», «alle Dämme durchbrochen». Er ist der Wildbach, der unaufhaltsam durch die Jahrhunderte brandet. Ich versichere Ihnen, dass unser Leben ab sofort darin mitfliessen und zur Befreiung der Armen beitragen kann. Vorausgesetzt, dass wir unser Unterwegssein nicht nur für uns behalten. Die Ärmsten haben das Recht zu wissen, dass jeder Mensch, wer immer er sei, sich irgendwann auf den Weg macht wie der reiche Jüngling. Es ist ein innerer, aber auch ein äusserer Aufbruch, wenn wir nur darauf achthaben wollten. Jesus Christus lehrt uns die Hoffnung und bestätigt, dass diese möglich und wirksam ist. Mit welchem Recht lehren wir dann die Armen die Revolution, welche doch der Ausdruck der Verzweiflung an den

Menschen ist? Wie können wir ihnen dieses erhebliche Unrecht antun? Jeder Mensch, ob reich oder arm, sucht Gott. Sucht er dabei nicht vielleicht auch Eintracht mit allen andern Menschen? Die Armen sind die ersten, die nach Frieden als Heil der Menschen trachten. Revolutionen sind selbstmörderisch für alle Menschen.
Wenn wir wirklich das Beste betrachten, das in jedem Menschen und in jeder Regierungsform steckt, dann werden wir etwas Ausserordentliches entdecken, nämlich dass sie zutiefst alle dasselbe wollen. Als ob sie, ungeachtet des eingeschlagenen Weges, alle die gleiche Bestimmung hätten: die Suche nach der Fülle des Menschen. Das hindert uns nicht daran, Abweichungen zu sehen, Fehlentwicklungen anzuprangern. Aber unsere hauptsächliche Bemühung liegt anderswo. Wenn wir glauben, dass Gott lebt und dass er der Stärkste ist und ständig aufersteht, wird unser Hauptanliegen sein, dass wir als Zeugen zur Stelle sind, wo immer seine Kraft in jedem Menschen aufbricht. Der ständige Protest kann kein Protest gegen den Menschen sein. Er ist immer nur eine Erinnerung an das Ungenügen seiner Taten. Es ist undenkbar, dass es ein Protest aus Feindschaft gegen den Menschen oder aus Verzweiflung an ihm wäre.

Ihre Bewegung ist in allen Kontinenten vertreten. Sie selbst reisen in alle Kulturkreise und appellieren unter jeder Regierungsform an den Menschen. Führt Ihrer Meinung nach das Beste in allen Menschen notwendigerweise zum Gott des Evangeliums? Andernfalls wäre der freie Gott, von dem Sie sprechen, ein Provinzgott, während er doch für uns ein Absolutum ist. Kann er aus der Sicht des Buddhismus absolut sein?

Wenn Sie die Frage so stellen, setzen Sie voraus, dass die Frohe Botschaft der Kultur einer bestimmten Epoche in einer bestimmten Region der Welt angepasst war. Der Begriff einer jüdisch-christlichen Zivilisation scheint dies zu bestätigen. Aber es ist ein Irrtum.
Sie fragen sich, ob der gekreuzigte Jesus Christus in der kulturellen und religiösen Welt des Buddhismus denkbar ist. Ich antworte Ihnen, dass er in der jüdischen Kultur nicht denkbar war. Dass ein Königssohn eine Zeitlang arm wird, war vorstellbar. Dass ein Königssohn wie ein Armer stirbt, das stellte die geschichtliche Erfahrung auf den Kopf, das war

die Antigeschichte, die Antilegende. Traditionsgemäss ging die Liebe nicht so weit, die Geschichte nahm rechtzeitig eine glückliche Wendung. Dass sich in der Umgebung von Jesus Christus alle Menschen begegnen, ist für alle Kulturen ein Mysterium. Es ist Gottes Sache, das Mysterium seiner Liebe: wir können nicht wissen, welche Formen diese morgen annehmen wird. Bis heute hat diese Liebe uns immer auf die eine oder andere Weise zum Allerärmsten geführt. In Jesus Christus hat Gott seine Liebe nicht nur in unerhört neuer Weise, sondern restlos zum Ausdruck gebracht, da Christus seine Stärke in seiner Erniedrigung erwies.

Für mich stehen zwei Dinge fest. In einem bestimmten Moment der Geschichte kam Christus, Gottes Sohn, um der Menschheit die wesentlichen Antworten zu bringen, die sie brauchte und nach denen sie lauthals verlangte. Jesus Christus ist der Höhepunkt der Kundgebungen Gottes und seiner Antworten. Diese Antworten werden uns auch heute noch angeboten, und ich bin aufgerufen, sie anzuwenden, indem ich sie selber lebe. Diese doppelte Gewissheit reicht mir. Anstatt wissen zu wollen, wie Gott in anderen Religionen spricht, habe ich die Menschen so sehr zu lieben, dass sie ihr Bestes mit mir teilen.

Ehrlich gesagt habe ich mir nie die Frage gestellt, wie genau meine Brüder aus dem Islam, meine buddhistischen Freunde um Gott zusammenfinden würden. Ich habe um so mehr Vertrauen, als die Einheit sich bereits zeigt. Wir entdecken sie im Osten Senegals rund um Dörfer, wo Hungersnot herrscht, und in Obervolta[6] bei den behinderten Kindern inmitten einer Bevölkerung, die im Elend versinkt. Wir finden sie in Thailand im Umkreis von Familien, die am meisten als Habenichtse verschrien sind. Konkret habe ich unter ihren bessergestellten Mitbürgern nie einen einzigen getroffen, der sich überhaupt nicht für seine ärmsten Brüder interessierte oder ihnen nichts zu sagen hatte. Im Gegenteil, bei ihnen tauschen wir das Wichtigste und das Beste aus, das jeder von uns zu geben hat.

Ich spreche hier von einer konkreten Erfahrung: Vor Ort, in der Aktion haben wir nie eine Religion oder Ideologie angetroffen, welche die Reichen verteidigte. Hingegen treffen wir überall Menschen an, die

[6] Siehe Anm. S. 199.

eingestehen, dass die Ärmsten in ihrem Leben abwesend sind, aber es eigentlich nicht sein sollten. Keine Religion hält diese Abwesenheit für gottgewollt. Auch hier müssten wir übrigens daran denken, dass Jesus Christus die Einheit, zu der er uns einlädt, bereits gestiftet hat. Sie ist verwirklicht: an uns ist es, den Weg des erschöpftesten Menschen einzuschlagen, der zu ihr führt. Er ist der Weg, und er ist jene Einheit.

Die Befreiung der Armen durch eine Sammlungsbewegung statt durch Revolution, das hat Sie dazu geführt, ein Volontariat aus allen Bekenntnissen zu gründen. Es ist wie eine Gesellschaft im Kleinen, aber ist es ein überzeugendes Modell für die heutige Gesellschaft in den verschiedenen Ländern?

Es wäre eher ein Lebensmodell oder ein Modell für «Gastfreundschaft», wie man sagt. Gastfreundschaft im tiefen Sinn: Du bist Jude, ich werde mit dir Jude sein; du bist Muslim, wir werden gemeinsam Muslime sein; du glaubst nicht an Gott, aber du glaubst an den Menschen, ich werde mit dir bis ans Äusserste des Glaubens an den Menschen gehen. Das geht viel weiter als blosse gegenseitige Achtung. Ein Volontär, der nicht an Gott glaubt, war bei uns der erste, der auf einer Klausurtagung des Volontariats das Recht der Armen auf Spiritualität verkündete. Er sagte damit, dass das geistliche Leben nicht nur den Gläubigen gehört. Aber er ging noch viel weiter: «Ihr gläubigen Volontäre, worauf wartet ihr, um der Vierten Welt euer Bestes zu geben? Ich als Nichtglaubender fordere euch auf, mit euren Überzeugungen ernst zu machen.»
Es zeigte sich, dass dieser Volontär mit Abstand am meisten an den Menschen glaubte. Diese Fähigkeit des Volontariats, Menschen so vielfältiger und unterschiedlicher Horizonte zusammenzuhalten, hat Kardinal Marty einmal zu dem Ausspruch veranlasst: «Vielleicht ist diese Bewegung, die nicht kirchlich ist, doch ein authentischer Ausdruck der Kirche von morgen.»
Aber dies bringt mich auf die Befreiungstheologie zurück. Diese ist keine Änderung der Theologie, sondern eine Vertiefung. Zum Glück für die Ärmsten. Sie können nicht verstehen, dass Menschen, welche die Mittel zu Einheit und Frieden in der Hand haben, davon keinen guten Gebrauch machen. Wenn sie von einer besseren Zukunft spre-

chen, wenn ihre Kinder unter sich davon sprechen, tauchen immer wieder die gleichen Worte auf: «Die Menschen sollten sich verstehen ... sie sollten einander die Hand geben ...» Mit welchem Recht nehmen wir dieses Verlangen nicht ernst? Wer ermächtigt uns, ihnen Kämpfe und Revolutionen vorzuschlagen, die sie selber weder erarbeitet noch ausgesucht haben? Wann werden wir aufhören, an ihrer Stelle zu denken und so jedem eigenständigen Beitrag von ihrer Seite die Tür zu verschliessen?

Jene, die ihnen Kämpfe vorschlagen, haben diese vielleicht auch nicht ausgesucht. Ihr politischer Realismus verbietet es ihnen, an eine politische Bekehrung der Reichen zu glauben, vor allem in Lateinamerika.

Ich bin nicht der richtige Mann, um das zu beurteilen. Das Volontariat ist in Indiodörfern, die so verlassen sind, dass nie ein Aufruf zum Kampf sie erreicht. Für uns war die grosse Frage, wie wir auf den verborgenen Pfaden ihrer Berge zu ihnen gelangen würden, um sie zum Festmahl einzuladen. Wie würden wir uns durch sie bekehren lassen? Und sie, worauf hofften sie? Würden wir fähig sein, mit ihnen gemeinsam zur Gesellschaft zurückzukehren, um diese neu aufzubauen?
Übrigens vergessen wir vielleicht in unserem Eifer, die Gesellschaft zu verändern, die quälende Sehnsucht der Armen, auch selber anders zu werden. «Dass den Armen das Evangelium verkündet werde» ist aus mehr als einem Grund ein Befehl. Jesus Christus wusste, dass sie sich die Freiheit nicht einmal vorstellen können, solange sie – heute wie gestern – Gefangene ihrer Entbehrungen sind. Wir haben schon von ihrem masslosen Bedürfnis nach Vergebung gesprochen. Sie brauchen den Glauben an sich selbst, damit sie frei sein können gegenüber Gott und den Menschen. Vielleicht muss man unter ihnen leben, um jenen Schmerz zu verstehen, der grösser als alle anderen ist: dass man allen anderen und sogar sich selbst unterlegen ist, da man an der Liebe und der Gerechtigkeit ständig Abstriche machen muss, da man an den Frieden glaubt und doch unfähig zum Frieden ist. Es ist völlig legitim, die Gesellschaft von Gewalt, Gewinnsucht und Falschheit befreien zu wollen. Aber haben die Armen nicht das Bedürfnis und das Recht, als erste von all dem befreit zu werden?

Wir sehen eine Gesellschaft, wo der Nutzen des einen der Schaden des anderen ist. Wir verjagen den andern, um seinen Platz einzunehmen, oder wir machen ihn kleiner, damit er nicht den unseren einnimmt. Wir leben in unzähligen Antagonismen. Unter diesen Umständen fällt es uns sicher schwer, uns davon zu überzeugen, dass diese Gesellschaft und diese Menschheit trotz allem aus einer Spiritualität heraus leben, die Licht in unsere Widersprüche bringt. Wer Bildung hat, schafft sich immer ein geistig-geistliches Leben, ungeachtet seiner religiösen Überzeugung. Er findet folglich Lebensinhalte, die über ihn hinausgehen und ihn grösser machen: der Mensch, die Gerechtigkeit ... Er findet wenn nötig Rechtfertigungen für seine egoistischen Verhaltensweisen: Ich handle im Namen der unternehmerischen Freiheit, ich beziehe nur meinen gerechten Lohn als fleissiger und sparsamer Mensch. Er findet schliesslich Tröstungen: Gott liebt mich, er wird mir helfen ... Die Ärmsten haben keine Möglichkeit, ein inneres Leben, eine innere Sicherheit aufzubauen. Dass wir unsere Bildung, unsere Spiritualität, unseren Gott nicht mit den Armen geteilt haben, ist wirklich die schlimmste der Unterdrückungen. Für diese Unterdrückung sind wir alle verantwortlich.
Die Armen neigen genau wie jeder andere dazu, ihre Nachbarn schlechtzumachen und zu verleumden oder den Nachbarn, der eine Hilfe erhalten hat, zu beneiden. Im Schmerz über die Wegnahme ihrer Kinder sind sie fähig, den Behörden eine andere Familie anzuzeigen, die ihre Kinder nicht ernähren kann. Das hindert sie nicht, manchmal grosszügig zu sein und über sich hinauszuwachsen, wie wir gesehen haben. Aber niemand kommt und sagt ihnen, dass dieses Hinauswachsen über sich selbst sie zu Gott führt, dass sie als Kinder Gottes auf ihren Vater zugehen. Die Jünger waren Feiglinge, ihr Verhalten war ein völlig realistisches Verhalten von armen Menschen gegenüber Besitzenden. So gab ihnen der Herr zu verstehen, dass nichts sie daran hinderte, gleichzeitig eine aktive Rolle bei der Erlösung zu spielen.
Wir selbst liefern die Ärmsten den Schwächen aus, die alle Menschen bedrängen, indem wir ihnen eine Spiritualität vorenthalten, die ihnen eine Auseinandersetzung damit ermöglichen würde. Ich würde gerne verstehen, was für eine Befreiung das für die Armen ist, die es ihnen nicht ermöglicht, selbstsicher, frei und erhobenen Hauptes in eine

neue Gesellschaft einzutreten. Mit Sklaven kann man keine Revolution machen, sagte Lenin. Meiner Meinung nach kann man mit Menschen, die von Schuld und Scham niedergedrückt sind, keine neue Gesellschaft bauen.

Haben wir vielleicht allzusehr aus den Armen Gerechte gemacht?

Ich spreche vor allem von den Ärmsten. Aus ihnen macht man keine Gerechten, sondern im Gegenteil schlechte Arme. Wenn sie sich streiten, wenn sie sich gegenseitig verraten, machen wir daraus eine Waffe, die sich wiederum gegen sie richtet: «Sie sehen doch, dass diese Leute unfähig sind, zusammenzuleben und sich wie anständige Menschen zu benehmen … sie bestehlen sich gegenseitig!» Ihre Schwierigkeiten legitimieren unsere abweisende Haltung: «Sie sehen doch, mit diesen Leuten kann man nichts machen.» In Frankreich und anderswo haben Sozialwissenschaftler dazu beigetragen, auf diese Weise belastendes Material über die Vierte Welt zu sammeln. Einer von ihnen belastete sie im Lager von Noisy-le-Grand mit der Behauptung, diese Familien wollten nicht miteinander leben, sie würden einander bedrohen und bestehlen.

Für Sie wäre also die Befreiung des Menschen zuerst eine Befreiung von der Sünde? Das ist eine Haltung, die manche Leute als reaktionär bezeichnen würden.

Ich würde eher jene als reaktionär bezeichnen, die eine zu enge Konzeption der Menschenrechte predigen, indem sie diese auf bürgerliche und politische Freiheiten verkürzen, die an und für sich für die Armen völlig unwirksam sind. Die Freiheit zur politischen Beteiligung allein führt zu einer skandalösen Versklavung derjenigen Bevölkerungsteile, denen Bildung, Spiritualität, innere Sicherheit und Selbstvertrauen entzogen sind, durch solche, die über alle Mittel des Denkens und des Wortes verfügen. Das heisst, die Armen zu verachten, sie wieder auf den hintersten Platz zu stellen und zum Objekt unseres Wohlwollens zu machen. Es ist das Gegenteil der Befreiung. Befreien heisst für mich vor allem, den Ärmsten das Evangelium zu

verkünden und sie ins Zentrum der weltweiten Evangeliumsverkündigung zu stellen. Jesus Christus hat nicht nur gesagt: «Geh auf die verborgenen Pfade.» Er weist uns an, die Blinden und die Krüppel zum Festmahl mitzubringen. Den Ärmsten das Evangelium verkünden heisst nicht, sich mit ihnen da zu verschanzen, wo sie sind. Es bedeutet, ihnen ihren eigentlichen Platz zurückzugeben, im Herzen des Evangeliums, da, wo Jesus Christus Lazarus, die Samaritanerin und die Hirten von Betlehem hingestellt hat.
Wenn wir mit der Vergangenheit brechen sollen, dann jedenfalls auf Christi Art, mit einer Kulturrevolution. An diese glaube ich zutiefst. Jesus Christus hat wie gesagt durch seine Menschwerdung, sein Leben und seinen Tod die Kulturrevolution in die Welt gebracht. Nichts in der Kultur seiner Epoche hatte die Menschen darauf vorbereitet. Selbst die Propheten sind nicht so weit gegangen, und die Art, wie Jesus sich offenbarte, war für niemand auf Anhieb verständlich. Er warf alle Ideen, alle Schemata und Stereotypen seiner Zeit über den Haufen. Er spaltete sich ab und bewirkte einen kulturellen Bruch mit dem jüdischen Volk. Das Christentum hat mit dem Judentum gebrochen, es hat dieses im Herzen und im Geist der Gläubigen nicht weitergeführt.
Aber Jesus Christus brachte nicht nur eine Kulturrevolution; er rief zur ständigen Kulturrevolution auf. Bis heute hat keine Zivilisation sich die christliche Revolution, das heisst den Vorrang der Ärmsten, völlig zu eigen machen können.

Auch eine Kulturrevolution kann gewalttätig sein.

Die Kulturrevolution des Christentums tut den überkommenen Ideen Gewalt an, aber nicht den Menschen. Ich würde sagen, sie hat es nicht nötig, ihnen Gewalt anzutun. Christus hat aus seinem Leben und seinem Tod die Vollendung und gleichzeitig das Zeichen einer Revolution in den Köpfen und in den Herzen gemacht. Diese Revolution ist vollbracht, und Jesus hat uns seine Kirche hinterlassen, damit alle Menschen die Chance haben, sie zusammen mit ihm nachzuvollziehen. Es gibt keinen Menschen, zu dem die Kirche sagen könnte: Die Revolution hat ohne dich stattgefunden; wir haben sie für dich oder gegen dich, jedenfalls ohne dich gemacht.

Aber sich mit der Kirche in dieser ständigen Revolution, die allen offensteht, einzusetzen heisst notwendigerweise, ihre Gestalt und die Erziehung der Menschen neu zu erfinden. Man muss den Inhalt und die Mittel überdenken und die Lehrer bestimmen. Denn evangelisieren, um zu befreien, Anhänger für Christus gewinnen, heisst, das Herz und den Geist der Menschen auf diese Zugehörigkeit vorzubereiten und ihnen dafür die besten Bedingungen zu gewährleisten. Die Kirche hat dies durch ihre ganze Geschichte hindurch getan, sie hat ständig ihr Verhalten, ihre Liturgie, ihre Sprache, ihre Institutionen der Gesellschaft ihrer Zeit angepasst. Sie tat dies immer mit einer tiefen Achtung vor der Evolution der Menschheit, die sie steuerte, ohne ihr vorauszueilen. Sie ändert ihre Sprache in dem Masse, als die Menschen ihre Sicht ändern mit Rücksicht auf deren langsames Vorwärtsgehen. Das trägt ihr übrigens den Vorwurf ein, sie komme immer zu spät und versuche offenbar angestrengt, mit der Welt mitzuhalten. Das ist falsch. Steht die Kirche nicht an der Quelle aller grossen Paradigmenwechsel, an denen wir teilnehmen? Sie ist vielleicht nicht die einzige Quelle, aber sie ist sicher nicht die spärlichste. Die Kirche ist manchmal mit ihrer Sprache oder ihrem Verhalten im Rückstand. Das ist normal, weil sie nicht von der Welt ist. Aber niemand kann bestreiten, dass sie immer um einen Armen im Vorsprung ist, weil Jesus Christus immer noch ärmer ist als alle Armen und sie ihm in seiner Armut nahe sein muss. Die Kirche muss sich nicht der modernen Welt anpassen, sie muss sich neu erfinden im Hinblick auf einen Armen, den die Welt noch nicht anerkennt. Auch dadurch befreit sie die Menschen ständig, dass sie sie immer vorwärtsdrängt. Wir Menschen und auch wir Christen sind immer geneigt, in der Geschichte stehenzubleiben, bei einem bekannten Armen, der uns die Möglichkeit gibt, uns in der Welt einzurichten, uns zu verschanzen in Kämpfen, deren Berechtigung niemand leugnen kann und die oft schon der Vergangenheit angehören. Die Kirche sagt, dass es dafür zu spät ist, dass wir unsere Ketten und Schwerfälligkeiten abschütteln müssen, um weiterzugehen.

Erklären Sie mir das konkret.

Konkret muss die Kirche all die Erfahrungen sichten, die sie im Lauf der Geschichte mit äusserster Armut gesammelt hat, um diese in ihren heutigen Formen besser zu erkennen. Sie und die Menschen, aus denen sie besteht, haben eine Erinnerung bewahrt, die fruchtbar gemacht werden muss. Unsere Gesellschaft selber hat die Erinnerung daran bewahrt, was im Laufe der Jahrhunderte über die Ärmsten, das heisst die Ausgeschlossenen, entdeckt wurde. Ich habe Ihnen von den Geschlechtern von Armen gesprochen und gesagt, ihre Geschichte sei nicht erzählt worden. Wir besitzen aber eine verschüttete Erinnerung und sehr reale Erfahrungen. Das Evangelium ist dazu da, uns dabei zu helfen, diese zu ordnen und aus einer neuen Sicht zu betrachten. Wirklichkeiten, die gestern noch unverstanden, ja sogar unverständlich waren, sind es heute nicht mehr. Denken Sie an die Art, wie wir heute nicht mehr nur von den armen Entwicklungsländern reden, sondern von den ärmsten Ländern unter ihnen. Es ist heute üblich anzuerkennen, dass nicht die ausgebeuteten Länder die ärmsten sind, sondern die, mit denen wir nicht einmal Beziehungen aufnehmen, wie sie unter Besitzern von Kapital, das sich ausbeuten lässt, üblich sind. Plötzlich wacht das Gedächtnis auf, und wir sind Träger einer Menge von Ideen und alten Erfahrungen, die zeigen, was es heissen kann, ausgeschlossen zu sein.

Sie scheinen zu sagen, dass die Menschheit Fortschritte macht.

Sie macht Fortschritte, das ist klar. Ihre Wahrnehmungsfähigkeit macht Fortschritte; die Menschen erziehen sich gegenseitig und erwerben ständig neue Kenntnisse, neue Werte und neue Verhaltensweisen. Wir haben die Gewohnheit angenommen, den Menschen sehr abzuwerten, und es gibt so etwas wie eine Starre in unserem Blick: die Menschheit macht nichts Gutes mehr, festgefahren, wie sie ist in ihren wirtschaftlichen Grausamkeiten, ihrer Aufrüstung, ihrer Vergeudung der Natur. Wir vergessen zu sagen, welchen Fortschritt es darstellt, dass wir überhaupt von der Natur sprechen und gegen die Aufrüstung oder

für eine neue Weltwirtschaftsordnung demonstrieren können. Nie zuvor waren unsere Ideale so hoch gesteckt.
Um die Welt voranzubringen, sehen wir immer nur die Revolutionen: wenn wir diese mit den Augen der Ärmsten betrachten, bemerken wir, dass sie nur das zum Verschwinden bringen, was schon vorher ins Wanken geraten ist. Was vorwärtsgeht, ist schon vorher vorwärtsgegangen. Und die Menschen gingen vorwärts, indem sie sich auf Erfahrungen stützten, die geduldig angesammelt und in das kollektive Gedächtnis eingeschrieben worden waren. Wenn wir in der Vierte-Welt-Bewegung so erpicht darauf waren, die Geschichte der Ärmsten zu schreiben, dann doch mit dem Ziel, sie dem Gedächtnis der Menschen einzuverleiben im Vertrauen, dass sie daraus Gewinn ziehen würden.
Ich glaube nicht an eine Art Verfall, der die Menschen schlimmer machen würde als früher. Sie lernen dazu, sie probieren aus, sie scheitern, und ihr Scheitern ermöglicht es ihnen genauso wie ihr Erfolg, vorwärtszugehen. Ich glaube nicht nur an den Fortschritt, ich sehe ihn.

Trotz dem Gulag, trotz der Vernichtung der Juden? Gibt es nicht zumindest unendlich bedauerliche Rückschritte?

Die Greuel bleiben immer schrecklich, das tierische Wesen besteht im Menschen fort; er wird immer zum Schlimmsten fähig sein, darauf müssen wir immer gefasst sein. Ich behaupte, dass die Wahrnehmung der Menschen Fortschritte macht, und nicht, dass sie auf der Höhe ihrer Wahrnehmung sind. Das Volk Gottes macht Fortschritte, ohne je die einzelnen Menschen von der Verpflichtung zu entbinden, sich zu dem Ideal zu erheben, welches das Volk in einem bestimmten Moment seiner Geschichte zu erkennen fähig ist. Das ist kein Zweckoptimismus meinerseits. Ich wüsste nicht, wie wir uns in der ständigen Weiterentwicklung unserer Ideale täuschen könnten.
Die Ärmsten täuschen sich nicht darin. Sie erinnern uns an all die Segnungen, die wir erreicht haben, aber nicht mit ihnen teilen: die Menschlichkeit, die Demokratie, die Menschenrechte, die nach und nach ausgedehnt wurden. Hätte Dom Hélder Câmara Ihrer Meinung

nach vor fünfzig Jahren sagen können, was er uns heute sagt? Hätte man ihn eingeladen, in Europa zur breiten Öffentlichkeit zu sprechen, wie man es heute tut? Das ist eine Weise, der Unterdrückung ihre letzten Rechtfertigungen zu entziehen.
Wir müssen den Fortschritt der Menschen an den Fragen messen, die sie sich stellen. An den Antworten, die sie sich geben, sehen wir, wie ihr Menschenbild sich verändert. Die Gulags haben immer existiert, heute sind sie eine Wunde, die weh tut. Wir fühlen uns weniger Mensch wegen eines Pinochet, einer Unterdrückung in Afghanistan, einem Massaker in Kambodscha. Niemand kann mehr sagen: Das geht mich nichts an, was habe ich damit zu tun? Heute verlangt die Freiheit, solche Dinge öffentlich als einen Fehler des Menschen zu bezeichnen.

Hat Kain angefangen, sich zu schämen?

Kain kann sich nicht mehr verbergen, und dass wir Menschen den Brudermord nicht mehr hinnehmen, fügt unserer Erinnerung und unserem Denken etwas hinzu. Morgen werden wieder andere Übeltaten unerträglich werden.
Wir erleben heute, wie unser Hochmut gebrochen wird. Gestern noch glaubten wir im Westen, das Elend sei vorbei. Wir waren stolz auf unsere Systeme der Solidarität und der sozialen Sicherheit. Wir glaubten, wir hätten geschafft, was keine Gesellschaft vor uns verwirklicht hatte. Unser Blick ist noch nicht ganz frei, er bleibt von Stereotypen, Voreingenommenheit und Vorurteilen verstellt. Wir stehen erst in der ersten Phase einer neuen Erziehung zur Demut. Wir sind immer noch sehr hochmütig gegenüber den Völkern in Entwicklungsländern, überzeugt, dass unsere demokratische Erfahrung und unsere wissenschaftlichen Kenntnisse uns zu Lehrern machen, die der Welt das Denken beibringen können. Wir sagen wohl, die Armen hätten uns viel zu lehren, aber aus einer Art falscher Bescheidenheit, ohne recht daran zu glauben. Doch wenn wir so die Bescheidenen spielen, gibt es Gründe dafür. Wir spüren, dass es nicht mehr ganz zulässig ist, uns als Herren der Welt aufzuspielen. Das wird von unseresgleichen nicht mehr akzeptiert.

Auch die Tatsache, dass wir vergeblich das Heil in Strukturen gesucht und uns den persönlichen Einsatz des Menschen erspart haben, prägt sich in unser Gedächtnis ein. Dass eine Institution gegen den ursprünglichen Willen des Gesetzgebers unegalitär und ausgrenzend werden kann, ist eine Entdeckung unserer Zeit. Sie bereitet uns darauf vor, unsere Geschichte aus der Sicht jener Menschen, die zu allen Zeiten von unseren Institutionen ausgeschlossen waren, neu zu lesen.

Die wiedergefundene Demut kann uns eine neue Sicht jener Armen lehren, auf die wir generationenlang mit dem Finger gezeigt haben mit der Behauptung, sie seien uninteressant, ineffizient und für ihre Lage verantwortlich. Es braucht Zeit, uns zu verwandeln, unsere Sichtweise zu ändern und uns zu reinigen. Wir müssten mit der Menschheit ebensoviel Nachsicht haben wie mit unseren Kindern, wissen wir doch, dass sie sich nicht mit einem Schlag bilden oder umbilden kann.

GEWEIHTES LEBEN

Gilles Anouil – *Wenn Sie zusammenfassen müssten, was Sie der Kirche wünschen, was würden Sie sagen?*

Père Joseph – In unseren Gesprächen habe ich immer wieder gesagt, welcher Wunsch mir keine Ruhe lässt: dass die Kirche sich mit dem widerlichen, abstossenden Elend unserer Zeit identifiziert. Dass sie ein weiteres Mal zu ihrer Identität findet, indem sie die Liebe der Ärmsten gewinnt und diese erlebte und geteilte Liebe der Welt weitergibt. Dass ihre Botschaft an die Welt mit jener Liebe befrachtet sei, die sie ihr entgegenbringen werden, weil sie in ihr das enttäuschte, verschwollene, speichelbeschmutzte Gesicht Christi erkennen. Es ist dieser Christus, der auferstanden ist. In der Lebenswirklichkeit der am meisten verstossenen Menschen äussert sich Gott nicht nur, er offenbart sich. Er enthüllt, dass er weder ein Objekt noch eine Idee ist, sondern eine Person, die man lieben kann. Ich wünsche mit all meinen Kräften, dass die Kirche das heute erleben und aufs neue sagen könnte.
Ich bin sicher, dass sie neu entdecken wird, was es heisst, die gute Nachricht des Evangeliums auszurichten, gestützt auf Männer und Frauen, die gegenüber der Welt des Elends engagiert sind. Sie wird dafür neue Formen finden, die sich nicht nur die Armut, sondern das Elend zu eigen machen. Die Welt hat sich viele Institutionen gegeben, um auf die Fragen der Menschen zu antworten. Diese Institutionen bewirken sicher Gutes, aber sie sind auch zum Schutz gegen die Flut der Armen geworden. Für diese sind ihre Pläne unwirksam geblieben. Die Kirche kann und muss sich überschwemmen lassen. Sie wird sich zwingen lassen, neu zu erfinden, wie sie die Armen lieben kann. Sie wird herausfinden, wie sie diese lieben muss, damit sie durch andere Menschen aus Fleisch und Blut erfahren, dass Liebe möglich ist und dass sie Freiheit bringt.

Die Kirche muss in dieses Niemandsland des Elends, das nach Menschen dürstet, eine Art Lotsen delegieren, die ihr die Familien der Vierten Welt zurückbringen. Denn nur unter dieser Bedingung kann sie sagen: «Ihr alle seid Söhne und Töchter Gottes, Geschwister mit einer gemeinsamen Bestimmung, die es euch verbietet, auch nur einen einzigen von euch als minderwertig auszustossen.» Die Kirche kann nur aus Erfahrung sprechen; in ihr muss die Brüderlichkeit erprobt werden, und dazu muss sie Menschen in die Vierte Welt aussenden.

Sie sagen, in der Kirche müsse die Institution sich die Liebe aneignen. Wie kann man Vorschrift und Liebe in Einklang bringen?

Gerade das versucht die Kirche seit zweitausend Jahren. Aber damit die Vorschrift weder zerstört noch lähmt, braucht es einen beträchtlichen Einsatz von Menschen. Sonst bestünde selbst die Kirche, wie jede andere Institution, am Ende hauptsächlich aus Verboten für die Armen. Ihnen gegenüber ist sie ganz in die Pflicht genommen, sie schuldet Herzensbildung und Bildung überhaupt, die es ermöglicht, die Gebote Gottes als Lebenshilfe zu erfahren, als lauter Hilfsmittel, die Liebe zu leben. Die Kirche ist völlig verletzlich in einer Welt, in der sie nichts aufzwingen kann und ihre Botschaft oft lächerlich gemacht wird. Nur die Ärmsten sind ebenso abhängig. Gemeinsam können sie von Generation zu Generation entdecken, dass einzig die Liebe zählt.
Anders als in den Zeiten, wo sie im Dasein der Menschen ständig präsent war, verkündet die Kirche den Primat der Liebe heute nicht durch ihr eigenes tägliches Leben. Damals war sie in einer besseren Position, um von Gottes Liebe zu sprechen, da sie sich nicht nur in den gesellschaftlichen Auseinandersetzungen, sondern im Leben der Menschen ansiedelte. Der Priester kam sich noch nicht nutzlos vor, wenn er sich Zeit nahm, die Familien zu besuchen, die Ordensfrau fühlte sich in der Schule noch nicht überflüssig. Beide verkörperten die Kirche als Vertraute, Vermittlerin, Freundin und Erzieherin. Wir sollen sicher nicht alte Modelle wieder aufgreifen; aber um ihren Auftrag zu erfüllen, muss die Kirche Männer und Frauen in die Welt aussenden, die sich ganz den persönlichen Beziehungen widmen, die dazu geweiht sind, ihr Bestes mit der unendlichen Zärtlichkeit Gottes zu verbinden.

Sie sagen: geweiht. Denken Sie ans Priestertum? Ist das nicht wieder das genaue Gegenteil der öffentlichen Meinung, die sagt, dass alle Gläubigen die gleiche Sendung haben?

Es ist Sache der Kirche, hier erfinderisch zu werden, wobei sie sich nicht nach der Meinung begüterter Männer und Frauen richten muss, sondern nach den Bedürfnissen der Ärmsten, die auch ihre ureigenen Bedürfnisse sind. Ich denke oft über die Ehelosigkeit nach, die sie von uns Priestern verlangt. Sie versetzt uns damit in eine wirklich unangenehme und heikle Lage in der modernen Welt – weshalb wohl? Manche Leute behaupten, sie begnüge sich damit, eine Vorschrift zu erlassen. Das ist falsch. Aus einem sehr langen Umgang mit den Menschen und vor allem mit den Armen weiss die Kirche: Wenn wir Zeugen der Selbsthingabe des Herrn sein sollen, dann kann dies nicht nur durch die Hingabe materieller Güter geschehen. Diese Hingabe ist nicht unbedeutend, aber sie ist wenig gegenüber der Hingabe unseres eigenen Fleisches. Hier erhalten wir die Wundmale des gekreuzigten Christus. Der Zölibat ist nichts anderes als ein Zeugnis der tiefen Achtung der Kirche für die Menschheit. Sie findet sich bereit, etwas wesentlich Menschliches, das sie hat, zu verlieren, um ein «Mehr» auf einer anderen Ebene zu gewinnen.
Die Kirche hat also gute Gründe, diejenigen, die sich so dem Herrn verschreiben, zu rufen und zu weihen. Sie muss ihnen auch deutlich die Menschen bezeichnen, die auf Erden der gefangene, hungrige, nackte und kranke Christus sind, auf den sie ihre Liebe richten sollen. Und die Kirche schuldet ihnen ein unendliches Bemühen um eine beispielhafte Ausbildung. Eine Ausbildung des Herzens in der Liebe und dem ständigen Engagement, nach denen die Allerärmsten, die zu einem Dasein in völliger Unterlegenheit verdammt sind, dürsten.
Sie stellen mir die Frage: Brauchen die Ärmsten und die Kirche ein Priestertum, ein besonderes Amt? Ich antworte Ihnen zuerst, dass für die Kirche die Geweihten auf jeden Fall als erste aufgerufen sind, Gott in den allerärmsten Menschen zu lieben. Nicht durch diese neue organisierte Nächstenliebe, mit der sie anstelle des Almosens ausgestattet worden ist. Die Kirche muss neue Formen finden für jenen Anteil persönlicher Antwort, den die Hilfe zu anderen Zeiten trotz allem enthielt.

Sie muss zurückfinden zu jenem Anteil ständigen Engagements, der oder vielmehr den das Almosen begleitete. Das Almosen haben wir beibehalten und in grossen Institutionen anonymer Hilfe organisiert. Was wir in der Kirche nicht beibehalten haben, ist die physische Gegenwart, die eine Antwort war auf die quälende Angst und das Verlangen nach Frieden in der Vierten Welt.
Sie müssen auch wissen, dass die Familien sich über die verschiedenen Formen und Grade unserer Verbindlichkeit nicht täuschen. Wenn ein Laie sich vor ihnen schützt, indem er für sich ein Privatleben, persönliche Entfaltung und Sicherheiten für seine Zukunft verlangt, empfinden sie das zutiefst. Sie können dann kein volles Vertrauen zu ihm haben und von ihm keine wirkliche Veränderung erwarten. Die Familien in den Sozialsiedlungen und Slums haben dies mir gegenüber oft geäussert, und doch akzeptieren sie diese Grenzen. Sie verstehen die Schwierigkeit der Laien, ihr Leben stärker zu binden. Hingegen habe ich nie erlebt, dass sie Vorbehalte von seiten geweihter Menschen akzeptiert hätten. Die Familien können nicht zulassen, dass Priester oder Ordensfrauen ihre Arbeitsstunden zählen oder ihre Gemeinschaft zum Schutzwall gegen sie machen.
Nach meiner Erfahrung machen die Familien der Vierten Welt einen Unterschied, als wüssten sie, dass die Geweihten die verborgene, unscheinbare Seite der Kirche sein müssen. Sie verstehen nicht die Rahmenbedingungen, die den Ordensfrauen oft auferlegt werden, etwa mit der Verpflichtung, jedes Wochenende in ihre Gemeinschaft zurückzukehren. Sie empfinden es als Beleidigung, dass ihre Siedlung nicht als Platz für ein lebbares Dasein angesehen wird; dass man dem geistlichen und menschlichen Einsatz jener Frauen, die sie «Schwestern» nennen, Grenzen setzen kann.
Meiner Meinung nach lehrt uns die Vierte Welt, dass die Präsenz geweihter Menschen im Land der Armut nur dann ihren vollen Wert hat, wenn ihre Weihe und ihr Priestertum den Familien vertrauensvoll und ohne Vorbehalt geschenkt werden, wie dies in Missionsgebieten oder im Arbeitermilieu der Fall ist.

Sie denken doch nicht an einen neuen Bettelorden?

Ich habe nicht gesagt, die Priester müssten Bettler werden. Die Bettelorden waren ein Protest gegen die Welt, aber überhaupt keine direkte Antwort auf das Elend. Ich möchte anmerken, dass es vielleicht schade ist, heute keine Bettelorden mehr zu sehen, die von Tür zu Tür gehen und daran erinnern, dass tiefe Armut, verloren inmitten der Menschheit, sich jeder gesellschaftlichen Organisation und jeder Struktur entzieht. In weiten Teilen der Welt ist diese Praxis noch intakt, ohne der Gerechtigkeit Schaden zuzufügen, im Gegenteil. Sicher mussten wir die alten Formen dieses Protestes gegen die gesellschaftliche, wirtschaftliche und politische Ordnung aufgeben. Aber wir waren nicht imstande, neue Formen zu finden, um Christus konkret erfahrbar zu machen als Zeugen des Ungenügens unserer Strukturen. Die Ärmsten müssen nun allein zum Teilen auffordern und schämen sich dessen mehr als zuvor.

Aber ich wollte etwas anderes sagen. Ich dachte an Priester und Ordensleute, die von einer Kirche gesandt werden, deren Lebensinhalt die Vergebung ist und die beauftragt sind, die Vergebung mit den Ärmsten zu leben. Denn die wahre Befreiung, jene Freiheit, die für den Menschen wesentlich und unentbehrlich ist, liegt in der Vergebung. Das ist keine blosse Idee, es ist die zentrale Botschaft, welche die Familien der Vierten Welt alle Tage ihres Lebens vermitteln. Ich sagte Ihnen, dass sie die Botschaft des Evangeliums am konkretesten verkörpern. Es ist Zeit, ihnen das zu sagen und ihnen zu helfen, es als Freude zu erleben.

Das ist nicht Sache der Kirche und der Geweihten allein. Ich bin tief überzeugt, dass es die Sache jedes Menschen ist und dass jeder Mensch, was immer sein Glaube sei, ihr sein Leben weihen kann. Und ich glaube, dass die Gabe jedes Lebens das gleiche Gewicht hat, dass sie den gleichen Preis bezahlt, dass sie die gleiche Befreiung bringt, wer auch immer der Mensch sei, der sich hingibt. Aber man muss zugeben, dass man eine beträchtliche, andauernde Schulung und Unterstützung braucht, um diese Selbsthingabe durchzuhalten. Andere können frei wählen, sich hinzugeben sowie Schulung und Unterstützung zu schaffen. Die Kirche hat keine Wahl, sie ist den Ärmsten verschrieben, sie ist Armut, und die Gemeinschaft, die sie ist, die Schulung, die sie gibt, sind in erster Linie für die Ärmsten da. Wir werden nie genug auf den empfangenen Auftrag hinweisen. Nicht in die Vierte Welt zu gehen hiesse, wie die törichten Jungfrauen zu handeln, es hiesse, keinen Ertrag zu ziehen aus dem unermesslichen Erbe, das wir empfangen haben. Ich sage übrigens nicht, dass die Kirche mühelos in die Vierte Welt gehen wird. Sie hat einen Auftrag empfangen, aber einen Auftrag, der über die Kräfte des Menschen geht.

Ihr Auftrag ist es, die Menschen erstens zu rufen und zweitens zu schulen und zu unterstützen. Denken Sie, wie schwierig es ist, die Welt zu verlassen, den häuslichen Herd zu verlassen, um das verlorene Schaf zu suchen. Denken Sie an all die Anfragen an Verstand, Herz und Seele, die bei uns den Eindruck erwecken, wir vermöchten alles für die Welt, wenn wir in der Welt blieben. Wir erhalten heute alle möglichen Befreiungs-, Gerechtigkeits- und Friedensaufträge, und die Welt macht uns sogar ein schlechtes Gewissen, weil wir uns nicht unverzüglich darin verausgaben. Wie kann in diesem Lärm von Anfragen die Stimme der Ärmsten durchdringen? Und welchen Reiz hat die Hingabe des Lebens in einer Zeit, wo Selbsthingabe oft als Bestreitung des Rechts auf Entfaltung des Menschen angesehen wird? Sein Leben hinzugeben ist ein Menschenrecht; es frei hingeben zu können ist ein unbedingtes Recht der Ärmsten. Aber wir sind nicht in einer Zeit, in der es leicht ist, dies zu verkünden.

Die Kirche hat auch zunehmend Mühe, zu vertreten, dass die Menschen, die auf den Ruf antworten, auf Schulung und Unterstützung Anspruch haben. Wie soll man in einer Zeit, wo jedermann Spezialist für Menschlichkeit und für alles Leben ist, in einer Zeit, wo jeder Mensch als Befreier und Befreiungsstratege gilt, die besondere Erziehung, die durch die Kirche angeboten wird, zur Geltung bringen? Die Welt erlaubt heute alle Kühnheiten, alle Experimente, jeder Mensch ist mit dem Priestertum betraut. Wir sehen die Menschheit für voll verantwortlich an; das ist ein unerhörter Gewinn, den wir in unseren Tagen miterleben. Aber es gibt eine Kehrseite der Medaille: Wir haben Mühe mit jeder Art Erziehung, die nicht technologisch ist. Weil der Mensch ein Experte für Menschlichkeit ist und für seine Brüder Verantwortung trägt, weiss er, was er zu tun hat. Was können Schulung und Weihe da noch hinzufügen? Wir wollen nicht mehr recht wissen, dass die Kirche die Liebe zu den Ärmsten als Erbe mit sich trägt und dass diese Liebe erlernt werden kann, dass sie sogar gegen die Natur ist und Übung und viel Unterstützung verlangt.

Wir wollen es nicht mehr recht wissen, aber wir fühlen es trotz allem. Führt nicht genau dies dazu, dass wir Laien immer unbefriedigt sind? Viele von uns sind fasziniert von der Einheit des Lebens, der absoluten Einheit, die durch die Weihe geboten wird. Wir sind unbefriedigt, dass wir nicht geweiht sind. Aber es wird uns so leicht gemacht, diesen Gedanken zu verdrängen; das Leben bietet uns eine solche Fülle weniger anspruchsvoller Interessen.

Es sind berechtigte Interessen, die einem ebenfalls Augenblicke der Gnade bringen können. All dies ist sehr positiv, aber man sollte deswegen nicht darauf verzichten, die Menschen zu lehren, ein Ideal wirklich konsequent zu verfolgen. Und man muss mit dieser Schulung sehr früh im Leben beginnen, schon im Kindergarten und in den unteren Klassen. Liegt übrigens nicht hier die wahre Rechtfertigung der christlichen Schule? Diese Rechtfertigung ist viel konkreter und stichhaltiger, als man oft sagt. Es geht nicht etwa nur um eine Wahlfreiheit der Familien. Es geht um eine Freiheit, zur Kirche zu gehören, um ein Recht der Kinder und ein Recht der Ärmsten, sie zu kennen. Die Kirche, die durch die Jahrhunderte treu die Ärmsten unterrichtet hat, hat auch zum Lebensinhalt, ihren Unterricht bei ihnen fortzusetzen. Durch alle Epochen hindurch hat sie die mangelnde Bildung der Armen immer abgelehnt und bekämpft. Für sie ist es eine Frage von Leben und Tod, wieder zur Erzieherin zu werden, da, wo der Unterricht fehlt. Es geht nicht darum, die öffentliche Schule zu ersetzen, sondern sie dazu zu bringen, auf die Strasse, in die Slums, in die subproletarischen Siedlungen zu gehen. Hierin muss sie ein Beispiel geben. Um so mehr, als sie in unseren Ländern als einzige Institution die Erinnerung der Armen besitzt und verkörpert. Keine andere Institution kann diesen Anspruch erheben.

Aber mehr als jede andere Rechtfertigung zählt die Aufgabe, mit den kleinen Kindern zu teilen, was nur sie verstehen können: das Absolute, die Kompromisslosigkeit, die völlige Aufrichtigkeit. Die Kinder und die Kirche haben ein gemeinsames Los, eine Art heimliches Einverständnis zu allen Zeiten. Die Kinder haben das Recht, mit jener Leidenschaft zu leben, zu der wir Erwachsenen nicht mehr immer fähig sind, das Recht, mit dem Absoluten zu leben, mit ihm auf vertrautem Fuss zu stehen. Hier wurzeln der Wille und das Versprechen, der Welt zu entsagen zugunsten der Ärmsten, der Verstossenen.

Ein religiöses Gelübde? Sie sagen, es sei an der Kirche, die Formen zu finden, aber Sie selbst denken doch an ein durch die Kirche geweihtes religiöses Leben?

Ich weiss nicht, welche Formen ein solches Versprechen annehmen kann, welches Siegel die Kirche ihm aufdrücken wird. Ich weiss nur, dass die Vierte Welt ein äusserst beunruhigendes Bedürfnis nach Männern und Frauen hat, die sich ihr völlig weihen. Und diese haben ein zwingendes Bedürfnis, zu wissen, dass sie von einer Gemeinschaft beauftragt sind, von einer Gemeinschaft gesandt und unterstützt, die für ihre Schulung und ihre Treue bürgt.
Man kann es nie genug betonen: Elend bringt keine Einheit; für sich allein wird es nie ein gemeinsamer Nenner sein. Es führt nicht von sich aus zu einem Denkansatz und einer Ethik. Es führt zur Tat, die leicht zum Aktivismus wird, mit der Gefahr, die kaputtzumachen, die sich einsetzen. Denn auch die Tat für sich allein bringt keine Einheit; sie spaltet und entzweit die Menschen. Die Abgesandten der Kirche an der Basis brauchen denn auch eine starke Gemeinschaft.

Liegt die grösste Kraft der Kirche nicht in der ständigen Meditation und Anbetung? Welchen Platz haben die Kontemplativen angesichts des Elends?

Sie haben einen einzigartigen Platz. Seit dem frühesten Anfang in Noisy-le-Grand habe ich auf das Kommen von Männern und Frauen gehofft, deren einzige Sorge es wäre, zu beten, anzubeten, zu betrachten, Stille und Frieden zu bringen. Einen Frieden, den man berühren kann. Sie können sich nicht vorstellen, wie sehr die Familien der

Vierten Welt das brauchen. Es ist wichtig, in ihre unruhige Welt diesen Faktor von Stabilität und bleibendem Frieden einzubringen.

Aber ist eine gegenseitige Durchdringung möglich zwischen zwei Welten, die einander total entgegengesetzt sind?

Sie sind nicht entgegengesetzt, die eine ist voll von dem, was die andere am nötigsten braucht. Es reicht, dazusein. Ich habe mich so oft gefragt, wozu es dient, dass die Kirche in ihrem Gebet, ihrer Anbetung und ihrem Lobgesang das Gebet der Armen aufnimmt, wenn die Armen das nicht wissen und nicht darin einstimmen können. Und dies werden sie da können, wo sie sich dieses Gebet der Kirche zu eigen machen und wo sie eines schönen Tages entdecken, dass sie zu ihr gehören und von ihr getragen sind. Als ich Ihnen von meinem Daueranliegen erzählte, dass sich die Kirche mit dem Elend unserer Zeit identifiziere, dachte ich auch an diese kontemplative Präsenz, die unentbehrlich ist.

Diese Präsenz ist ganz und gar möglich; wer das Gegenteil denkt, tut den Armen grosses Unrecht. Eine gegenseitige gute Aufnahme ist sicher, wenn die Kirche sich nur zu erkennen gibt. Ich kann gar nicht sagen, wie viele Frauen, die bei Ordensschwestern aufgewachsen sind und später ein sehr bewegtes Leben geführt haben, mir gesagt haben: «Wenn Sie wüssten, Herr Pfarrer, wie sehr ich es bedaure, dass ich nicht Schwester geworden bin.» Das war keine Anwandlung, wie wir sie oft sehen. Es war auch keine Bemerkung, deren Bedeutung sie selber nicht verstanden. Sie hatten in ihrer Kindheit Umgang gehabt mit Ordensfrauen, die beteten; sie hatten diese Stille berührt, die aus Frieden und Kontemplation in Fülle besteht.

Aus historischen Gründen haben wir die Kontemplativen aus der Welt verbannt. Dabei sind sie die einzigen, die verkünden können: Ich bin in der Welt, aber ich bin nicht von der Welt. Nur die Kontemplativen können beständig bleiben, nur ihnen können die Moden und Ideen der Welt nichts anhaben. Früher waren die kontemplativen Orden nicht auf dem Land, um der Welt zu entfliehen, sondern weil die Menschheit und vor allem die armen Menschen dort lebten. Heute sind sie nicht mehr da, wo das Leben der Armen sich abspielt.

Vielleicht sind die Kontemplativen die Unbeliebten, die Unverstandenen der Kirche unserer Tage. Mehr denn je sind sie es, die Gethsemane vollkommen verkörpern. Im Ölgarten ging alles so schnell, aber die ganze Erlösung stand auf dem Spiel. Das nutzlose Gebet des Menschen, das weder gehört noch verstanden, noch angenommen wird und durch das der Mensch sich rettet: das sind die Kontemplativen in der Kirche. Hierin sind sie das Gebet der Allerärmsten, und diese sind die Kirche.

ANHANG

ERKLÄRUNGEN ZU NAMEN UND BEGRIFFEN

Abbé Pierre (Henri Grouès, geboren 1912). Französischer Priester. Gründete 1949 die Emmaus-Bewegung, die sich dem Bau von Unterkünften für Obdachlose widmete. Zur Finanzierung wurden Gebrauchtwaren gesammelt und verkauft. Mit Aufrufen am Radio und in der Presse machte er in den fünfziger Jahren die Öffentlichkeit auf die Wohnungsnot in Frankreich aufmerksam.

Auteuil, Waisenkinder von. Das Hilfswerk «Orphelins apprentis d'Auteuil» wurde 1865 von Abbé Roussel in einem Pariser Vorort gegründet. Es betreibt Heime und Lehrwerkstätten für Waisenkinder und Jugendliche in Schwierigkeiten.

Boulard, Fernand (1898–1977). Religionssoziologe. Autor verschiedener Untersuchungen zur Situation des Katholizismus in Frankreich.

Brottier, Daniel (1876–1936). Französischer Ordenspriester. Generalvikar von Dakar. Ab 1923 Leiter des Hilfswerks «Orphelins apprentis d'Auteuil».

Câmara, Dom Hélder (geboren 1909). Von 1964 bis 1985 Erzbischof von Olinda und Recife, Brasilien. Wurde durch Ansprachen in den reichen Ländern bekannt als «Stimme der Stummen» und «Anwalt der Armen».

Christliche Arbeiterjugend (Jeunesse Ouvrière Chrétienne – JOC). 1924 in Belgien von Abbé Joseph Cardijn (1882–1967) gegründete Bewegung. In Frankreich 1926 eingeführt und in die Katholische Aktion integriert. Nach 1945 über die ganze Welt verbreitet. Die Schulung der jungen Arbeiter erfolgt nach der Devise «Sehen – Urteilen – Handeln».

Depierre, André. Arbeiterpriester der Mission de Paris. Baute im Arbeiterviertel Montreuil eine im proletarischen Milieu verankerte christliche Gemeinschaft auf.

Debuyst, Christian. Begegnete Père Joseph 1961 auf dem Kolloquium bei der UNESCO. Er war Professor für Psychologie an der Schule für Kriminologie der Universität Löwen. Während acht Jahren leitete er zusammem mit Jean Labbens die Studiengruppe, die im Anschluss an dieses Kolloquium entstand.

Foucauld, Charles Eugène de (1858–1916). Französischer Priester und Missionar. Lebte 16 Jahre lang als Einsiedler unter den Tuareg des Hoggar. Mehrere Gemeinschaften, die nach seinem Tod gegründet wurden, berufen sich auf seine Spiritualität.

Godin, Henri (1906–1944). Französischer Priester. Setzte sich als Seelsorger der JOC für die Evangelisierung der Arbeiterschaft ein. Mitautor der Studie «La France, un pays de mission?» (1943).
Guthirt-Schwestern (Kongregation unserer lieben Frau von der Liebe des Guten Hirten). International verbreitete Frauenkongregation. Sie wurde 1641 von Jean Eudes gegründet und 1829 in Angers von Marie de Sainte-Euphrasie Pelletier neugestaltet. Sie widmet sich vor allem der Resozialisierung straffälliger weiblicher Jugendlicher sowie der Erziehung und Ausbildung sozial benachteiligter Mädchen.
Katholische Aktion. Bis zum 2. Vatikanischen Konzil übliche Bezeichnung der auf die Enzyklika «Ubi Arcano» (1922) von Papst Pius XI. zurückgehenden Laienaktivitäten in der katholischen Kirche (Laienapostolat). Spezifische Bewegungen für die verschiedenen Berufs- und Lebensstände unter der Leitung der Hierarchie sollten eine Rechristianisierung der jeweiligen Milieus bewirken.
Kleine Brüder Jesu. 1933 von Père René Voillaume im Geiste von Charles de Foucauld gegründete Kongregation. Die Brüder leben bevorzugt unter Armen und sozial Ausgegrenzten und betreiben Mission durch ihr persönliches Beispiel. Dabei spielen Gastfreundschaft, Gebet, gemeinsame Arbeit und einfache Lebensführung eine zentrale Rolle.
Labbens, Jean. Begegnete Père Joseph 1961 auf einem Kolloquium bei der UNESCO. Er war Professor für Soziologie an der katholischen Fakultät von Lyon. Mit seinen Werken trug er zur Anerkennung der kollektiven Identität der Bevölkerungsschicht, die Père Joseph «Vierte Welt» genannt hatte, bei.
Magdalenerinnen. Gruppierung von «Büsserinnen» innerhalb des Ordens der Guthirt-Schwestern, bestehend aus ehemaligen Prostituierten. Seit 1964 «Kontemplative Schwestern vom Heiligen Kreuz».
Marty, Kardinal François (1904–1994). Von 1968 bis 1981 Erzbischof von Paris.
Périer-Daville. Veröffentlichte in den sechziger Jahren als Journalist beim «Figaro» zahlreiche Artikel über die Bidonvilles der Pariser Region.
Pineau, Abbé. Gründer der «Entraide ouvrière» in Tours.
Proaño, Leonidas (1910–1988). Setzte sich als Bischof von Riobamba (Ecuador) für die Rechte der Indios ein.
Rocard, Michel (geb. 1930). Französischer Politiker. 1988–1991 Premierminister. 1993–1994 Erster Sekretär der Sozialistischen Partei. Seit 1994 im Europäischen Parlament und seit 1995 im Senat.
Rodhain, Jean (1900–1977). Gründer (1946) des Hilfswerks Secours Catholique (entspricht etwa Caritas); 1965–1972 Präsident von Caritas Internationalis.
Vinzenz von Paul (1581–1660). Französischer Priester. Gründer mehrerer Institutionen gegen das Elend seiner Zeit: Barmherzige Schwestern (1617); Lazaristen (1625). Er übernahm von Bossuet die Devise: «Die Armen sind unsere Meister.»

JOSEPH WRESINSKI – BIOGRAPHISCHE NOTIZ

Joseph Wresinski kam am 12. Februar 1917 als Sohn eines Polen und einer Spanierin in Angers (Frankreich) zur Welt. Er verlebte seine Kindheit in grosser Armut. Nach einer Konditorlehre kehrte er mit neunzehn Jahren auf die Schulbank zurück, um Priester zu werden. Dabei wollte er seinen Wurzeln treu bleiben und vor allem den Ärmsten nahe sein. Während zehn Jahren war er hauptsächlich in der Gemeindearbeit tätig, als Vikar in einem Industriegebiet und später als Landpfarrer. 1956 sandte ihn sein Bischof als Seelsorger in das Notunterkunftslager von Noisy-le-Grand bei Paris. Zusammen mit Familien, die dort in äusserster Entbehrung lebten, gründete er die Bewegung ATD Vierte Welt.
Als Mitglied des französischen Wirtschafts- und Sozialrates legte Père Joseph 1987 einen Bericht über «grosse Armut und wirtschaftliche und soziale Unsicherheit» vor, dessen Vorschläge für eine umfassende Armutsbekämpfung in Frankreich, in ganz Europa und auch auf anderen Kontinenten Beachtung gefunden haben. Am 17. Oktober 1987 weihte er auf dem Trocadéro-Platz in Paris eine Gedenktafel für die Opfer von Hunger, Unwissenheit und Gewalt ein, deren Inschrift sein Grundanliegen zusammenfasst:
«Wo immer Menschen dazu verurteilt sind, im Elend zu leben, werden die Menschenrechte verletzt. Sich mit vereinten Kräften für ihre Achtung einzusetzen ist heilige Pflicht.» Père Joseph Wresinski.
Fünf Jahre danach hat die UNO den 17. Oktober zum Welttag zur Überwindung der grossen Armut erklärt.

Père Joseph verstarb am 14. Februar 1988 und wurde unter der Kapelle im internationalen Zentrum der Bewegung ATD Vierte Welt in Méry-sur-Oise bei Paris beigesetzt. Das Joseph-Wresinski-Haus in Baillet-en-France sammelt sein Gesamtwerk und trägt zu dessen Verbreitung bei.

DIE INTERNATIONALE BEWEGUNG ATD VIERTE WELT

Die Internationale Bewegung ATD (von frz. aide à toute détresse – Hilfe in grösster Not) Vierte Welt ist eine Familien- und Menschenrechtsbewegung. Sie gehört zu den Nichtregierungsorganisationen, die vom Schwächsten ausgehend für Gerechtigkeit, Frieden und Freiheit kämpfen. Als Sprachrohr der ärmsten Familien beteuert sie, dass die Menschenrechte unteilbar sind und dass kein Mensch und keine Familie in Würde leben und ihren Pflichten nachkommen kann, wenn ihnen die wirtschaftlichen, sozialen und kulturellen sowie die bürgerlichen und politischen Rechte versagt sind.

ATD Vierte Welt versammelt Menschen unterschiedlicher Herkunft, politischer und religiöser Zugehörigkeit: *sehr arme Familien,* die sich als Aktivmitglieder für die Rechte von noch Ärmeren einsetzen; die ständigen *Volontärinnen und Volontäre* (1987 rund 350 aus 19 Ländern), die bereit sind, in einer Schicksalsgemeinschaft mit sehr armen Bevölkerungsgruppen zu leben; *Verbündete* aus allen Bevölkerungsschichten, die sich bemühen, ihre Mitbürger für ein wirkliches Teilen mit den Meistbenachteiligten zu gewinnen und deren Stimme überall da einzubringen, wo Entscheidungen für die Zukunft gefällt werden.

ATD Vierte Welt ist in mehr als 110 Ländern präsent. In 20 Ländern auf 4 Kontinenten leben Teams von ständigen Volontären. *Projekte* im Bereich der soziokulturellen Animation eröffnen den sehr armen Familien einen Zugang zu dem, was es braucht, um in Würde zu leben und selber dem Elend aktiv entgegenzutreten. Das weltweite Netzwerk *Ständiges Forum zur grossen Armut* dient dem Wissens- und Erfahrungsaustausch. Es beruht auf einem Briefwechsel und umfasst Einzelpersonen und kleine Vereinigungen, die langfristig an der Seite von sehr armen Familien und Bevölkerungsgruppen engagiert sind.

Der Kinderzweig *Tapori,* dessen internationales Zentrum sich in Treyvaux, Schweiz, befindet, fördert Freundschaft und Verständnis unter Kindern aus allen Ländern und gesellschaftlichen Verhältnissen.

Generalsekretariat:
Internationale Bewegung ATD Vierte Welt
107, avenue du Général Leclerc
F-95480 Pierrelaye
Tel. (+33) 1 / 30 36 22 20

Schweiz:
ATD Vierte Welt
1733 Treyvaux
Tel. (+41) 26 / 413 11 66

Deutschland:
ATD Vierte Welt
Haus der Demokratie
Friedrichstrasse 165
D-10117 Berlin
Tel. (+49) 30 / 204 35 78

BIBLIOGRAPHIE

WERKE VON JOSEPH WRESINSKI

Die ärmsten Menschen zeigen, dass die Menschenrechte unteilbar sind, Vierte Welt Verlag, Paris, 1996, 60 Seiten.

Armut – eine Herausforderung für jede Familie, Kanisius Verlag, Freiburg (Schweiz), 1995, 64 Seiten.

Worte für morgen, Editions Saint Paul, Luxemburg /Vierte Welt Verlag Paris, 1994, 156 Seiten.

Grosse Armut und wirtschaftliche und soziale Unsicherheit, Gutachten im Namen des französischen Wirtschafts- und Sozialrates, ATD Vierte Welt Schweiz, Treyvaux, 1990, 45 Seiten.

ÜBER JOSEPH WRESINSKI

Bewegung ATD Vierte Welt, Père Joseph Wresinski – Stimme der Ärmsten, Vierte Welt Verlag, Paris, 1993, 72 Seiten.

WEITERE VIERTE-WELT-PUBLIKATIONEN

Bewegung ATD Vierte Welt, Familienalbum, Vierte Welt Verlag, Paris 1994. 150 Seiten.

Hélène Beyeler-von Burg, Schweizer ohne Namen. Die Heimatlosen von heute, Vierte Welt Verlag, Paris – Treyvaux, 1985.